KB062043

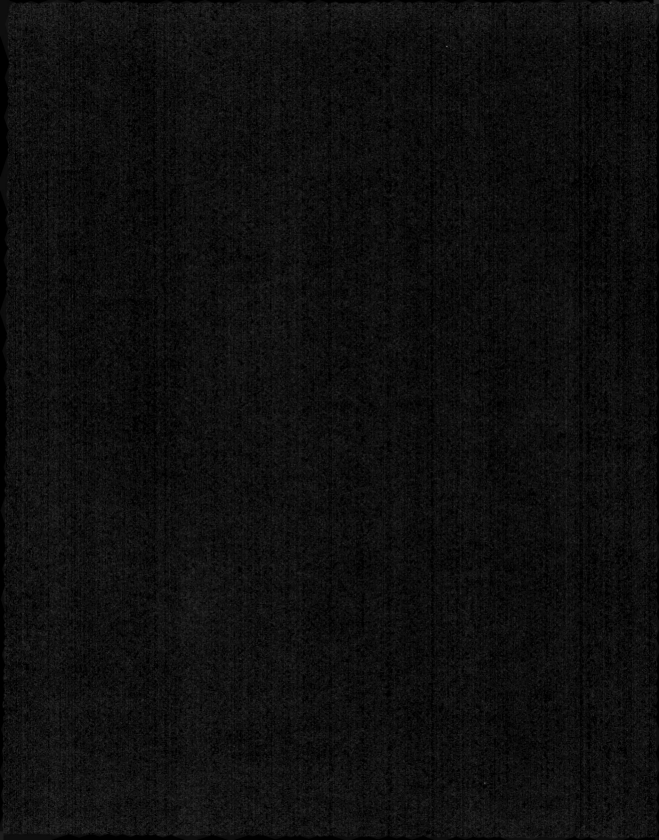

조선송도 상인의 계산과 기록

사개송도치부법 정해

조선 송도 상인의 계산과 기록
사개송도치부법 정해

초판 1쇄 인쇄 2011년 1월 5일
초판 1쇄 발행 2011년 1월 10일

지은이 현병주
옮긴이 이원로(번역 및 해설)
펴낸이 김선식
펴낸곳 (주)다산북스
출판등록 2005년 12월 23일 제313-2005-00277호

PD 임영묵
다산북스 이혜원
디자인연구소 최부돈, 황정민, 김태수, 조혜상
마케팅본부 모계영, 신현숙, 김하늘, 박고운, 권두리
광고팀 한보라, 박혜원
온라인마케팅팀 하미연
저작권팀 이정순, 김미영
미주사업팀 우재오
경영지원팀 김성자, 김미현, 유진희, 김유미, 정연주

주소 서울시 마포구 서교동 395-27
전화 02-702-1724(기획편집) 02-703-1725(마케팅) 02-704-1724(경영지원)
팩스 02-703-2219
이메일 dasanbooks@hanmail.net
홈페이지 www.dasanbooks.com

필름 출력 스크린그래픽센타
종이 월드페이퍼(주)
인쇄 (주)현문
제본 (주)광성문화사

ISBN 978-89-6370-461-6 (03320)

조선송도
상인의
계산과 기록

사개송도치부법 정해

현병주 지음 이원로(李元魯) 번역·해설

다산북스

헌사

황성옛터의 나그네 현병주 선생께 바칩니다

선생께서 저술하신《사개송도치부법》은 그 위대하고도 위대한《훈민정음해례본》다음 가는 영원의 글이 될 것입니다. 1494년 이탈리아의 수학자 루카 파치올리(Luca Pacioli)는 그의 수학책《숨마》의 끝머리에 베니스 부기를 소개하면서, 이럴 땐 이렇게 저럴 땐 저렇게 분개하라는 기능적인 사용법만 알려주었지 왜 그렇게 대변과 차변으로 나누어 분개해야 하는지, 그리고 차변과 대변의 정의는 무엇인지에 대해서는 언급하지 않았습니다. 서양부기, 아니 현행 부기의 시조라 불리는 루카 파치올리뿐 아니라 그 후의 누구도 그 진리에 대하여 언급한 사람이 없었으나, 오직 선생만이 회계의 진리를 보았고, 또 자세히 전하였습니다. 단지 후학들이 무지하여 그냥 지나친 채 오늘에 이른 것뿐입니다.

1916년 여름, 선생은 병열자, 즉 송도부기 실무 해설자인 김경식, 배준녀 두 분의 황성상인(송도상인)의 안내를 받아 황성으로 가셨습니다. 그러고는 만구일담으로 송도부기는 "4개라 4개(四介)라" 하는데, 도대체 송도 4개(四介)가 무엇이냐고 황성의 거리를 누비며, 그곳의 상인들에게 물으셨습니다. 그러나 그 4개를 매일 쓰는 상인들조차 답변이 일정치 못하였습니다. 회계의 진리를 찾아 나선 길이었지만 진리는 보이지 않고, 어느덧 황성의 거리는 어두워지고 월색만 고요한 밤이 되었겠지요.

황성 옛터에 밤이 되니 월색만 고요해 / 폐허의 설은 회포로 말하여 주노나
아~ 외로운 저 나그네 홀로 잠 못 이루어 / 구슬픈 벌레 소리에 말없이 눈물지어요.
성은 허물어져 빈 터인데 방초만 푸르러 / 세상의 허무한 것을 말하여 주노나
아~ 가엾다 이내 몸은 그 무엇 찾으려 / 덧없는 꿈의 거리를 헤매여 있노라.

황성인 전수린이 1929년에 작곡하고, 왕평이 작사하고, 황성인 이애리수가 부른 이 불후의 명곡은 비록 선생께서 황성옛터를 방문한 지 13년 후에 나온 노래이나, 이 노래의 외로운 나그네는 회계의 진리를 찾기 위해 홀로 잠 못 이루며 덧없는 꿈의 거리를 헤매던 선생이었습니다. 그러나 그 여정은 참으로 위대했습니다. 루카 파치올리 이래, 이 세상 그 누구도 밝히지 못한 회계의 진리를 밝힌 여정이었으니까요.

후학 역시 회계의 진리, 역사의 진리를 찾아 또 다른 영원한 왕도, 천세 전에 미리 정하신 영원의 서울 거리를 헤맸습니다. 양천도서관, 국회도서관, 국립중앙도서관, 규장각, 평촌도서관이라는 실제의 공간을 헤맸고, 그것도 모자라 인터넷이라는 가상공간을 헤매고 또 헤맸습니다. 그러다가 선생의 위대한 저술을 만나 회계의 진리를 찾는 여정에 마침표를 찍었고, 이제는 송도부기가 금속활자와 함께 천종지성(天縱之聖, 하늘이 낸 분), 생지지성(生知之聖, 나면서부터 아는 분) 세종대왕의 궁전인 경복궁에서 시작되어 일본, 동남아시아, 인도, 아라비아를 거쳐 이탈리아의 베니스로 전래되어, 유럽의 근대와 현대를 만들었다는 것을 증명하려고 합니다. 주겸지는 중국이 유럽의 근대를 만들었다 했지만, 후학은 세종대왕의 금속활자 그리고 송도부기가 유럽의 근대 그리고 현대의 정보화 문명의 원천임을, 선생이 저술하신《사개송도치부법》과 그 원류에 관한 각종 고문서를 추적하면서 확신하게 되었습니다.

송도부기는 서양부기의 원본입니다. 동시에 세종대왕의 금속활자도 구텐베르크 금속활자의 원본입니다. 송도부기는 금속활자와 함께 같은 해에 조선왕조 세종대왕 시절에 해외로 유출되었습니다. 송도부기가 서양부기의 원본임이 증명되면, 구텐베르크 활자의 원본도 조선왕조의 금속활자라는 것이 증명될 것입니다. 그렇습니다. 비록 1910년에 사라졌지만, 성자신손이 계계승승(출전:《동몽선습》)한 조선왕조는 세계의 변방이 아니라 현대 정보화 문명의 완벽한 중심 엔진이었습니다. 금속활자가 없었다면 유럽의 종교개혁과 근대화 그리고 현대

의 정보화 문명이 존재할 수 없었고, 복식부기가 없었다면 현대의 자본주의 문명 또한 존재할 수 없었을 것이기 때문입니다. 현대문명의 핵심 엔진인 금속활자와 복식부기는 분명 조선왕조가 최초로 개발하여 활용한 것이고, 그 후의 것들은 모두 복사물에 불과합니다.

현행 부기의 시조 루카 파치올리는 거래의 분개방법만을 간단하게 나열하여, 방법을 그대로 따라만 하면 결산서를 작성할 수 있도록 저술하였습니다. 즉, 컴퓨터의 원리는 전혀 몰라도 사용법만 외워서 숙달하면 워드, 엑셀 등의 프로그램으로 문서를 쉽게 작성할 수 있는 방식의 회계지요. 이후 파치올리 말년에 베니스에 체류하던 네덜란드인 임핀(Ympyn) 등의 후학들이 네덜란드어, 프랑스어, 영어, 독일어, 스페인어 등으로 계속 번역, 출판하면서 파치올리 저술의 불완전성을 일부 보완해가면서 복식부기를 보급하여 오늘에 이르렀습니다.

그러나 선생께서는 송도상인 특유의 어음이체거래, 외상거래, 원가대체거래, 물물교환거래 등의 어려운 예제와 회계의 진리를, 그것도 국한문 혼용체에 때로는 이두까지 섞어서 쓰셨습니다. 회계라는 것이 한글로만 써도 이해하기 어려운 것인데, 한자와 이두까지 섞어서 1933년에 제정된 한글맞춤법 이전의 조선시대 고문체로 현묘하게 쓰셨습니다. 이러한 이유로 선생께서 저술하신 이 위대하고도 현묘한 글의 진가를 아무도 알아볼 수 없었고, 그 뒤를 이을 사람도 없었습니다. 그러고는 선생의 글을 한 단어 한 단어 제대로 번역도 해석도 못하는 사람들이, 아니 상당수는 선생의 저술 원문을 구경도 못한 사람들이 선생께서 소개하고 저술한 송도부기를 복식부기가 아니네, 조선왕조 후기인 기독교 전래시기에 도입된 서양부기의 아류네 하며 허튼 소리를 늘어놓고 있습니다.

또한 루카 파치올리의 복식부기서인 《숨마》 원문의 번역과 해석은커녕, 구경도 못해본 사람들이 회계학을 논하고 강의하며, 그것이 진정한 회계학이라고 주장하고 있습니다. 회계의 핵심 요소인 차변과 대변 그리고 대차손익에 대하여 아무런 원리도 이유도 제시하지 않은 엑셀 프로그램 사용법 수준의 글을 진서(眞書)라고 주장하고 있습니다. 파치올리의 원문을 한 단어 한 단어 단위로 번역하고 이를 선생의 글과 조목조목 대조하면, 어느 것이 진본이고 사본인지 알 수 있으련만……. 후학 비록 미력하나 폐가립진(廢假立眞), 사필귀정(事必歸正)을 위하여 나서고자 이 글을 씁니다.

訓民正音 三極之義 二氣之妙 莫不該括 轉換無窮 簡而要 精而通 故智者不終朝而會 愚者可浹旬而學 無所往而不達 雖風聲鶴唳鷄鳴狗吠 皆可得而書矣
훈민정음에는 천지인 3재의 원리, 음양의 원리 등 모든 진리가 들어 있어 전환무궁, 간이요 정이통하는 고로 웬만하면 하루아침에 깨우칠 수 있고, 어리석은 자일지라도 열흘이면 배울 수 있으며, 어떤 경우에도 막히지 않아 바람, 학, 닭, 개 우는 소리까지 모두 적을 수 있다.

《훈민정음 해례본》

송도부기는 경제학의 훈민정음입니다. 송도부기는 훈민정음처럼 천지인 3재, 입출음양의 도가 들어 있어 누구나 쉽게 배울 수 있으며, 각 경제주체 사이에서 발생하는 모든 현상을 전환무궁 간이요 정이통하게 막힘없이 기록하여 경제주체의 실상, 즉 대차손익을 생각의 속도로 집계, 파악하여 경영자로 하여금 가장 효율적인 경영전략을 수립할 수 있게 하며 각 경제주체의 성장발전을 촉진하는 회계정음(會計正音)이자 경제정음(經濟正音)입니다.

송도부기는 또한 웬만하면 하루아침에 깨칠 수 있고, 어리석은 자라도 열흘이면 배울 수 있습니다. 어떤 경우에도 막히지 않아, 외상매입, 외상매출, 카드매입, 카드매출, 어음이체, 예금이체, 물물교환, 현물출자, 부채차환, 외환차손익, 감자, 증자 등 그 어떤 형태의 거래라도 모두 적어 각 과목별, 인명별 잔액을 집계하여 회사의 대차손익을 실시간 단위로 파악할 수 있는 회계정음(會計正音), 회계정역(會計正易)입니다.

훈민정음처럼 송도부기는 피라미드와 만리장성이 바람에 쓸려 모래가루가 된다 해도 인류의 재산으로 남아 있을 영원의 글입니다.

서양부기, 현행 부기의 원본이 송도부기이고, 그 송도부기가 회계정음이자 경제정음이라는 숨겨진 진리를 밝힌 금강어부 현병주 선생이 진정한 회계학의 시조라는 것을 이제 알리고자 합니다. 편히 잠드소서.

2011년 1월

후학 이원로(李元魯) 배상(拜上)하니이다.

머리말

누구나 송도부기를 마스터하면 회계에 대해서는 더 이상 배울 필요가 없다

> "하늘은 푸르다"고 말하지만 하늘은 스스로 "나는 푸르다"고 얘기한 적이 없다. 나무 역시 "나는 초록색이다"라고 말한 적 없으며 개나 고양이 역시 "나는 개다. 나는 고양이다"라고 말한 적이 없다. 이 모든 이름과 모양을 만든 것은 인간이다. 그러고 나서 그것에 집착한다.
>
> 인간은 머리가 좋은 동물이다. 하늘이 푸르고 나무가 초록색이라는 것을 이해한다. 이것은 강이며 저것은 산이라는 것도 안다. 우리는 모든 것을 이해한다. 하지만 실제 우리는 아무것도 이해하지 못한다. 왜냐하면 모든 사람들이 갖고 있는 진리에 대한 이해는 그저 다른 사람, 즉 누군가의 아이디어이기 때문이다. 그들의 진짜 생각이 아니다.
>
> (현각,《선의 나침반 2》, p. 153)

그렇습니다. 송도부기 역시 결코 그 스스로가 단식부기라고 말한 적이 없습니다. 1916년에 금강어부 현병주 선생이 저술한《사개송도치부법》은 한자와 이두, 그리고 한글 맞춤법 통일안 이전의 조선시대 표기법으로 씌어 있어 해독이 어렵기는 하나, 원문 그 어디에서도 송도부기가 단식부기라는 얘기는 없습니다. 이는《사개송도치부법》이라는 위대한 책을 번역하거나 해석하지도 못하고, 원문에서 제시한 방법대로 거래를 기록, 분개하여 결산서를 작성해 본 적도 없는 사람들이 하는 이야기입니다.

나의 이야기가 옳은지 옳지 않은지, 섣불리 판단하지 말라. 어떤 과일이 맛있다고 말하면 그 말을 받아 적되 무조건 믿어서는 안 된다. 직접 맛을 보지 않았기 때문이다. 그 과일이 정말 맛있는지 시큼한지 알아보려면 한 조각 잘라서 맛을 보아야 한다. 그러면 알게 될 것이다. 법문 역시 마찬가지이다. 이 과일을 내버리지 말고 보관했다가 맛을 보라. 직접 맛을 보라.

(아잔 차, 《아잔 차의 마음》, p. 424)

이 책은 한 단어 한 단어 원문 대조방식으로 번역, 편집되어 있습니다. 송도부기가 복식부기인지 아닌지, 그리고 서양부기, 현행 부기의 원본인지 아류인지 등에 대해서는 필자를 포함한 그 누구의 주장도 믿지 말기를 부탁드립니다. 그저 원문으로 확인하고, 독자의 가계부 및 회계장부로 직접 사용하여 실제로 맛을 보시기 바랍니다. 남의 아이디어나 전해들은 이야기가 아니라, 자신의 언어로 회계와 경제의 진리가 어느 부기에 있는지 확인하시기 바랍니다.

나는 그 전에 정말 열심히 공부하는 학생이었다. 수업 때마다 교수님들의 말 하나하나를 놓치지 않고 듣고 노트하는 열성적인 학생이었다. 그런데 숭산 큰스님과의 만남 뒤에 접하는 교수님들의 강의는 더 이상 흥미가 없었다. 열심히 교수님들의 생각을 받아 적는 친구들이 오히려 로봇 같아 보였다. 왜 남의 지식을 복사하는 거야. 우리는 정말 우리 자신의 생각이 뭔지 알아야 하잖아.

교수님들도 마찬가지였다.

"진리란 누구누구에 따르면 뭐뭐뭐고 철학이란 누구누구가 말한 바에 따르면 이러이러한 것이고……"

오른쪽 옆자리에 앉아 있는 친구를 바라보았다. 그는 교수님의 얘기를 그대로 적고 있었다. 왼쪽 친구도 마찬가지였다. 앞에 앉은 친구도 마찬가지였다. 뒷자리 친구도 보나마나 마찬가지일 것이다. 미국에서, 아니 세계에서 가장 똑똑하다고 자부하는 이 친구들이 단지 지식 복사기에 불과한 것 아닌가. 베끼고 베끼고 또 베끼는 아주 성능 좋은 복사기에 다름 아닌가.

(만행, 《하버드에서 화계사까지 1》, pp. 196~197)

현행 회계는 복사기 회계학에 불과합니다. 그것도《숨마》원본을 보고 베낀 것이 아니라 어느 동굴 속에 비친 흐릿한 그림자나 어느 강물에 비친 그림자를 대충 복사한 것에 불과합니다. 어느 회계인의 서가에도《숨마》원본이나 번역본은 없습니다. 한국뿐 아니라 다른 나라도 마찬가지일 것입니다. 원본인《숨마》가 없는 이유는 그것을 보아도 이해할 수 없기 때문입니다.《숨마》를 이해하기 위해서는 먼저 송도부기부터 독파해야 합니다. 그러면 420년이나 늦은 송도부기가 원본이고 숨마부기가 사본임을 저절로 느끼게 됩니다. 송도부기를 모르고서는 숨마부기를 이해할 수 없다는 뜻이기도 합니다.

현행 부기, 현행 회계는 회계의 정의, 차변과 대변의 정의, 계정의 정의, 자산·부채·자본·수익·비용의 정의도 모르는 사람들, 그들의 원본인《숨마》를 본 적도 없는 사람들이 만든 것입니다. 차변과 대변이 무슨 뜻인지, 자산·부채·자본·손실·이익이 무슨 뜻인지, 왜 대차를 일치시켜야 하는지, 차입금, 대여금 등 각 계정별 잔액을 산출할 때 왜 대변 또는 차변에서 차감하는지 등등에 대하여 그 원리는 밝히지 않은 채 지침대로 입력하고 잔액을 결산하는 것이 현행 회계입니다. 그야말로 군맹무상(群盲撫象, 눈 감은 사람들이 코끼리를 문질러 얻은 모양)의 책이요, 가르침입니다.

약 1000여 년 전 송나라의 정이천 선생은 주역 서문에서 아래와 같이 뜻도 모른 채 달달 외우기만 하는 당시 중국의 주역 연구풍토에 대하여 일갈한 바 있습니다.

> 前儒失意以傳言(전유 실의이전언): 전 날의 스승은 뜻을 잊은 채 말만 전했고,
> 後學誦言而忘味(후학 송언이망미): 후학들은 뜻도 모른 채 소리 높여 외우기만 하여,
> 自秦而下蓋無傳矣(자진이하 개무전의): 진나라 이후로는 제대로 전해진 것이 없다.

현행 회계 역시 당시의 주역 공부와 다를 바가 없습니다. 그 시조인 파치올리 이래 그 어느 스승도 제자도 뜻도 모른 채 이럴 땐 이렇게, 저럴 땐 저렇게 차변과 대변으로 나누어 기록하고, 차입금 등의 계정 잔액은 대변에서 차변을 차감하라는 매뉴얼을 소리 높여 되풀이 외우기만 하는 것이 현행 회계이기 때문입니다. 현행 회계는 기독교 국가에서 시작되었지만, 그 형태는 지극히 불교적입니다. 불교에서는 다라니 경 등을 이해는 하지 못해도 소리 높여

외우는 것만으로도 그 자체에 커다란 공덕이 있다고 하기 때문입니다.

그리고 정이천 선생보다 1500여 년 전의 스승인 증자는 일일삼성(一日三省)으로 유명했는데, 그 분의 반성 세 가지 중에는 전불습(傳不習)이 들어 있었습니다.

> 전불습호傳不習乎: 나도 모르는 것을 제자들에게 전하지(가르치지) 않았는가?

창시자도 그 후학도 그 아무도 원리를 모르는 채 송언으로만 전해지는 현행 회계는 전불습의 학문에 지나지 않습니다. 그러나 송도부기는 음성학과 문자학 그리고 사업의 진리를 아는 성인(聖人)이 만든 훈민정음처럼, 송도부기는 조선의 어느 성인이 처음부터 알고 만든 완벽한 논리 시스템입니다. 송도부기의 서문 말미에는 이렇게 씌어 있습니다. "누구든 수의 정독하면 곧 실용할 수 있으리라."

그렇습니다. 송도부기를 마스터하면 누구나 회계에 대해서는 더 이상 배울 필요가 없습니다. 송도부기 자체가 무학(無學), 그리고 책을 버리는 절학(絶學)의 단계에 이를 수 있는 회계정음, 경제정음이기 때문입니다. 그러나 현행 회계학 책은 영원히 보고 또 보아야 합니다. 그 내용이 중언부언, 애매모호해서 아무리 보고 또 보아도 그 진리를 알 수 없기 때문입니다.

현행 회계는 사문사본(寫文寫本), 사문사본(死文死本)에 불과합니다. 달마대사의 법통을 이은 6조 혜능선사는 "달[月]을 가리키는 손가락을 보지 말고 달[月], 즉 달마(Dharma, 진리)를 보라"고 말씀한 바 있습니다. 왜 중국의 대선사가 달마를 한국어 달로 비유했는지는 알 수 없지만, 말씀의 요체는 사문사본(寫文寫本)이 아니라 진문진본(眞文眞本), 원문원본(原文原本)을 보라는 이야기와 통합니다. 송도부기는 회계의 달마이자 진문진본(眞文眞本)입니다.

그러나 송도부기에는 최소 두 개의 유파가 있습니다. 제1파는 현병주 선생에게 송도부기의 절차를 알려준 김경식 · 배준녀 선생 파이고, 제2파는 1899년에 설립되어 약 6년간 송도부기로 결산을 실시한 대한천일은행의 주주 겸 회계 책임자였던 김두승 선생 파라고 할 수 있습니다. 이 두 개 파의 이론을 통합해야 비로소 훈민정음처럼 하루아침에 또는 적어도 며칠 이내에 회계를 깨칠 수 있게 됩니다. 본서는 그 제1권에 해당됩니다.

| 차례 |

된商業家가簿記를捨하면何로能히自己業의端緒를領會하야眞狀을考據하리오此와如히必要함으로知하는同時朝鮮在來의商業家는各其意見을做出하야千差萬別로記去하는文簿가有하나伴히自己의意思를表示한者으로自己만自覺하야記憶할뿐이오그文簿로他人의게引繼하야參考케할境遇를當하면引繼者이能히解釋치못하니엇지簿記라指稱할價値가有하리오朝鮮에도價値가有한簿記式은東洋商業에先發明者된松都商業家로서會히使用하는四介治簿法이有하다遙遙히伊太利쌔니스府에서發明한即新式簿記法과符合이되야其補助簿의區別과貸借一覽表의等幾種은記入法의方式關係로差別을生하나主要簿의綱領은毫釐도不差하니라그러나今日에相當한簿記式을公衆의게普及코저할진대寧히東西에傳播되야廣博히輪用하는新式簿記式이勿論的當하다하겟스나도리혀此는文字가不同하고圖式이複雜함으로簿記專門家를除한外이면己의意思를表示한者으로自己만自覺하야記憶할뿐이오그文簿로他人의게引繼하야參考케할境遇를當하면引繼者이能히解釋치못하니엇지簿記라指稱할價値가有하리오朝鮮에도價値가有한簿記

는各其意見을徵出하야千差萬別로記去하는文簿가有하니但히自己의意思를表示한者으로自己만自覺하야記憶할뿐이오그文簿로他人의게引繼하야參考케할境遇를當하면引繼者이能히鮮釋치못하니엇지簿記라指稱할價値가有하리오朝鮮에도價値가有한簿記式은東洋商業에先發明者된松都商業家로서曾히使用하는四介治簿法이有하야遙遙히伊太利빼니스府에서發明한即新式簿記法과符合이되야其補助簿의區別과貸借一覽表의等幾種은記入法의方式關係로差別을生하나主要簿의綱領은毫釐도不差하니라그러나今日에相當한簿記式을公衆의게普及코저할진대寧히東西에傳播되야廣傳히輪用하는新式簿記式이勿論的當하다하겟스나도리혀此는文字가不同하고圖式이複雜함으로簿記專門家를除한外이면己의意思를表示한者으로自己만自覺하야記憶할뿐이오그文簿로他人의게引繼하야參考케할境遇를當하면引繼者이能히鮮釋치못하니엇지簿記라指稱할價値가有하리오朝鮮에도價値가有한簿記

序

余一往年에 飄游江湖하야 週觀市巷之細情일새 其交涉也에 必有商業家이오 其關係也 一亦有商業家이라 第觀商業之規範에 不有不病者하니 何其不現之甚也오 商業諸家는 不知簿記之爲重要하고 凡執文簿에 各已自家所料로 臨時治去하니 記法이 荒雜無律하야 甲家之簿를 乙不能解하고 乙家之記를 丙莫知焉이라 雖然이나 此是非不以簿記爲必要이라 實由於治法之不得聞焉이로다. 東方에 初無學術的簿記로 以爲傳授之例也에 何오噫라 朝鮮松都에 曾有一種商業簿記이나 此亦未嘗以學術傳授하야 用度不博에 深爲識者之所恨이러니 風潮一變以來로 革新諸君이 覺悟時務하고 於是乎 繙之譯之하야 各種簿記가 別設學術上一世界이나 其圖式及文字가 槪是西人之式也一라 不有專門之工者이면 反不能解釋하니 不云簿記之不是라 亦如普通知識之不及에 何오 商業簿記는 終不改轍하고 依舊不範일새 余欲因勢而導今하야 略涉簿記者로 輯此一編하니 須不用新式하고 依徹習例이라 一以供普通自修之便宜하고 一以俟他日大家之加工焉하노니 是可謂朝鮮簿記法之嚆矢也라 覽此諸家는 垂意精涉하면 應用實例에 其則不遠하리라.

歲在山曆丙辰之流火節 著 者 識

서

내 왕년에 표유강호하여 시정을 돌아다녀 보니, 모든 교섭과 관계에 상업가가 개입되지 않는 경우가 없더라. 그러나 상업규범을 평가해보면 병들지 않은 곳이 없으니, 그 심한 정도를 어찌 다 표현하리요. 상업 제가는 부기의 중요성을 모르고, 장부 작성시 각자 자기만의 방식으로 임시방편적으로 기록하니, 그 기법에 일정한 규칙이 없어, 갑의 장부를 을이 해석하지 못하고, 을의 장부를 병이 해석하지 못하는도다. 이러한 시비가 부기의 필요성을 부인하는 데까지 이르지는 않지만, 실제로는 제대로 된 치부법을 들어본 적이 없음에 연유한 것이리라.

동방에 학술적 부기로 전수되는 것이 없는 줄 알았으나, 조선 송도에 이미 상업부기가 있었으니, 이 역시 학술로 전수되지 않은 연유로 그 사용범위가 넓지 않아 여러 식자들이 한스럽게 여겼도다. 그러나 세상의 풍조가 급변하여 나라를 걱정하는 혁신가들이 각오분발하여 이제야 서양부기를 번역을 하여, 각 번역자마다 각각의 부기학설을 내세우고 있으나, 그 도식과 문자가 모두 서양식이어서 전문가가 아니면 해석조차 불능하니, 그들의 부기가 옳지 않다고 평하는 것은 아니지만, 역시 평범한 지식으로는 그들의 부기를 이해할 수 없는 지경이니 이를 어찌한단 말인가.

상업부기(전통부기)는 끝내 그 틀을 고치지 아니하고, 구태를 벗어나지 않고 있어 장부 기록의 모범이 되지 않으니, 필자 비록 약섭 부기자, 즉 부기에 대한 간략한 지식을 가진 자에 불과하지만 시대의 요구에 따르고자 이 책을 편집하니, 비록 신식 치부법을 사용한 것이 아니라 철저히 송도부기를 따른 것이지만, 한편으로는 보통의 지식만으로도 자습자수가 가능하도록 편의를 제공하는 바이고, 또 한편으로는 후일 대가의 가필을 기대하오니, 이 책은 조선 부기법의 효시여라. 열람제가는 마음을 기울여 정독하면 곧 실용할 수 있게 되리라.

1916년 7월 저자

第一章
通論

治簿法이라 云한 者는 卽 今之簿記式이니 自來로 朝鮮의 簿記는 各 官廳文簿를 除한 外에는 各社會에 一定한 定式簿記가 無하얏나니 何로 由함인고 此는 簿記를 學術에 付치 아니한 事實이라 社會上에 一日이라도 不可缺할 簿記로서 最히 親切히 酬用하는 곳은 商業家이니 人民社會의 交際家이오 金錢貸借와 物品去來하는 間에 選定된 機關手으로 金錢과 物品이 移動하는 機會이면 必竟 紹介者이 되고 恒常 主務者된 商業家가 簿記를 捨하면 何로 能히 自己業의 端緖를 領會하야 眞狀을 考據하리오. 此와 如히 必要함으로 知하는 同時 朝鮮在來의 商業家는 各其 意見을 倣出하야 千差萬別로 記去하는 文簿가 有하나 僅히 自己의 意思를 表示한 者으로 自己만 自覺하야 記憶할 섇이오. 그 文簿로 他人의게 引繼하야 參考케 할 境遇를 當하면 引繼者이 能히 解釋치 못하니 엇지 簿記라 指稱할 價値가 有하리오. 朝鮮에도 價値가 有한 簿記式은 東洋商業에 先發明者된 松都商業家로서 曾히 使用하는 四介治簿法이 有하야 遙遙히 伊太利 베니스府에서 發明한 即 新式簿記法과 符合이 되야 其 補助簿의 區別과 貸借一覽表 등의 幾種은 記入法의 方式關係로 差別을 生하나 主要簿의 綱領은 毫釐도 不差하니라. 그러나 今日에 相當한 簿記式을 公衆의게 普及코저할진대 寧히 東西에 傳播되야 廣博히 輪用하는 新式簿記式이 勿論 的當하다 하겟스나 도리혀 此는 文字가 不同하고 圖式이 複雜함으로 簿記專門家를 除한 外이면 簿記에 素養이 有한 松都商業家의 眼目에도 生疎함을 免키 難한지라 此編은 優先 吾人眼目의 慣習된 治簿法으로 商業文簿의 導火線을 作하야 急히 朝鮮商業家의 文簿를 整理코저함이니 新式簿記式의 普及期는 商業이 發達된 後日을 俟하리라.

제1장
통론

치부법이라 하는 것은 요즘의 부기이니, 예로부터 조선의 부기는 각 관청장부 외에는 각 사회에 일정한 규칙을 가진 정식 부기가 없었는데, 그 이유는 부기를 학술로 보지 않았기 때문이라. 사회상에 하루라도 불가결한 것이 부기인 바, 이를 가장 가까이 사용하는 곳은 상업가이니 인민사회의 교제가이고, 금전대차와 물품거래하는 사이에 선정된 중심체로서, 금전과 물품이 이동하는 기회이면 반드시 소개자가 되고, 항상 주무자가 된 상업가가 부기를 버리면 무엇으로 자기 사업의 단서를 찾아 진상을 파악하리요. 이와 같이 필요하므로 조선 재래의 상업가는 각기의 의견에 따라 천차만별로 기록하는 장부가 있으나, 겨우 자기의 의사를 표현한 것으로써 자기만 알아볼 수 있을 뿐, 그 장부를 타인에게 인계하여 참고하게 할 경우가 되면 인계자가 그것을 해석하지 못하니, 그것을 어찌 부기라 칭할 가치가 있으리요. 조선에도 가치가 있는 부기로서, 동양 상업계에서 먼저 발명한 것으로서 송도 상업가가 그 전부터 사용하던 사개치부법이 있어, 아득히 멀리 이탈리아 베니스에서 발명한 신식 부기법과 부합이 되어, 그 보조부의 구별과 대차일람표 등은 기입방식에 차이가 있으나, 주요부의 강령은 조금도 차이가 없느니라. 그러나 오늘날 부기법을 대중에게 보급코자 할 때는 동서에 전파되어 널리 사용되는 신식 부기가 적당하다 하겠으나, 도리어 이는 문자가 다르고 도식이 복잡하므로 부기 전문가가 아니면 부기에 소양이 있는 송도상업가의 안목에도 생소함을 면키 어려운지라. 이 책은 우리 눈에 익숙한 치부법으로 일단 상업장부의 도화선으로 삼아, 급히 조선 상업가의 장부를 정리코자 함이니, 신식 부기의 보급은 상업이 발달된 후일을 기다릴 일이로다.

第2章

簿記의 原因

一物品을 左手로 十錢에 買得하야 右手로 十一錢에 直放하얏다던지 或 午正末分에 二十錢 現金으로 買收한 物件을 午後 零時初分에 十九錢五厘로 直放하는 것 갓흐면 一錢의 利益과 五厘의 損害가 登時發覺되고 賣渡者와 買受者 雙方의 關係가 直席에 消滅될지라. 일이 모다 이러한 것만 갓흐면 簿記가 업서도 足하다 할지나 매양 吾人의 平生은 物品과 金錢을 依賴하야 生活하는 者인즉 各기 生活의 程度를 짜루어 物品去來와 金錢貸借間에 關係가 頻繁할지라 外上으로 주는 것도 有할지며 打給으로 밧난것도 有할 것이오 갑흘것을 數三朔에 清帳치 못하기도 할지며 밧을 것을 一二年을 連拖하야 幾個年後에 整理하는 細音도 未嘗不 만흔中 千葉萬枝로 小한 者에는 幾十幾百圓의 去來와 大한 者에는 幾千幾萬圓의 損益이 有할지니 簿記를 捨하면 已久한 去來를 何로써 記憶하며 數多한 損益을 何로써 分析하리오. 簿記의 原因이 於是乎發生된 者이니 簿記는 其人의 一種歷史에 付한 者이니라.

제2장
부기의 원인

물품을 왼손으로 10전에 매득하여 오른손으로 11전에 그 직후 판매하였다든지 혹 정오 직전에 20전 현금으로 매수한 물건을 그 직후인 오후 0시 1분에 19전 5리로 판매하는 것 같으면 1전의 이익과 5리의 손해가 동시에 발생하고, 매도자와 매수자 쌍방의 관계가 즉석에서 소멸될지라. 일이 모두 이러할 것만 같으면 부기가 없어도 족하다 할지나, 매양 우리의 평생은 물품과 금전에 의존하여 생활하는 자인즉 각기 생활의 정도에 따라 물품거래와 금전대차 간에 관계가 빈번하여 외상으로 주는 것도 있고, 외상으로 받는 것도 있고, 갚을 것을 수삼삭(수개월)에 상환하지 못하기도 하고, 받을 것을 일이 년 또는 수년 후에 간신히 받아내는 경우도 미상불 많은 중, 천엽만지로 많은 거래 중, 작은 것에는 수십수백 원의 거래와 큰 것에는 수천수만 원의 손익이 있을지니, 부기를 버리면 그 많은 거래를 무엇으로 기억하며, 수많은 손익을 무엇으로 분석하리요. 부기의 원인이 여기서 발생된 것이니 부기는 그 사람의 일종의 역사라고 할지니라.

| **해설** | 부기는 기억을 보조하는 기록이고 역사이다. 거래가 빈번한 경우 부기를 버리면, 즉 부기가 없으면 기억을 할 수 없고, 기억을 할 수 없으면, 효율적인 경영투자 의사결정을 할 수 없다. 그러면 수익률의 저하로 손실은 확대되고 채무는 누적된다. 그 최종 결과는 투하자본의 탕진과 기업의 소멸 그리고 지극한 빈곤이 될 것이다. 약 5000년 전에 만들어진 수메르 문자는 회계기록을 하기 위하여 만들어졌고, 현재까지 발견된 수메르 점토판의 90% 이상은 채권, 채무, 상품재고 관련기록이라고 한다.

第3章

貸借에 權利와 義務를 屬하야 論함

簿記의 組織은 恒常 貸借가 發生됨으로브터 起点되나니 簿記를 治코저 하는 時는 不得不 貸借가 如何함을 先히 硏究하야 볼 일이라. 貸는 [남을 주는 것], 借는 [내가 밧을 것]이라 하면 足하겟스나, 此等 單純한 說明으로는 複雜한 要点을 도저히 解釋치 못할지라. 貸라 하면 勿論 나의 權利를 貸하야 준 것이오 借라 하면 勿論 남에게 義務를 진 것 갓흐되 是를 반하야 貸에도 나의 義務를 履行할 時가 有하고, 借에도 나의 權利를 恢復할 時가 有하니 此와 如한 種類난 남의게 借用하얏던 것을 支拂하난 貸方과 남의게 貸下하얏던 것을 返濟하는 借方이 곧 是라, 此等 種別의 貸借가 輪轉不息하야 相勝相負를 競爭하난 同時에 權利義務가 一高一低하며 金錢上 損益의 變化가 生하나니라.

제3장

대차에 권리와 의무를 속하여 논함

부기의 조직은 항상 대차가 발생됨으로부터 기점되나니 부기를 하고자 하는 때는 반드시 대차가 어떠하다는 것을 먼저 연구하여 볼 일이라. 대는 '남을 주는 것', 차는 '내가 받을 것'이라 하면 족하겠으나, 이러한 단순한 설명으로는 복잡한 요점을 도저히 해석치 못할지라. 대라 하면 물론 나의 권리를 대여해 준 것이요, 차라 하면 물론 남에게 의무를 진 것 같으되, 이에 반하여 대에도 나의 의무를 이행할 때가 있고, 차에도 나의 권리를 회복할 때가 있으니, 이와 같은 종류는 남에게 차용하였던 것을 지불하는 대방과, 남에게 대여하였던 것을 반제하는 차방이 곧 그것이라. 이러저러한 대차가 쉬지 않고 발생하여 그 승부를 경쟁하는 동시에 권리의무가 일고일저하여 금전상 손익의 변화가 발생하느니라.

| **해설** | 부기는 금품의 입출, 즉 주고받음으로부터 비롯된다. 주고받다 보면 대차손익이 발생하고, 그 대차손익을 항목별로 확정 표시하고자 하는 것이 부기다. 선생도 신식부기의 영향을 받다 보니 대차라는 용어를 쓰고 있으나, 상기의 대차를 입출로 바꾸어 해석하면 비교적 이해가 쉬운 평범한 문장이 될 것이다.

第4章
金櫃가 主體 되는 例

一法이 有하야 簿를 治하는 人으로 貸借上權利義務를 容易히 辯析할 道利가 有하니 貸借를 主務하난 其人은 權利義務가 自身에 屬한 것으로 觀치 말고 一切 權利義務를 金錢을 容收하난 金櫃의게 讓與하고 自己의 地位까지 辭免하야 金櫃도 主務代表者를 敍任한 후 金錢을 借用한 人이 有하며 金櫃가 金錢借用인의게 對하야 借用한 金錢을 收入할 權利가 有하고 反是하야 他人의 金錢을 借入한 時난 金櫃가 貸下한 人의게 對하야 貸下할 金錢을 支拂할 義務가 有함으로 觀하며 自己난 中立으로 金櫃의 金錢貸借를 紹介周旋하난 居間이 될지니 同一히 實例를 擧하면 曾往에 松都日記簿에난 當日時在(卽 殘高)를 金櫃還去라 記하얏다가 次日 同帳初行에 金櫃借入이라 更히 轉記하니라.

제4장

금궤가 주체 되는 예

하나의 법이 있어 치부인으로 하여금 대차상 권리의무를 쉽게 분석할 도리가 있으니, 대차를 주무하는 그 사람은 권리의무가 자신에게 속한 것으로 보지 말고, 일체의 권리의무를 금전을 받아들이는 금궤에게 양여하고, 자기의 지위까지도 내놓고 금궤를 주무대표자로 임명한 후, 금전을 차용한 사람이 있으면 금궤가 금전 차용인에 대하여 차용한 금전을 수취할 권리가 있고, 반대로 타인의 금전을 차입할 때에는 금궤가 대여인에게 그 금전을 지불할 의무가 있는 것으로 보며, 자기는 중립으로 금궤의 금전대차를 주선 소개하는 거간이 될지니, 예를 들면 송도일기부에는 일일 마감 후 당일 현금시재를 금궤환거라 기록하였다가, 다음 날 동 장부 첫 행에 금궤차입이라 전기하느니라.

| **해설** | 회계 주체를 금고로 보는 금고주체설로 볼 수도 있으나 금고주체설이 송도부기의 정통은 아니다. 아마도 선생에게 송도부기를 설명해준 김경식, 배준녀 두 송도상인의 기장 개념일 것이다.

第5章

商品을 人으로 認定하는 例

上에 述한 바와 갓치 金櫃가 金錢을 自然人의게 貸下한 境遇면 勿論 金櫃난 自然人의 債權者이 되고 自然人은 金櫃의 債務者가 되려니와 金櫃가 金錢으로 物品을 買收한 時난 金櫃가 物品의 債權者이 되야 何時라도 物品이 借用한 金錢을 收入할 權利가 有하고 商品은 金櫃의 債務者이 되야 何時라도 自己價値를 金錢으로 變하야 金櫃의게 返還할 義務가 有하니 物品이 金櫃에 對한 義務가 卽 自然人과 同一하니라 次下 治簿法에 買得한 物品이 準木이면 準木秩이라 江布이면 江布秩이라 한 것은 自然人의 姓名과 同一히 示할지니 實例난 下圖를 參觀하라.

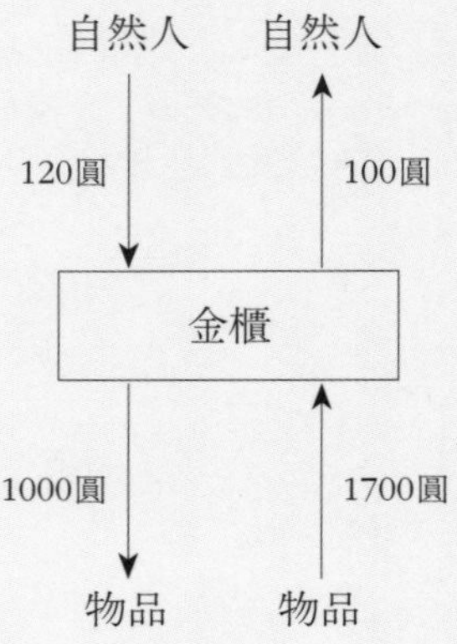

上은 金櫃가 借用自然人의게 100圓을 貸下하엿더니 自然人이 一定한 期限에 利殖 20圓을 幷하야 返償하는 圖이오. 下는 金櫃가 買得物品의게 1000圓을 貸下하엿더니 物品은 반년 3개월만에 利息 700圓을 幷하야 返償하는 圖이라.

제5장

상품을 인으로 인정하는 예(상품명을 인명으로 간주하는 이유)

상술한 바와 같이 금궤가 금전을 자연인에게 대하(대여)한 경우, 물론 금궤는 자연인의 채권자가 되고 자연인은 금궤의 채무자가 되거니와, 금궤가 금전으로 물품을 매수한 때에는 금궤가 물품의 채권자가 되어 하시라도 물품이 차용한 금전을 취득할 권리가 있고, 상품은 금궤의 채무자가 되어 하시라도 자기 가치를 금전으로 변환시켜 금궤에게 반환할 의무가 있으니, 물품의 금궤에 대한 의무가 즉 자연인과 동일하니라. 다음의 치부법에서 매입한 물품이 준목이면 준목질, 강포이면 강포질이라 한 것은 자연인의 성명과 동일한 것으로 보아야 하느니라. 실례는 아래의 그림을 참조하라.

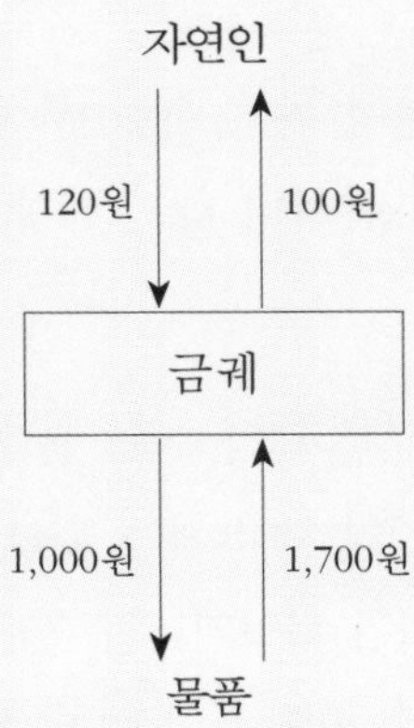

위는 금궤가 차용 자연인에게 100원을 대여하였더니 그 자연인이 일정기간 후 이식 20원을 포함하여 총 120원을 반환하는 그림이요, 아래는 금궤가 매득물품에게 1,000원을 대여하였더니 물품은 반년 3개월 만에 이식 700원을 포함하여 총 1,700원을 반환하는 그림이니라.

第6章

交換의 範圍와 狀態

簿記帳에 記載되난 材料난 無非交換範圍內로서 生한 者이라 交換은 恒常 相對方이 平均을 主張함으로 相生相殺이 互相等一하나니 是한 故로 簿記上에 交換貸借난 兩方이 齊等數로 幷進하니라 假如 粉紬1疋과 麻布1疋이 交換할 時면 價格을 比較하야 粉紬評價난 7圓인대 麻布評價난 1圓이라 麻布가 自己의 價値 1圓 以外에 6圓을 準備하여노아야 7圓 粉紬가 交換되어 갈 것이니 此一例만 擧하야도 交換의 如何함을 可知할지나 次行을 借하야 更히 交換上 奧妙하고 複雜한 眞理를 贅論코저 하노라.

附論

天下萬理가 同歸一轍로 出한 者가 有하면 반다시 入하난 者이 有하고 損한 者이 有하면, 반다시 益하난 者이 有하니 此난 恒常 反對方向이 有하야 單獨孤立치 못하난 元理原則이라.

一. 本例난 消耗品의 交換狀態이니 假如 貧者 1人이 金錢 10圓을 辨出하야 自己의 冬服을 購入한지라 初也에는 金錢과 冬服이 交換하야 冬服이 入하난 代에 比等한 金錢이 出하얏거니와 冬服은 一消耗品에 屬한 者인즉 消耗品된 冬服이 所有金錢 10圓을 消耗한 代에 增益者 10圓은 何何方面에 在하냐 하면, 卽 其人의 防寒費가 增益을 生한 者이라.
人은 天然保護를 受치 못하므로 冬期에 衣服을 備치 아니하면 畢竟은 衣服代에 煖爐이나 溫突이라도 其人 自己를 爲하야 增을 生한 者이 有하여야 其人의 生命을 保存할지니 此冬服은 其人의 冬期生活한 幾分의 價値와 交換한 者이오.

제6장

교환의 범위와 상태

부기장에 기재되는 재료는 모두 교환범위 내로서 발생한 것이니라. 교환은 항상 상대방이 평균(균등)을 주장하므로 가감이 언제나 서로 같으니라. 이러한 고로 부기상의 교환대차는 양방이 동등금액으로 나란히 기록하느니라. 가령 분주(비단) 1필과 마포(삼베) 1필을 교환할 때에는 가격을 비교하여 분주의 평가는 7원인데, 마포의 평가는 1원이면, 마포가 자기의 가치 1원 이외에 6원을 준비해놓아야 7원 분주가 교환되어 갈 것이니 이 한 예만 보아도 교환의 본질이 동액교환 내지는 동가교환임을 알 수 있으나, 다음을 빌어 다시 교환과 관련된 복잡하고도 오묘한 진리를 계속 논하고자 하노라.

천하만리가 동귀일철(같은 결과로 돌아감)로, 나간 것이 있으면 반드시 들어오는 것이 있고 손실이 있으면 이익이 있으니, 이는 항상 반대방향이 있어 단독고립하여 존재할 수 없다는 원리원칙이니라.

一. 다음의 예는 소모품의 교환상태이니 가령 가난한 자 1인이 금전 10원을 내어 자기의 겨울옷을 구입한지라. 처음에는 금전과 동복이 교환하여 동복이 입하는 때에 금전이 출하였거니와 동복은 소모품에 속한 것인즉 소모된 동복이 소유금전 10원을 소모한 때에 증익(지출로 획득한 이익가치) 10원은 어느 쪽에 존재하느냐 하면, 즉 그 사람의 방한비가 증익을 낳은 자이니라.

사람은 자연적으로 추위의 보호를 받지 못하므로 겨울에 의복을 준비하지 않으면 결국은 의복 대신에 난로나 온돌을 대용해서라도 그 사람을 위하여 발생한 증익이 있어야 그 사람의 생명을 보전할 것이니 이 동복은 그 사람이 겨울생활한 이익가치와 교환한 것이니라.

一. 다음의 예는 순이익의 교환상태와 구별이니, 전당포 주인이 고리대금으로 채무자에게 100원을 대하한 경우, 채무자가 계약을 이행하여 반환기 3개월 만

一. 本例는 純利益의 交換狀態及 區別이니, 又如 質屋主人이 高利貸金으로 一債務者의게 100圓을 貸下한 時, 債務者가 契約을 履行하야 返還期 3個月만에 150圓을 報償한지라 質屋主人은 100圓이 出하고 150圓이 入한즉, 領受中 50圓高나 何를 交換한 者이냐 하면 卽 主人의 時間과 相殺이 될지라 大抵 通貨난 同一한 物이로대 使用하난 性質이 以外物과 差異하니 通貨 以外의 物은 破傷汚穢의 層折을 生하난 者인 故로 貸借間에 其物貰로 相當한 貰金을 定하야 通用하난 例가 有하나 通貨난 不然하니 特約이 無한 時난 金을 貸下한 者 - 銀이 入하든지 白銅을 借入한 者 - 赤銅이 出할지라도 貸借者間에 拒絶이 업시 融通하는 者이라 此質屋主人의게 入한 者 50圓高난 原金 100圓錢의 錢貰로 入한 者이 아니오, 質屋主人의 100圓金, 融通權을 3個月 停止한 故로 3個月 時間障碍로 生한 損害와 純利益이 交換한 者이오.

一. 本例난 實力과 酬勞金의 交換이니, 又如 一勞動者가 日給 1圓50錢으로 定하고, 兵庫廠 建築에 雇傭한 時난 勞動者의 實力과 日給 1圓50錢이 交換한 者이오.

一. 本例난 知識力과 勤苦物의 交換이니, 又如 壟斷丈夫가 一笑之間에 農民의 半年勤苦한 穀物品을 買得하야 一握千金의 利益을 生한 時난 商業上投機知識力과 農民의 半年勤苦物이 交換한 者이니,

△ 上에 陳한바 附論은 簿記初學者의게 對하야 有形物과 無形物의 交換貸借를 解釋케 하기 爲하야 其範圍와 狀態가 如何함을 略論한 者이라. 簿記學上實例의 材料난 아니기로 更히 實例될 有形物과 無形物을 區分하야 次에 臚列하노라.

에 150원을 보상한지라. 전당포 주인은 100원이 출하고 150원이 입한즉, 수취한 총액 중 50원이 무엇을 교환한 것이냐 하면 주인의 시간과 상쇄될 것이니라. 대체로 통화라는 것은 동일한 물이로되 사용하는 성질이 다른 물건과 차이가 있으니 통화 이외의 물건은 파괴되고 상하고 오염되는 성질이 있는 고로 대차 간에 그 물건에 대한 세(사용료)로 상당한 금액을 정하여 통용하는 예가 있으나, 통화는 그와 달리 특약이 없는 때는 금을 대하한 자가 은이 입하든지, 백동을 차입한 자가 적동을 출할지라도 대차 간에 거절이 없이 융통하는 것이니라. 따라서 이 전당포 주인이 받은 50원은 원금 100원의 전세(금전 사용료)로 입한 것이 아니고, 전당포 주인의 100원이라는 금액의 융통권을 3개월 정지한 고로 3개월 시간장애로 발생한 손해와 순이익 교환한 것이니라.

一. 다음의 예는 실력(서비스 또는 에너지)과 수고금의 교환이다. 어떤 노동자가 일급 1원 50전으로 정하고, 병고창 건축에 고용된 때는 노동자의 실력과 일급 1원 50전이 교환한 것이니라.

一. 다음의 예는 지식력과 근로물의 교환이다. 어떤 투기꾼이 농민이 반년 노력하여 수확한 곡물을 매득하여 단기간에 일확천금의 이익을 얻은 경우에는 상업상의 투기지식력과 농민의 반년 근로물이 교환된 것이니라.

△ 위에서 설명한 것은 부기 초학자에게 유형물과 무형물의 교환대차를 해석토록 하기 위하여 그 범위와 상태가 어떤가를 약술한 것이니라. 부기학상 실제의 사례는 아니므로 다시 유형물과 무형물을 구분하여 다음 장에 열거하노라.

| **해설** | 부기 상의 교환대차는 언제나 동등금액이어야 한다는 원칙, 즉 대차일치의 원칙을 밝힌 것이 본 장의 핵심 내용이다. 거래는 교환이고, 교환은 주고받는 것이다. 주고받는 것은 반드시 동액이어야 하고, 양방이다. 따라서 거래의 분개는 반드시 나간 것(준 돈), 들어오는 것(받은 돈) 양방동액으로 기록해야 한다는 것이 송도부기의 원칙임을 선언한 것이다.

第7章

有形物及 無形物의 種別

形體-有한 者를 有形物이라 하고 形體-無한 者를 無形物이라 하나니, 此 2種의 區別이 簿記學上 最要한 關係가 有한지라, 簿를 治할 時난 先히 此를 分解할지니 其 種類를 區別하면 下圖와 如하니라.

有 形 物

△ 現 金

△ 資 産(不動産, 動産)

△ 物 品(賣買品)

無 形 物

△ 商 標

△ 屋 號

△ 板 權

△ 專賣特許狀

△ 魚 驗(卽 小切手의 類)니, 借用證, 領收證의 類幷

△ 動産及不動産證明狀

△ 貸金利殖

△ 損害賠償 約條金幷

△ 酬勞의 係한 類(雇價及手數料의 類)

△ 仲介料及公私의 係한 稅納

제7장

유형물과 무형물의 종별

형체가 있는 것을 유형물이라 하고 형체가 없는 것을 무형물이라 하나니, 이 2종의 구별이 부기에서 가장 중요하므로 치부할 때는 먼저 이를 분해할지니, 그 종류를 구별하면 아래의 그림과 같으니라.

유형물

△ 현금

△ 자산(부동산, 동산)

△ 물품(매매품)

무형물

△ 상표

△ 옥호(상호)

△ 판권

△ 전매특허장

△ 어음(즉, 수표의 류), 차용증, 영수증의 류 등

△ 동산 및 부동산 증명장

△ 대금이식

△ 손해배상 약조금 등

△ 노동 대가에 관계된 것(임금 및 수수료의 류)

△ 중개료 및 공사 관련 세납

| **해설** | 원문의 유형물과 무형물은 현행 회계의 무형자산과 유형자산을 언급한 것이 아니다. 회계 이론적으로는 중요한 내용이 아니므로 더 이상의 설명은 생략한다.

第8章

利益部와 損害部의 說明

何如한 者를 利益이라 謂하며 如何한 者를 損害라 稱할가. 此난 畢竟 一方의 關係가 完結된 後에 在하다 함이 明白하도다. 交換上 利益이라 할 것은 其人資本以上에 仍作已物로 借方에 入한 者이니 例如 貸金의 邊利와 賣品의 利益이 是라, 此에 屬한 者난 一次 入한 時면 何日何時라도 返還을 請求할 權利者이 無함으로 自己의 利益資産이 될지오. 損害라 할것은 其人資産金額에서 一去不返으로 貸方에 出한 者이니, 此에 屬한 者이 種類甚多하나 次下에 更히 區別할 必要가 有함으로 此章에난 最히 顯著한者 數種을 擧하건대 例如 自己身體에 對한 服裝費와 口腹에 對한 食料費가 是라. 此에 屬한 者난 一次 出한 時이면 何年何月이라도 返還을 履行할 義務者이 無함으로 損害負債가 될지니라.

제8장

이익부와 손해부의 설명

어떠한 것을 이익이라 칭하며 어떠한 것을 손해라 칭할 것인가. 이는 필경 일방의 관계가 완결된 후에 존재함이 명백하도다. 교환상 이익이라 하는 것은 그 투입자본 이상으로 차방에 입한 것이며, 예를 들면 대여금의 이자와 상품매매이익이 바로 그것이니라. 이익은 한 번 들어오면 언제 어느 때라도 그 반환을 청구할 권리자가 없으므로 자기의 이익자산이 될 것이라. 손해라 하는 것은 그 자산금액에서 일거불반(한 번 나가면 돌아오지 않는 돈)으로 대방에 출한 것이니, 그 종류가 매우 많으나 다음에 다시 구별할 필요가 있으므로 본 장에서 가장 현저한 것 몇 가지를 거론하면 자기 신체에 대한 복장비와 입과 배에 대한 식료비가 손해에 속하느니라. 손해에 속하는 것은 한 번 나가면 언제 어느 때라도 그 반환을 이행할 의무자가 없으므로 손해부채가 되는 것이니라.

| **해설** | 상기의 원문을 요약하면 아래와 같고, 이는 손익에 관한 영원불멸의 정의이다.

■ 손해: 일거불입금(一去不入金), 일거불반금(一去不返金)
한 번 나가면 다시는 돌아오지 않는 금액
회수불가능 금액
지급이자, 전기료, 전화료, 소멸성 보험료(예: 자동차 보험료), 회수불능 채권액 등

■ 이익: 일입불거금(一入不去金), 일입불반금(一入不返金)
한 번 들어오면 다시는 나갈 필요가 없는 금액
상환 불필요 금액
수입이자, 상품매출액, 채무면제금액, 기부수입액, 국고보조금 등

第9章

新式簿記와 舊式簿記의 種別

西洋學者의 發明한 簿記式을 新式이라 稱하고 此를 編한 松都治簿를 舊式이라 稱함이니 此를 特히 種別함은 次下 記載法에 新舊式例를 對照할 必要가 種種함을 因함이라.

제9장

신식 부기와 구식 부기의 종별

서양학자가 발명한 부기를 신식이라 칭하고 송도부기를 구식이라 칭함이니, 이를 특별히 구별하는 이유는 다음의 기재법에서 신구 부기를 대조할 필요가 있기 때문이니라.

第10章

四介의 定義

萬口一談으로 松都治簿난 [四介라 四介라] 하되, 名稱이 如何한 定義로 由함이냐 問하면 自家物로 用하난 松都商業家도 答辯이 一定치 못하도다. 此에 就하야 編輯者의 解釋한 定義로 簡略히 一例를 擧하야 論할진대 假令 一商人의 初에 10,000圓 資本으로 開業한지 1年만에 9,000圓의 利益을 生하고 自己의 費用으로 消耗된 金額이 200圓이오 他人의 金額을 借用한 것이 2,000圓이라 年終會計當時에 金櫃中 現金時在난 10,000圓일 것 갓흐면, 9,000圓 利益은 何何利益秩이 生한 것이며, 生한 利益金 9,000圓은 捧次帳 何何座目이 借用한 것이며 200圓 消費金額은 何何種類秩의게 貸下한 것이며 借用金 2,000圓은 給次帳 何何座目으로 履行할 것이 上圖와 如한 것을 帳簿上 一覽表로 零落업시 組織된 것이니 이것이 捧次가 1개, 給次가 1개, 利益이 1개, 損害가 1개 合 4개라 自稱하노라.

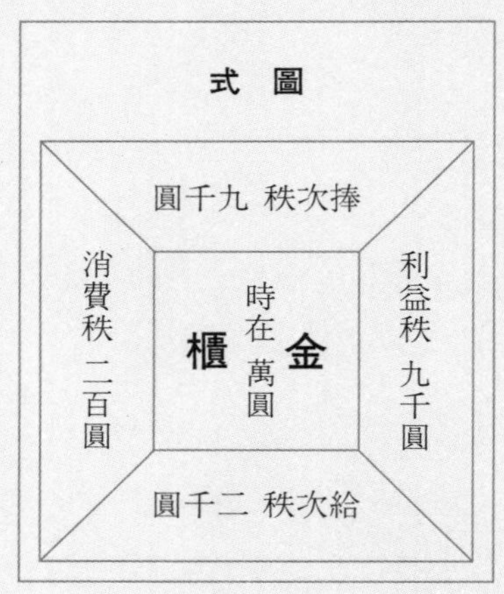

제10장

사개의 정의

만구일담으로 송도부기는 "사개라 사개라" 하지만, 그 명칭이 어떠한 연유로 이루어졌는가를 물으면, 자기 가게의 장부로 매일 쓰는 송도상업가도 그 답변이 일정치 못하도다. 할 수 없이 편집자가 해석한 정의로 간략히 일례를 들어 설명하노라.

가령 어떤 상인이 연초에 1만 원의 자본으로 개업한 지 1년 만에 9,000원의 이익을 얻고, 자기의 비용으로 소모된 금액이 200원이고, 타인의 금액을 차용한 것이 2,000원이고, 연말 결산시에 금궤의 현금시재가 10,000원일 것 같으면, 9,000원 이익은 어떤 이익질(이익계정)에 의한 것이며, 취득한 이익금 9,000원은 어느 봉차질(자산계정)로 남아 있으며, 200원 소비금액은 어떤 계정에 대하지출한 것이며, 차용금 2,000원은 급차질(채무계정) 어느 계정으로 상환해야 하는지가 상기의 그림과 같이 일람표로 치밀하게 조직된 것이니 이로 인하여 봉차가 1개, 급차가 1개, 이익이 1개, 손해가 1개 합 4개라 자칭하노라.

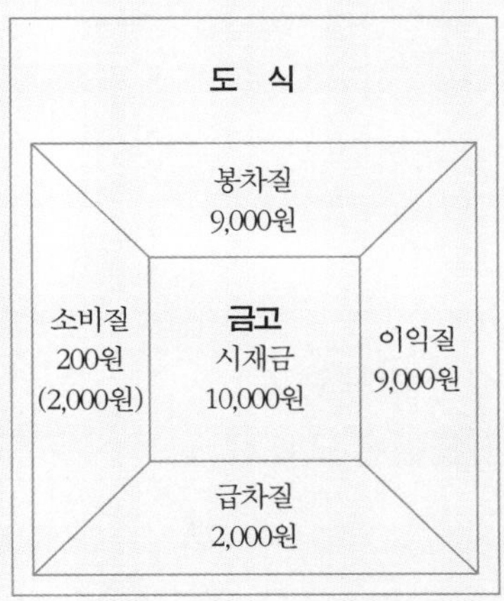

* 사개(四介)와 사괘(四卦)는 같은 말이다.

| **해설** | 봉차=자산, 급차=부채,
소비=비용, 이익=수익
봉차(捧次): 받을 돈
급차(給次): 줄 돈

소비질 금액이 200원이 아니라 2,000원일 때 입출·대차가 일치한다. 따라서 금액 200원은 2,000원의 오기이다.

第11章

主要簿及 補助簿의 區別

主要簿라 함은 比 諸官廳 或 會社에 主任과 如한 者이오, 補助簿라 함은 當局官廳及 會社內 分掌한 事務一部에 就하야 勤務하난 者이라.

主要簿에 屬한 者

△ 日記帳

△ 分介帳 { 捧次帳(資産帳) / 給次帳(負債帳) } 元帳(帳册) 決算表 附掌記

△ 貯金通帳

△ 通 帳(外上物品借入을 記한 者)

補助簿에 屬한 者

△ 現金出納帳

△ 物品去來帳

△ 委托物處理帳

△ 魚驗收支帳

△ 會計帳(一部分의 去來를 決算한 者)

△ 損益計算帳(全部交換貨借를 試算한 者)

제11장

주요부와 보조부의 구별

주요부라 함은 관청 및 회사의 주임과 같고, 보조부라 함은 관청 및 회사 내에서 일부의 업무를 담당하는 담당자와 같으니라.

주요부에 속한 것

△ 일기장

△ 분개장 { 봉차장(자산장) / 급차장(부채장) } 원장(장책), 결산표, 부록 장기(잔액명세서)

△ 저금통장

△ 통장(외상물품 차입을 기록한 것)

보조부에 속한 것

△ 현금출납장

△ 물품거래장(상품수불부)

△ 위탁물 처리장

△ 어음수지장

△ 회계장(일부분의 거래를 결산한 것)

△ 손익계산장(전부 교환대차를 시산한 것)

| **해설** | 상기의 주요부 중 분개장은 현행 부기의 분개장이 아니라 자산 및 부채원장을 의미한다. 그리고 보조부 중에서 물품거래장은 물품입출고 기록부, 즉 상품수불부이므로 이는 이 시대의 유럽과 미국 등의 부기서적에는 없는 선진적인 장부이다. 즉, 송도부기는 상품수불과 회계를 연동시킨 세계 최초의 부기라 할 수 있다.

第12章

日記난 治簿의 元料

日記난 主要簿에 屬한 者일 뿐더러 各項帳簿가 日記의 起點으로브터 組織되나니, 假使 主要簿에도 第一 大한 者 元帳(帳册)을 譬諸官廳 或 會社에 主任이라 假定하면 日記帳은 發起人이 되야 會社를 組織한 者이오 民勤領首가 되야 官廳에 敍任한 主任을 選擧한 者이니, 日記가 各 帳簿의 基礎 됨을 推此 可知함이라.

제12장

일기는 치부의 원료

일기는 주요부에 속할뿐더러 각 장부가 일기를 기점으로 작성되니, 장책(원장)은 가장 큰 장부로서 관청 또는 회사로 비유하면 주임에 해당되고, 일기장은 발기인이 되어 회사를 조직한 자이고, 민근영수(민간인 대표자)가 되어 관청에 등록할 주임을 선거(임명)하는 자이니, 일기가 각 장부의 기초가 됨을 이로 미루어 알 수 있느니라.

| **해설** | 일기장, 즉 분개장(거래의 원시기록부)이 모든 장부의 으뜸이고 시작이라는 내용이다. 일기장은 태극에 해당된다. 입출, 즉 음양 양방이고 각 수치가 언제나 같기 때문이다. 일기장이라는 태극이 장책(원장)을 낳는다. 즉, 일기장 기록을 인명별 책자에 중기(重記: 거듭 기록)하면 장책이 된다. 장책은 다시 회계책을 낳는다. 즉, 장책의 인명별 잔액을 일람하기 위하여 한 장의 문서에 중기(옮겨 적기)하면 그것이 회계책이다. 회계책 역시 입출 양방이고 동액이므로 역시 태극상태가 된다. 회계책에서 대차와 손익을 별도로 추출 중기하면, 대차대조표와 손익계산서가 작성된다. 이것으로 인명별, 과목별 대차손익이 산출 확정되어 한 시절의 회계가 마무리, 결산된다.

대차대조표를 다음 기의 일기장으로 중기하고, 이어서 다음 기 거래를 분개하면, 또 다른 한 시절이 시작된다. 즉, 회계가 순환, 반복한다. 중기(重記)를 송도부기에서는 전서(轉書), 현행 부기에서는 전기(轉記)라고 하며, 일기장 기록을 장책 그리고 회계책 등에 거듭하여 기록한다는 의미이다. 다시 말하면, 이 장부에서 저 장부로 다시 또 다른 장부로 옮겨 적는 것이 회계이다. 따라서 회계는 결국 중기이다. 이런 이유로 조선왕조에서는 회계장부를 중기 또는 중기부라고 하였는데, 이는 회계의 핵심을 가장 간결하게 알려주는 용어라고 판단된다.

第13章

捧次帙(資産部)과 給次帙(負債部)의 注意

次에 日記例題를 擧할새 日記帳을 記去할 時는 不可不 捧次秩과 給次帙에 十分 注意할지니, 捧次는 恒常 내가 밧을 權利가 잇서 出하는 者이니 新式簿記 資産部에 屬하는 者이오 給次帙은 恒常 내가 갑흘 義務가 잇서 入한 者이니 新式簿記 負債部에 屬한 者이니라.

제13장

봉차질(자산부)과 급차질(부채부)의 주의

일기장을 기록할 때에는 반드시 봉차질과 급차질에 십분 주의할지니, 봉차는 항상 내가 받을 권리가 있어 출하는 자이며, 신식 부기 자산부에 속하는 자요, 급차질은 항상 내가 갚을 의무가 있어 입한 자이니 신식 부기 부채부에 속한 자이니라.

| **해설** | 봉차와 급차에 대한 정의는 제8장 손익에 대한 정의와 더불어 영원불멸의 정의이다.

■ 봉급손익의 정의

4괘	해설
봉차(받을 돈, 자산)	一去必入金: 나갔지만, 다시 들어와야 하는 돈 (회수해야 하는 돈, 회수 가능한 금액, 회수권리가 있는 출금액) 예금 및 적금, 대여금, 외상매출금, 받을 어음, 선급금, 저축성 보험료, 상품, 제품, 토지, 건물 등
급차(줄 돈, 부채)	一入必去金: 들어왔지만, 다시 나가야 하는 돈 (상환해야 하는 돈, 상환의무가 있는 입금액) 차입금, 미지급금, 외상매입금, 선수금, 지급어음, 자본금(주주 급차), 이익잉여금 등
손해(비용, 손실)	一去不入金: 한 번 나가면 다시 돌아오지 않는 돈 (회수 불가능한 출금액) 지급이자, 전기료, 전화료, 인건비, 대손액(떼인돈), 도난. 재해 금액, 소멸성 보험료 등 단, 제조를 위한 지출은 손실이 아니라 봉차로 분류되고, 이 제품이 판매될 때 손실로 분류 처리된다.
이익(수익)	一入不去金: 한 번 들어오면 다시 나가지 않는 돈 (상환 불필요한 입금액) 수입이자, 상품매출액, 기부.찬조수입액, 국고보조금 수취액, 채무면제액, 잡수입 등

第14章

松都日記帳은 新式簿記에 日記帳과 分介帳을 合하여 并進하는 所以

新式簿記는 日記帳에 金額貸借의 區分이 無히 記入하고 更히 分介帳에 轉記할 時, 貸借를 區別하되 松都治簿는 日記帳에셔 貸借를 區別하야 記入하나니 下에 記入法을 參觀하면 自然히 解釋하리라.

제14장

송도 일기장은 신식 부기의 일기장과 분개장을 합하여 기록하는 소이(까닭)

신식 부기는 일기장에 금액대차의 구분이 없이 기입하고, 다시 분개장에 전기할 때 대차를 구별하여 기록하느니라. 송도부기는 일기장에서 대차를 구별하여 기입하는데, 이는 다음의 기입법을 참고하면 자연히 알게 되리라.

| **해설** | 송도부기의 분개방법 예시

■ 현금 거래

- 현금 출자: 입 현병주_자본금 5000 상
- 현금 차입: 입 김두승_차입금 5000 상
- 현금 대여: 거 이태로_대여금 2000 하
- 현금 경비: 거 한국전력_전기료 200 하
- 현금 매입: 거 인삼질_홍삼 2000 하
- 현금 감자: 거 현병주_자본금 5000 하
- 현금 상환: 거 김두승_차입금 1000 하
- 현금 회수: 입 이태로_대여금 1500 상
- 경비 환입: 입 한국전력_전기료 200 상
- 현금 매출: 입 인삼질_홍삼 3000 상

* 상은 현금입금, 하는 현금출금 기호이고, 현금거래는 1행으로 분개가 완료된다.

■ 보통예금 이체 거래

① 이체차입: 입(대변) 현병주_차입금 3000 / 거(차변) 천일은행_보통예금 3000
② 이체상환: 입 천일은행_보통예금 2000 / 거 현병주_차입금 2000
③ 이체지급: 입 천일은행_보통예금 200 / 거 한국전력_전기료 200

* 비현금거래는 최소 2행분개이고, 예시의 '/'는 행 분리기호이다.
* 이체분개에서 입을 우변에, 거를 좌변에 기록해도 된다.

■ 외상 거래

① 외상 매입: 입 송도인삼사_급차 6000 / 거 인삼질_홍삼 6000
② 외상 매출: 입 인삼질_홍삼 4000 / 거 서울상회_봉차 4000
③ 외상대 현금지급: 거 송도인삼사_급차 5000 하
④ 외상대 현금수취: 입 서울상회_봉차 3000 상

* 분개원형은 [현병주 입 자본금], [김두승 거 대여금] 등과 같이 인명, 입/거, 과목 및 금액 순서이나, 현행부기와의 비교를 위하여 상기와 같이 분개하였다.

第15章

松都日記와 帳冊에 特用字及符號置하는 例

一. 上과 下

右二字는 現金出納에만 標準한 者이니 現金이 出한 行이면 末端에 下字를 置하고 現金이 入한 行이면 末端에 上字를 置하나니 此는 現金時在 計算時에 最히 必要하니라.

二. 入과 去

右二字는 物品出納을 標準한 者이니 物品이 入한 行이면 初頭에 入字를 置하고 物品이 出한 行이면 初頭에 去字를 置하되 物品이 人으로부터 入한 行이면 人의 姓名을 記한 次에 入字를 置하나니 出한 行에도 此例와 同히 하나니라.

又. 還入과 還給의 例가 有하니

還入이라 함은 例如 貸下하엿든 金이 入함의 類와, 還給이라 함은 例如 借入하얏든 金을 支拂함의 類이니라.

又. 過入과 過去의 例

過入이라 함은 本額以上에 利益을 入하는 者이오 過去라 함은 入例의 反比例이니라.

又. 會計의 義

會計라 함은 捧給을 合算하는 例이라.

제15장

송도일기와 장책에 특수문자와 부호를 기록하는 예 (방법)

一. 상과 하

위의 두 자 상과 하는 현금출납에만 쓰는 기호이니, 현금이 출하면 우측 끝에 하(下)자를 기록하고, 현금이 입하면 역시 우측 끝에 상(上)자를 기록하는데, 이 상하 기호는 현금시재 계산에 반드시 필요하니라.

二. 입과 거

위의 두 자 입과 거는 금품출납에 쓰는 기호이니, 금품이 입한 경우에는 초두에 입(入)자를 기록하되, 금품이 인으로부터 입한 경우에는 그 인의 성명을 기록한 다음에 입(入)자를 쓰느니라. 금품을 출한 경우에도 위와 같이 기록하느니라.

| **해설** | 원문의 물품은 현대어 금품에 해당된다. 따라서 분개기호 입과 거는 금전의 입과 출을 뜻한다. 그리고 인명을 기록한 다음에 입 또는 거를 쓰라는 말은, [현병주 입], [배준녀 거] 등과 같이 분개하라는 의미이다.

- **환입과 환급**: 환입이라 함은 대여하였던 돈을 회수하는 경우이고, 환급이라 함은 차입하였던 돈을 상환지불하는 경우이니라.

| **해설** | ① 환입(還入), 대입(貸入): 모두 入과 같은 뜻이다.
② 환급(還給), 방(放), 대거(貸去), 채급(債給): 모두 去와 같은 뜻이다.

- **과입과 과거**: 과입이라 함은 본액 이상의 이익을 취하는 것이고, 과거라 함은 과입의 반대이니라.

- **회계의 정의**: 회계라 함은 봉급(받을 돈, 줄 돈)을 합산하는 것이니라.

| **해설** | 회계는 인명별로 줄 돈과 받을 돈을 계산 확정하는 것이 핵심이다.

三. 秩字의 例

右字의 用例는 其義가 2條로 分하니 左에 區別한바 (가)의 順序에 屬한 者는 本書 第5章에 釋義와 如히 帳簿上 關係를 生한 者는 自然人으로 認定하드시 秩字는 卽 人의 姓名을 代位함이오 (나)의 順序에 屬한 類는 無形物을 有形物의 代位로 定함이니 各其 性質을 分하야 次第로 說明하건대

(가) 物品秩

入한 物이든지 出한 物이든지 物品의 名稱을 隨하야 麻布이면 麻布秩, 白木이면 白木秩이라 하나니, 白木秩 去라 할 時는 白木秩을 自己債務者의 姓名으로 標準하고, 麻布秩 入이라 할 時는 麻布秩을 自己 債權者의 姓名으로 標準한 것이니라.

(나) 1. 魚驗秩(或 於音이라 함)
2. 利益秩
3. 公用秩

又. 文字의 例

右字는 卽(錢)字의 代表로 用하나니라.

又. 餘字의 例

右字는 卽(殘)字와 同하니라.

又. 次字의 例

右字는 卽(方)字와 同하니라.

三. 질자의 예(질자의 정의)

위 글자 질(秩)은 그 뜻이 두 가지가 있느니라. (가)물품질에 속한 것은 본서 제5장에서 설명한 바와 같이 장부상에서 관계를 일으킨 자는 반드시 자연인(계정)으로 인정하듯이 질자는 즉 인의 성명을 대위함이요, (나)어음질, 이익질, 공용질에 속한 것은 무형물을 유형물로 대위함이니 각기 그 성질에 따라 차례로 설명하고자 하노라.

(가) 물품질

입한 물이든지 출한 물이든지 물품(금품)의 명칭을 따라 마포이면 마포질, 백목이면 백목질이라 하느니라. 백목질 거라 할 때는 백목질을 자기 채무자의 성명으로 기록하고, 마포질 입이라고 할 때는 마포질을 자기 채권자의 성명으로 기록한 것이니라.

| **해설** | 마포질 등에서 질은 집사 또는 회사내 책임자로서, 각 사업부 부장에 해당된다.

(나) 1. 어험질(어음이라고도 한다)

2. 이익질

3. 공용질

- **문자**: 문(文)이라는 글자는 전(錢)과 같으니라. 몇 원 할 때의 원 또는 금액에 해당되느니라.

- **여자**: 여(餘)라는 글자는 잔액과 같으니라(實餘, 나머지라고도 쓰느니라).

- **차자**: 차(次)라는 글자는 방과 같으니라. 봉차 · 급차는 봉방 · 급방 또는 차방 · 대방, 차변 · 대변과 같은 의미니라.

四. 直放과 買得의 定義

直錢(現金의 義로 同)으로 賣渡한 者이면 直放이라 記하고 現金으로 買收한 者를 買得이라 記하나니 此를 記하는 行에는 本章 第2例의 入, 去 標와 及 第1例의 上, 下 標를 必히 記하나니라.

五. 標算(一名은 胡算이라)

〡 〢 〣 〤 〥 〦 〧 〨 〩
(一) (二) (三) (四) (五) (六) (七) (八) (九)

此는 物의 價格을 標示함에 用하나니 其義는 卽 珠算을 象形한 者이라. 用例는 賣買及 交換物을 勿論하고 同種의 物品이 1個로브터 數個以上이 記入되더라도 物品을 記한 次에 其 物品의 單個價格을 此로 標示하고 其次에는 全部物品의 價格을 合算한 總數를 記載함이 必要하나니라.

六. 鐙子法

此는 日記帳記事의 單行 以上에 用하는 者이니 其 形容이 鐙子와 如함으로 名稱함이라.

用例는 新式簿記 分介帳에 記入하는 條項에 酬用되나니 恒常 現金去來 以外으로 一方에 對하야 反對方을 記한 後 此를 劃할지라. 松都日記中 前行에 記載된 額數가 入한 者이던지 去한 者이던지 第次行에는 前行의 額數를 反對로 記하야 前後行額數가 平均히 된 境遇에 前後行의 末端을 括하야 本法을 用하니, 日記帳 現金時在 計算時와 及 後日 參考時에 一覽上 便宜를 與한 者이라.

四. 직방과 매득의 정의

현금으로 매도(판매)한 것은 직방이라 기록하고, 현금으로 매수한 것은 매득이라 기록하느니라. 이렇게 직방 또는 매득으로 기록하는 경우에도 본 장 제2례의 입, 거, 제1례의 상, 하 기호를 반드시 표기해야 하느니라.

五. 표산(일명 호산이라 하느니라)

이는 가격(특히 단가)을 표시할 때 쓰며, 이는 주산을 상형한 것이니라. 용례는 매매 및 교환물을 막론하고 동종의 물품이 한 개 또는 여러 개 기입되더라도 물품을 기록한 후에 그 물품의 단가를 위의 호산으로 기록표시하고, 그 다음에는 물품의 총액을 기재해야 하느니라.

六. 등자법

등자(기마용 발걸이)는 일기장 기록시 2행 이상인 경우에 사용하는 것이니, 그 모양이 등자와 같아 등자라 이름한 것이니라. 용례는 신식 부기 분개장에 기입하는 조항에 적용되며, 항상 현금거래 이외, 즉 대체거래 기록시 거래자 일방에 대한 상대방을 기록한 후 이 등자를 그려주어야 하느니라. 송도일기 중 전행에 기재된 액수가 입한 것이든지 거한 것이든지 그 다음 행에는 전행의 액수를 반대로 기록하여 전후행 금액이 동액이 된 경우에 전후행의 끝에 등자를 그려 기록된 2행을 연결시켜야 하느니라. 그리고 이 등자 기호는 일기장에서 현금시재 계산과 후일 참고시 관찰에 편의를 주는 기호니라.

七. 列旗法(方言에 긔 블니인다 함)

此는 其 形容이 旗를 立하니와 如함으로 名稱함이니, 日記帳 記事行 叙頭에 朱筆 或 墨筆로 叙頭中心을 向하야 縱線劃을 直立하고 次에는 縱線劃의 中心을 橫貫하야 기역(ㄱ)劃을 添加하니, 用例는 日記에 記入된 者이 捧次이던지 給次이던지 關係가 消滅될 時에 必히 以上 關係된 書行을 次第로 爻周하는 것이라.

八. 打點法

此例는 日記와 帳冊의 最히 多用하나니, 日記의 打點은 日記의 記事를 帳冊으로 傳書할 時, 傳書된 行은 卽時 行頭에 黑點을 加하고, 帳冊의 打點은 日記로서 轉記한 後 다시 日記와 對照할 時 考準되는대로 本行 金額 右側으로 朱點을 加하나니라.

九. 行劃의 例(一云 爻周라 함)

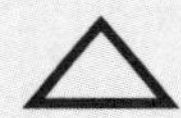

此例는 帳冊에 用하나니 他給帳冊이던지 外上帳冊이던지 捧給의 關係가 消滅될 時에 用하나니라.

十. 又字의 用例

此는 必히 第次行에 用하나니 人과 物을 勿論하고 人의 次行에 記入되면 前行의 記한 人의 姓名이 되고 物의 次行에 記入되면 前行에 記한 物名이 되나니라.

七. 열기법(✗, 사투리에 '기 불린다' 함)

이는 그 모양이 깃발을 세운 것 같아 부여된 이름이니라. 일기장 기사행 서두에 주필 또는 묵필(적색 또는 흑색)로 서두 중심을 향하여 세로선을 긋고, 그 다음에 그 세로선의 중심을 관통하여 가로로 'ㄱ'자를 그리는 것이니라. 이 열기를 사용하는 경우는 일기장에 기입된 것이 봉차든 급차든 그 대차관계가 소멸될 때 필히 그 관련기록에 상기의 깃발을 표시하는 것이니라. 즉, 대차가 소멸된 거래라는 정보를 표시하는 것이니라.

八. 타점법

타점, 즉 점찍기는 일기와 장책에서 가장 많이 사용되느니라. 일기의 타점은 일기의 기사를 장책으로 전서 중기할 때는 즉시 일기의 행의 머리 쪽에 흑점을 찍어야 하느니라. 장책의 타점은 장책의 기록과 일기장의 기록을 대조할 때 쓰이며, 그 대조가 완료되는 대로 장책의 우측 끝에 주점(붉은 점)을 찍느니라.

九. 행획(일명 '효주'라 함)

효주(△)는 장책에 쓰이며, 타급장책이든 외상장책이든 봉급(대차)의 관계가 소멸될 때 쓰느니라.

十. 우자

우(又)자는 전과 동(同)이라는 뜻이니라. 어떤 기사 다음에 이 우자가 쓰이면, 이는 전행에 기록한 인명 또는 물품명이 되느니라.

十一. 内字의 用例

此는 捧給을 區別하기 爲하야 間揷으로 用하나니, 例如 帳冊과 如한 種類에 冊製를 上下 兩段으로 分하고 上段은 捧次만 記入하고 下段은 給次만 記入하는 時는 此字를 中間에 必히 置하되 記事가 重複한 時이면 上에 示한 字樣과 如히 橫滿하게 함도 有하니라.

十二. 時在의 義

時在라 함은 卽(殘高)의 義이니라.

十三. 合字와 實字의 例

合이라 함은 一方의 計算을 總括함이오. 實이라 함은 捧給의 相殺한 殘高를 指稱함이라.

十一. 내자

내(內)자는 봉급을 구별하기 위하여 삽입되는 기호이니라. 장책의 한 면을 상하로 양분한 후, 상단은 입금만, 하단은 출금만 기록하는 경우, 그 중간에 이 기호를 반드시 표시해야 하느니라.

| **해설** | 내는 장책(원장)에서 쓰이는 기호이며, 상변에 기록된 총금액에서 내자 다음에 기록된 금액을 차감하라는 기호로 사용된다. 즉, 계정별 잔액을 계산하는 데 쓰이는 기호이다.

十二. 시재

시재란 금궤의 현금 잔고 또는 현금 잔액을 뜻하느니라.

十三. 합자와 실자

합이라 함은 어느 한 편의 계산을 총괄함이요, 실이라 함은 봉급을 상쇄한, 즉 차감한 잔액을 의미하느니라.

第16章

日記의 例題及 實習과 并說明

(例題 第1日)

屋號를 信成號라 稱하는 人이 開業 第1日에 資本金 15,000圓을 積立하니, 金櫃中 現金時在가 6,500圓이오○ 第一銀行에 任置(定期든지 無定期든지)한 當座預金이 8,500圓이라○ 當日에 治簿에 用할 空冊 10部를 每部 15錢式 買入하고◎ 本商店 建築所地段價 150圓을 出給(支拂의 義)하고, 又에 本店修理費 30圓을 出給하고○ 次에 方仁準의 任置金 2000圓을 領受하고○ 次에 申義植의게 漢陽木 預給으로 50圓을 先下하다.

〈實習〉

信成號 入 資本金 15000圓 上

第一銀行 去 當座預金 8500圓 下

公用秩 去 空冊 10部代金 1圓 50錢 下

家舍秩 去 本商店用地段價 150圓 下

又 去 本店修理費 30圓 下(此行 又字는 卽 家舍秩을 再記함이니 以下는 同함)

方仁準 入 任置金 2000圓 上

申義植 去 漢陽木100疋價預給金 50圓 下

(注意)

此는 個人營業을 標準한 者이니와, 數人以上이 資本을 幷하야 開業한 時라도 信成號와 如한 屋號를 定하면 그 定한 屋號를 個人營業者로 示할지니 同業者數人間에는 特別한 區分이 有할지라도 營業全體에 對하야는 少毫도 差等이 無하니라.

제16장

일기의 예제실습과 해설

(예제 제1일)

점포명을 신성호라 칭하는 상인이 개업 제1일에 자본금 15,000원을 납입하니, 금궤 중 현금시재가 6,500원이요. 제일은행에 예입한 당좌예금이 8,500원이니라. 그날부터 장부로 사용할 공책 10권을 단가 15전에 매입하고, 본 상점 건축용지가액 150원을 지불하고, 또 본점 수리비 30원을 지급하고, 그 다음에 방인준의 임치금(차입금) 2,000원을 수취하고, 또 신의식에게 한양목(목면류) 구입을 위한 선급금으로 50원을 지급하다.

* 분개내역에 대한 자세한 해설은 제2편을 참조하기 바란다.

〈실습〉

신성호 입 자본금 15,000원 상

제일은행 거 당좌예금 8,500원 하

공용질 거 공책 10권 대금 1원 50전 하

가사질 거 상점용지가 150원 하

가사질 거 본점 수리비 30원 하

방인준 입 임치금 2,000원 상

신의식 거 선급금 한양목 100필 하

(주의)

여기서 제시하는 사례는 개인영업을 기준으로 한 것이니, 여러 사람이 자본을 납입하여 개업한 경우라도 신성호와 같은 상호를 정하면 그 정한 상호를 개인 영업자로 보아야 하므로 동업자 간에는 특별한 구분이 있을지라도 영업 전체에 대하여는 조금도 다를 바가 없느니라.

(說明)

第1行은 信成號(卽 自己)로브터 資本金 15000圓을 入하는 同時 第2行으로 第一銀行當座預金을 記下하고, 第3行은 公用秩로 空册代金을 支拂하고, 第4行 及 第5行은 家舍秩로 地段價幷 修理費를 支拂하고, 第6行은 資本金 以上으로 方仁準의 任置金 2000圓을 領收하고, 第7行은 申義植의게 漢陽木預給金으로 支拂하니라.

(例題 第2日) 第2日은 權禮得으로븟터 見樣紙 15塊를 每塊에 47圓式 買入하고 價額으로 400圓은 現金을 給하고, 殘額은 1朔 後에 出次할 魚驗으로 給하다.

〈實習〉

權禮得 入 見樣紙 15塊 代金 705圓 ─┐
紙物秩 去 同物15塊 代金 705圓 ─┘
權禮得 去 見樣紙價中 卽錢給金 400圓 下
於音秩 入 2月1日 給次金 305圓 ─┐
權禮得 去 紙價零條 2月1日 給次 本於音給 305圓 ─┘

(說明)

第1行은 權禮得으로브터 見樣紙를 買入하야 第2行에 紙物秩로 同物의 代金을 支拂하고 第 3行은 見樣紙 代金 400圓은 現金으로 支拂하고 第4行은 於音秩로 305圓을 入하야 第5行에 權禮得의 紙價零條를 計給하니라.

(例題 第3日) 第3日은 沈智元으로브터 慶布 700疋을 每疋 1圓10錢式에 買入하고 全部價額을 5個日 後에 出給하기로 口頭契約을 成立하다.

(설명)

제1행은 신성호(즉, 자기)로부터 자본금 15,000원을 입하는 동시에 제2행으로 제일은행에 당좌예금 예치사실을 기록하고, 제3행은 공용질에게 공책대금을 지급하고, 제4행과 제5행은 가사질에게 토지대금과 본점 수리비를 지불하고, 제6행은 자본금 이상으로 방인준의 임치금 2,000원을 수취하고, 제7행은 신의식에게 한양목 예급금, 즉 선급금으로 지불한 것이니라.

(예제 제2일) 제2일은 권예득으로부터 견양지 15괴를 괴당 47원에 매입하고, 이 중 400원은 현금으로 지급하고, 잔액은 1삭(1개월) 후에 지급할 어음으로 지급하다.

〈실습〉

권예득 입 견양지 15괴 대금 705원 ┐
지물질 거 견양지 15괴 대금 705원 ┘
권예득 거 견양지가액 중 현금 400원 하
어음질 입 2월 1일 급차 305원 ┐
권예득 거 지가영조 2월 1일 급차 본어음 급 305원 ┘

(설명)

제1행은 권예득으로부터 견양지(종이류)를 매입하여 제2행에 지물질에게 그 대금을 지급하고, 제3행은 견양지 대금 중 400원은 현금으로 지급하고, 제4행은 지가영조(종이값 완불)를 위하여 어음질로 305원을 입하여 제5행에 권예득에 대한 외상매입금 잔액을 지급하니라.

(예제 제3일) 제3일은 심지원으로부터 경포 700필을 단가 1원 10전에 매입하고,

〈實習〉

沈智元 入 慶布 700疋代 單價 1圓10錢 限5日給次金 770圓 ┐
布屬秩 去 慶布 700疋代 單價 1圓10錢 正月6日捧金 770圓 ┘

(說明)

第1行에 沈智元으로브터 慶布 700疋을 買入하야 第次行에 布屬秩로 代金을 貸下하니라.

(例題 第4日) 第4日은 白信明으로브터 準木 1500疋을 每疋 90錢式으로 買入하고 全部價額은 第一銀行에셔 卽時 出給할 小切手(魚驗)로 劃給하고 同物의 運來費 3圓을 現金으로 給下하다.

〈實習〉

白信明 入 準木 1500疋 單價 90錢代金 1350圓 ┐
白木秩 去 準木 1500疋 單價 90錢代金 1350圓 ┘
第一銀行 入 小切手第1號金 1350圓 ┐
白信明 給 白木價第一銀行票給 1350圓 ┘
白木秩 去 準木30隻 運來卜價 3圓 下

(說明)

第1行에 白信明으로브터 買入한 準木을 第2行 白木秩로 下하고, 第3行은 第一銀行 小切手를 領受하야 第4行 白信明의 準木價를 計給하고, 第5行은 準木 30隻 運費를 現金으로 支拂하니라.

그 금액을 5일 후에 지급하기로 하고, 이를 구두로 계약하다.

〈실습〉

심지원 입 경포 700필 단가 1원 10전 5일 후 급차 770원
포속질 거 경포 700필 단가 1원 10전 정월 6일 봉차 770원

(설명)

제1행에 심지원으로부터 경포(삼베의 일종) 700필을 매입하여 그 다음 행에 포속질에게 대여한 것이니라.

(예제 제 4일) 제4일은 백신명으로부터 준목(무명의 일종) 1,500필을 단가 90전에 매입하고, 그 금액은 제일은행에서 즉시 지급할 수표로 지급하고, 이 준목 운반비 3원을 현금으로 지급하다.

〈실습〉

백신명 입 준목 1,500필 단가 90전 대금 1,350원
백목질 거 준목 1,500필 단가 90전 대금 1,350원
제일은행 입 수표 제1호 1,350원
백신명 거 백목(준목)가액 제일은행 수표로 지급 1,350원
백목질 거 운반비 3원 하

(설명)

제1행에 백신명으로부터 매입한 준목을 제2행 백목질에게 대여하고0, 제3행은 제일은행 수표를 받아, 제4행 백신명의 준목대금을 지급하고, 제5행은 준목의 운반비를 현금으로 지급한 것이니라.

(例題 第5日) 第5日은 買得(卽 直錢 쥬고 사는 것)으로 白蔘 10斤을 每斤 9圓式에 買入하다.

〈實習〉

白蔘秩 去 同物30片10斤代金 90圓 下

(說明)

此는 卽 單式例이니 直錢으로 買得한 物은 直席에 一方에 關係가 消滅된 故로 單式例가 便利하나 此를 複式으로 記入하면 3行이 되나니 例는 初行에 買得處를 記入하야 第2行에 白蔘秩로 下한 後, 다시 次行(第3行)을 本 例와 同히 記入하는 例가 正式이니라.

(例題 第6日) 第6日은 李甲述에게 各項紬屬 4000圓 價値와○ 各種布屬 3000圓 價値를 買入하고 全部價額은 方仁準이 申義植의게 推尋(領收의 義)할 魚驗을 借入한 그 魚驗으로 給하다.

〈實習〉

李甲述 入 各項紬物價合 4000圓

又 入 各種布屬價合 3000圓

(此行 又字는 卽 李甲述을 再記함이니 此下도 同함)

紬物秩 去 各項紬物價合 4000圓

布屬秩 去 各種布屬價合 3000圓

方仁準 貸入 申義植推次於音 7000圓

李甲述 給 紬布價畢右於音給 7000圓

(예제 제5일) 제5일은 매득(즉, 현금매입)으로 백삼 10근을 단가 9원에 매입하다.

〈실습〉

백삼질 거 백삼 30편 10근 대금 90원 하

〈설명〉

이는 단식의 예이니, 현금으로 매입한 물품은 즉석에서 채권채무 관계가 소멸되므로 단식기입이 편리하나, 이를 복식으로 기입하면 3행이 되느니라. 이 경우 첫 행에 매입처를 기입하고, 제2행에 백삼질에게 대여한 것으로 기록한 후, 다시 다음 행에 본 예와 같게 기입하는 것이 정식이니라.

(예제 제6일) 제6일은 이갑술에게 각종 비단 4,000원어치와 각종 포속 3,000원어치를 매입하고, 그 대금은 방인준이 신의식에게 받을 어음을 차입하여 그 어음으로 전액지급하다.

〈실습〉

이갑술 입 각종 비단가액 4,000원
이갑술 입 각종 포속가액 3,000원
주물질 거 각종 비단가액 4,000원
포속질 거 각종 포속가액 3,000원
방인준 입 신의식에게 받을 어음 7,000원
이갑술 거 주포대금 어음지급 7,000원

(說明)

第1行은 李甲逑에 買入한 紬物을 先히 記入하고 次行에 布屬을 記入하야 第3行, 제4行에 紬物 及 布屬秩로 次第 分下하고○ 第5行은 方仁準의게 領受할 於音을 記入하야 第6行으로 李甲逑의 物價를 畢給하니라.

(例題 第7日) 第7日은 金乙先의게 安州亢羅 20疋을 每疋 7圓式으로 賣下하고 全部價額은 10日 後 推尋할 魚驗으로 領受하다.

〈實習〉

紬物秩 入 安亢羅 20疋 單價7圓代 140圓
金乙先 放 安亢羅 20疋 單價7圓代 140圓
又 入 安亢羅條 正月19日推次 自己於音 140圓
於音秩 去 金乙先 正月19日出次 140圓

(說明)

第1行은 紬物秩로서 安亢羅를 入하야 第2行의 金乙先의게 賣渡하고 다시 金乙先에게 同勿의 代金을 於音으로 領受하야 第4行에 於音秩로 下하니라.

(例題 第 8日) 第8日은 崔丙奎의게 鐵原紬 150疋을 每疋 6圓式에 放賣하고○ 價額은 20日 後에 捧次할 魚驗으로 領受하고○ 同物 居口로 7圓을 現金으로 出給하다.

〈實習〉

紬物秩 入 鐵原紬150疋 單價6圓價 900圓

(설명)

제1행과 제2행은 이갑술에게 매입한 주물(비단류)과 포속(삼베류)을 기입한 것이고, 제3행과 제4행은 주물질과 포속질에 대하한 기록이고, 제5행은 방인준에게 어음차입한 기록이고, 제6행은 차입한 어음으로 이갑술에게 물품대금 전액을 지급한 기록이니라.

(예제 제7일) 제7일은 김을선에게 안주항라 20필을 단가 7원에 매도하고, 그 금액은 10일 후 받을 어음으로 수취하다.

〈실습〉

주물질 입 안주항라 20필 단가 7원 대금 140원
김을선 거 안주항라 20필 단가 7원 대금 140원
김을선 입 안주항라건 정월 19일 받을어음 140원
어음질 거 김을선 정월 19일 출차 140원

(설명)

제1행은 주물질로서 안주항라를 입하여 제2행의 김을선에게 매도하고, 다시 김을선에게 그 대금을 어음으로 수취하여, 제4행의 어음질에게 대여한 기록이니라.

(예제 제8일) 제8일은 최병규에게 철원주 150필을 단가 6원에 방매하고, 그 대금은 20일 후에 받을 어음으로 수취하고, 이 거래에 대한 구전으로 7원을 현금지급하다.

〈실습〉

주물질 입 철원주 150필 단가 6원 대금 900원

崔丙奎 放 鐵原紬150疋 單價6圓價 900圓

又 入 右物價條正月30日 自己出次於音 900圓

於音秩 去 崔丙奎正月30日出次金 900圓

紬物秩 去 鐵原紬150疋居口金 7圓 下

(說明)

第1行은 紬物秩로셔 鐵原紬를 入하야 第2行 崔丙奎의게 賣渡하고 第3行에 同人의게 前記物 代金을 於音으로 領受하야 第4行 於音秩로 下하고 第5行은 同物秩로 同物의 口錢을 下하니라.

(例題 第 9日) 第9日은 眞絲 100斤을 每斤에 2圓 80錢式 打算하야 安丁玉의 機張藿 30隻과 換色(交換의 義)하고 7圓加錢을 現金으로 領受하고 機張藿 運來費 3圓을 出給하다.

〈實習〉

眞絲秩 入 100斤 單價2圓80錢代金 280圓

安丁玉 去 眞絲100斤 單價2圓80錢代金 280圓

又 入 機張藿30隻合600束 單價4圓50錢代減7圓實金 273圓

機張藿秩 去 同物30隻合600束 單價4圓50錢代減7圓餘實 273圓

又 去 同物運來費金 3圓 下

安丁玉 入 眞絲價中藿價相計餘錢 7圓 上

(說明)

此例題는 有形物과 有形物의 交換이나 實習은 不可不 雙方이 物을 賣하야 物을 買入함이 되나니라. 故로 第1行은 眞絲 100斤을 安丁玉의게 賣渡하고○

최병규 거 철원주 150필 단가 6원 대금 900원

최병규 입 철원주건 정월 30일 자기지급어음 900원

어음질 거 최병규 정월 30일 출차 대금 900원

주물질 거 구전 7원 하

(설명)

제1행은 주물질로서 철원주를 입하여 제2행 최병규에게 매도하고, 제3행에 최병규에게 그 대금을 어음으로 수취하여, 제4행 어음질로 대여하고, 제5행은 이 판매와 관련된 구전을 현금으로 지급한 것이니라.

(예제 제9일) 제9일은 진사 100근을 단가 2원 80전에 안정옥의 기장곽 30척과 교환하고, 차액 7원을 현금으로 수취하고, 기장곽 운반비 3원을 현금으로 지급한 것이니라.

〈실습〉

진사질 입 100근 단가 2원 80전 대금 280원

안정옥 거 진사 100근 단가 2원 80전 대금 280원

안정옥 입 기장곽 30척 합 600속 대금 273원

기장곽질 거 기장곽 30척 합 600속 대금 273원

기장곽질 거 운반비 3원 하

안정옥 입 기장곽차액 7원 상

(설명)

위의 예는 유형물과 유형물의 교환이나, 쌍방이 서로 물품을 사고팔고 한 것이 되느니라. 고로 제1행은 진사 100근을 안정옥에게 매도하고, 제2행은 기장곽 30척

第2行은 機張藿 30隻을 同人의게 買入하고○ 第3行은 機張藿秩로 眞絲代金을 下하고○ 第4行은 機張藿秩로 運費 3圓을 下한 者이오○ 第5行은 安丁玉의 眞絲代金 殘額을 上한 者이라.

(例題 第10日) 第10日은 兎山紬 300疋을 每疋에 3圓80錢式 買得하야 鄭戊敬의게 染色을 委托하고 染色工錢으로 80圓을 先給하다.

〈實習〉

兎山紬秩 去 同物300疋 單價3圓80錢代金 1140圓 下

鄭戊敬 去 兎山紬300疋染工中先給金 80圓 下

(說明)

第1行은 兎山紬代金을 兎山紬秩로 下한 者이오○ 第2行은 鄭戊敬의게 染色工錢 80圓을 下한 者이니 同物染色工錢을 此行에서 畢給한 境遇면 兎山紬秩로 金額을 下할지나 此行에서 畢給지 못한 故로 鄭戊敬의게 下하얏다가 後日畢給時에는 鄭戊敬 還入 80圓으로 更記하야 餘條와 幷히 兎山紬秩로 下하나니라.

(例題 第11日) 第11日은 韓山生苧 150疋을 買得하니 合價額은 589圓이라○ 同物의 口錢 8圓을 給하고○ 生苧 中 100疋은 鄭戊敬의게 漂白을 委任하고 漂白工錢은 生苧 100疋 內에서 5疋로 定하여 內減케하다.

을 역시 안정옥에게 매입하고, 제3행은 기장곽질에게 진사대금을 대여하고, 제4행은 기장곽 운반비를 현금으로 지급한 것이요, 제5행은 안정옥의 진사대금 잔액을 현금으로 수취한 것이니라.

(예제 제10일) 제10일은 토산주 300필을 단가 3원 80전에 매득하여, 정무경에게 염색을 위탁하고 염색가공료로 80원을 선급하다.

〈실습〉

토산주질 거 토산주 300필 대금 1,140원 하

정무경 거 토산주 염색가공료 80원 하

(설명)

제1행은 토산주 대금을 토산주질에게 대여한 것이요, 제2행은 정무경에게 염색공임 80원을 현금으로 지급한 것이니, 이 지급이 토산주 염색공임 전액을 완급한 경우이면 제2행을 토산주질 거하 염색공임 80원으로 기록하여 토산주 공임을 토산주 원가에 가산하여야 하나, 여기서는 완급하지 않은 것으로 가정하므로 공임 80원은 정무경에게 선급금 형태로 대여한 것으로 기록한 것이니라. 이렇게 선급 형태로 기록한 후 정무경과 공임 결산이 완료되면 그때 정무경에게 지급한 금액을 토산주질로 대체분개하여 토산주질의 본가로 추가계상하느니라.

(예제 제11일) 제11일은 한산생저 150필을 현금 매득하니 그 가액이 589원이니라. 그리고 생저 구매 구전 8원을 현금으로 지급하고, 생저 중 100필은 정무경에게 표백을 위임하고 표백공임은 생저 100필당 5필로 계산하여 지급하다.

〈實習〉

生苧秩 去 韓山生苧150疋價合金 589圓 下

生苧秩 去 150疋居口給金 8圓 下

又 入 同物5疋價金 20圓 ┐

又 去 生苧95疋練工給 20圓 ┘

(說明)

第1行은 生苧代金은 生苧秩로 下한 者이오○ 第2行은 居口를 生苧秩로 下한 者이오○ 第3, 제4行은 生苧 5疋로 生苧 95疋 練工을 畢給한 者이니 假如 10日 例題와 如히 練工을 畢給치 아니한 境遇면 生苧 5疋을 生苧秩로 下치 못하고 漂白委任人의게로 下하나니라.

(例題 第12日) 第 12日은 安東布 100疋을 都合價額 550圓으로 定하야 朴己大의 五方雜貨와 換色하고○ 次에 五房雜貨 300圓 價値를 直放하야 現金으로 權禮得의 3疊紙 前條를 計給하다.

〈實習〉

布屬秩 入 安東布100疋價金 550圓 ┐

雜貨秩 去 朴己大五房雜貨價合 550圓 ┘

又 入 雜貨放價合即錢 300圓 上

權禮得 去 3疊紙價給 300圓 下

(說明)

第1行과 第2行은 安東布와 雜貨가 交換(第6章 交換의 狀態를 參觀하라)하고○ 第3行은 雜貨를 直放하고○ 第4行은 權禮得의 3疊紙 代金을 給하니라.

〈실습〉

생저질 거 한산생저 150필 대금 589원 하
생저질 거 매입구전 8원 하
생저질 입 생저 표백공임 5필 환산액 20원
생저질 거 생저 95필 표백공임 20원

(설명)

제1행은 생저대금을 생저질에게 대여한 것이요, 제2행은 구전을 생저질에게 대여한 것이요, 제3행은 생저를 원가에 매각한 것으로 가정한 것이요, 제4행은 원가에 매각하여 수취한 대금으로 나머지 95필의 표백공임을 지급한 것으로 기록한 것이니라.

(예제 제12일) 제12일은 안동포 100필을 총 550원으로 책정하여 박기대의 오방잡화와 교환하고, 그 다음에 오방잡화 300원어치를 현금판매하고, 그 현금으로 권예득에 대한 3첩지 외상매입금을 현금으로 지급하다.

〈실습〉

포속질 입 안동포 100필 대금 550원
잡화질 거 박기대 오방잡화 대금 550원
잡화질 입 잡화 판매대금 300원 상
권예득 거 3첩지 외상값 300원 하

(설명)

제1행과 제2행은 안동포와 잡화를 교환한 기록이고, 제3행은 잡화의 현금판매, 제4행은 권예득에 대한 외상매입금을 지급한 것이니라.

(例題 第13日) 第13日은 宋庚守의게 北布 90疋을 每疋 2圓式에 1朔 外上으로 賣下하고○ 飮食店에 冷麵價 3圓을 給下하다.

〈實習〉

布屬秩 入 北布90疋 單價2圓代金 180圓 ─┐
宋庚守 去 北布90疋 單價2圓代限1朔放金 180圓 ─┘
公用秩 去 冷麵價金 3圓 下

(說明)

第1行은 布屬秩에셔 北布 90疋을 入하야 第2行으로 宋庚守의게 賣下하고○ 第3行은 公用으로 3圓을 下하니라.

(例題 第14日) 第14日은 慶布 100疋을 劉辛雄의게 115圓으로 賣下하고 折半은 外上, 折半은 直錢을 推尋하야 白信明의게 前日 借用한 原金 100圓의 邊利로 9圓을 給하다.

〈實習〉

布屬秩 入 慶布100疋 單價1圓15錢代金 115圓 ─┐
劉辛雄 去 慶布100疋 單價1圓15錢代金 115圓 ─┘
又 入 右物價中先上金 57圓50錢 上
利子秩 去 白信明債條100圓自正月至6月晦合6朔邊 9圓 下

(說明)

第1行은 布屬秩의셔 慶布 100疋을 還入하야 第2行으로 劉辛雄의게 前記物을 賣渡하고○ 第3行은 前記物價 半數를 領受하고○ 第4行은 白信明의 債條

(예제 제13일) 제13일은 송경수에게 북포 90필을 단가 2원에 1삭(1개월) 외상으로 판매하고, 음식점에 냉면값 3원을 지급한 것이니라.

〈실습〉

포속질 입 북포 90필 단가 2원 대금 180원
송경수 거 북포 90필 단가 2원 1삭 외상 대금 180원
공용질 거 냉면값 3원 하

(설명)

제1행은 포속질에서 북포 90필을 입하여, 제2행으로 송경수에게 매도하고, 제3행은 공용, 즉 일반 관리비로 3원을 지급한 것이니라.

(예제 제14일) 제14일은 경포 100필을 유신웅에게 115원에 매도하되, 절반은 외상, 절반은 현금으로 매도하고, 백신명에게 전날 차입한 원금 100원에 대한 이자 9원을 현금지급하다.

〈실습〉

포속질 입 경포 100필 대금 115원
유신웅 거 경포 100필 대금 115원
유신웅 입 경포 100필 대금 중 일부 57원 50전 상
이자질 거 백신명 채무건 9원 하

(설명)

제1행은 포속질에서 경포 100필을 환입하여 제2행으로 유신웅에게 매도하고, 제3행은 매도금액의 절반을 현금으로 수취하고, 제4행은 백신명에 대한 이자를 지급

를 給하니라.

(例題 第15日) 第15日은 原金(本錢) 150圓을 月步3分邊利로 劉辛雄의게 貸給하고 原金의 3朔邊利 13圓50전을 先除하다.

〈實習〉

劉辛雄 債給 3月晦捧次金 150圓 下

利子秩 入 右人條3朔邊利先上金 13圓50전 上

(說明) 第1行은 原金 150圓을 貸下하고○ 第2行은 前記金의 利子 13圓50전을 領受하니라.

(例題 第16日) 第16日은 鄭戊敬의게 委托하얏던 色紬 300疋과 同人의게 委托하얏던 白苧 95疋을 推尋하야 白壬周의게 色紬는 都合 1400圓으로 白苧는 都合 450圓으로 賣下하고 總價額內의셔 1000圓은 10日 後의 推尋할 魚驗을 領受하고 400圓은 前借用條로 除하고 450圓은 直錢으로 推尋하다.

〈實習〉

紬物秩 入 兎山色紬300疋價合 1400圓

生苧秩 入 白苧95疋價合 450圓

白壬周 放 兎山色紬300疋價合 1400圓

又 放 白苧95疋價合 450圓

又 入 右兩種物價合 1850圓 上

又 還給 債條計給金 400圓 下

한 것이니라.

(예제 제15일) 제15일은 원금 150원을 매월 3%의 이자로 유신웅에게 대여하고, 원금의 3개월간 이자 13원 50전을 먼저 공제하고 지급하다.

〈실습〉

유신웅 거 3개월 후 받을 돈 150원 하

이자질 입 유신웅 선이자 13원 50전 상

(설명)

제1행은 원금 150원을 대여하고, 제2행은 그 선이자를 수취한 것이니라.

(예제 제16일) 제16일은 정무경에게 위탁하였던 색주 300필과 백저 95필을 받은 후, 백임주에게 색주는 총 1,400원에, 백저는 총 450원에 매도하고, 매도대금 총액 1,850원 중에서 1,000원은 10일 후가 만기인 어음으로 수취하고, 400원은 그 전에 있었던 채무와 상계하고, 450원은 현금으로 수취한 것이니라.

〈실습〉

주물질 입 토산색주 300필 대금 1,400원

생저질 입 백저 95필 대금 450원

백임주 거 토산색주 300필 대금 1,400원

백임주 거 백저 95필 대금 450원

백임주 입 색주 및 백저대금 1,850원 상

백임주 거 채무원금 400원 하

於音秩 去 白壬周2月晦日出次於音1片金 1000圓 下

(說明)

第1行과 第2行은 紬物秩과 生苧秩의셔 還入(此例題와 如히 他人의게 委托한 物이 아니라도 此例로 同함)하야 第3行 第4行에 白壬周게로 放下하고○ 第5行은 前記物價를 領收하고○ 第6行은 白壬周의 前債條를 給下하고○ 第7行은 白壬周의게 前記物價零條를 魚驗秩로 下하니라.

(例題 第17日) 第17日은 洪癸化의게 公春 1875尺을 每尺 19錢式에 賣下하고 價額 3分之1은 統營笠 20介와 濟網 5竹으로 計入하고 3分의 2는 外上으로 하고○ 次에 3種皮物(山皮 20張, 赤皮 5張, 狸皮 5張) 90圓 價値를 直錢에 買入하야 卽時 109圓에 賣下하다.

〈實習〉

布屬秩 入 公春 1875尺 單價19錢代 356圓25錢
洪癸化 去 公春 1875尺 單價19錢代 356圓25錢
又 入 統營笠子20介價合 80圓
又 入 濟網5竹價合 38圓75錢
笠子秩 去 統營笠20介代金 80圓
網巾秩 去 濟網5竹代金 38圓75錢
皮物秩 去 3種皮物30張價合 90圓 下
又 入 同物30張價合 109圓 上

(說明)

第1行은 布屬秩의셔 公春을 入하야 第2行 洪癸化의게 賣渡하고○ 第3行及

7) 어음질 거 백임주 2월 말일 받을어음 1,000원 하

(설명)

제1행과 제2행은 주물질과 생저질에서 환입(타인에게 위탁한 것이 아니라도 환입이라는 용어사용이 가능함)하여, 제3행과 제4행에 백임주에게 매도하고, 제5행은 상기의 물품대금 총액을 수취하고, 제6행은 백임주에 대한 채무를 상환하고, 제7행은 백임주에게 물품대금조로 받은 어음을 어음질에게 대여한 것이니라.

(예제 제17일) 제17일은 홍계화에게 공춘 1,875자를 단가 19전에 매도하고, 그 금액 중 3분의 1은 통영갓 20개와 제망(망건) 5죽으로 받고, 나머지 3분의 2는 외상으로 하다. 그 후 3종 피물(산피 20장, 적피 5장, 삵피 5장) 90원어치를 현금으로 매입하였다가 즉시 109원에 현금으로 매도한다.

〈실습〉

포속질 입 공춘 1,875자 단가 19전 금액 356원 25전
홍계화 거 공춘 1,875자 단가 19전 금액 356원 25전
홍계화 입 통영갓 20개 금액 80원
홍계화 입 제망 5죽 금액 38원 75전
입자질 거 통영갓 20개 금액 80원
망건질 거 제망 5죽 금액 38원 75전
피물질 거 3종 피물 매입금액 90원 하
피물질 입 3종 피물 매도금액 109원 상

(설명)

제1행은 포속질에게 공춘을 입하여 제2행 홍계화에게 매도하고, 제3행과 제4행에

第4行에 笠子와 網巾을 計入하야 第5行及 6行에 次第로 代金을 下하고○ 第7行에 3種皮物을 買入하야 第8行에 皮物을 直放하니라.

(例題 第18日) 第18日은 金乙先의게 140圓을 領受하고 沈智元의게 770圓의 物價를 支拂하고 次에 鄭戊敬의게 兎山紬價 80圓을 領受하다.

〈實習〉

於音秩 還入 金乙先捧金 140圓 上

沈智元 還給 金 770圓 下

鄭戊敬 還入 80圓 ─┐

紬物秩 去 兎山紬染工 80圓 ─┘

(說明)

第1行은 金乙先의게 安亢羅價 定期日 出次於音을 領受하고○ 第2行은 沈智元의 慶布價 本月 8日 給次할 770圓을 支拂하고○ 第4行은 10日 鄭戊敬 染工給(十日條)한 80圓을 還入(此日 兎山白紬가 色紬로 變하야 入함으로 染工을 色紬로 移去식히는 例)하야 第4行 紬物秩로 移去하니라.

매도 대가의 일부로 통영갓과 망건을 수취하고, 제5행과 제6행 즉 입자질(통영갓)과 망건질에게 차례로 대금을 대여하고, 제7행에 3종 피물을 현금매입하여 제8행에 그 피물을 현금매도한 것이니라.

(예제 제18일) 제18일은 김을선에게 140원을 받고, 심지원에게 770원의 물품대를 지급하고, 정무경에게 토산주 값 80원을 수취하다.

〈실습〉

어음질 입 김을선 받을 돈 140원 상

심지원 거 물품대 770원 하

정무경 입 토산주가 80원

주물질 거 토산주 염색공임 80원

(설명)

제1행은 김을선에게 안주항라 값으로 받은 어음채권에 대한 현금을 수취한 기록이고, 제2행은 심지원에게 경포가 770원을 지불하고, 제3행은 제10일에 정무경에게 가지급한 염색공임 80원을 환입하여 제4행 주물질로 이거(이체, 대체)한 것이니라.

第17章

諸類帳簿 篇題及 綴方例

主要簿

草日記 第一	大正五年一月日

草日記라 함은 草日記에 記載된 것을 다시 他册에 正書하는 例가 有하나니 次의 傳書된 册을 [中日記]라 稱함

外上長册 第一	大正五年一月日

他給長册은 即 給次를 記入하는 借入帳이오 外上長册은 即 捧次를 記入하는 貸帳이니 他給外上長册을 幷하야 1册에 用하는 例가 多하니라.

他給長册 第一	大正五年一月日

會計册	大正五年月日

會計册은 決算時에 用함.

제17장

제류장부 편제와 철방례(장부의 종류와 편철방법)

주요부

- **초일기**: 초일기(첫일기)라 함은 초일기에 기재된 것을 다시 다른 책에 정서하는 경우가 있는데, 그 전서된 책을 중일기라 하느니라.

- **외상장책**: 외상장책은 봉차(받을 돈)를 기입하는 대여장이니라.

- **타급장책**: 타급장책은 급차(줄 돈)를 기입하는 차입장이니라. 타급 및 외상장책을 합하여 1권의 책으로 철하여 쓰는 경우가 많으니라.

- **회계책**: 회계책은 결산시에 쓰는 책이니라.

補助簿

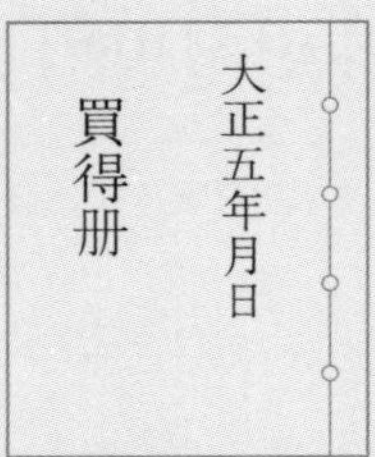

此 册은 現金으로 買得하는 것을 記入하나니라.

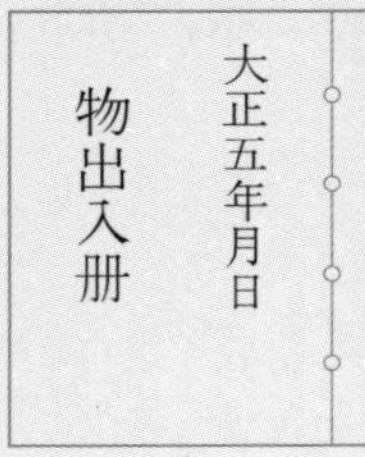

此 册은 委任物의 出納을 記入하나니 物商客主에셔는 廢하지 못할 要簿이라.

補助簿는 以上 甲乙以外의

一. [掌記册]을 設하고 他의 一部分에 對하야 相計한 것을 記入하며

一. [公用秩]이라는 一種册을 特設하고 日記帳에셔 公用秩만 摘入하며

一. [利益秩]이라는 一種册을 特設하고 日記帳에셔 利益秩만 摘入하며

一. [調査簿]를 特設하고 自己의 商業程度를 隨하야 1個月 이나 或 3個月, 6個月의 期限을 定하고 物의 調査를 記入함에 用할지니 此外에도 補助簿로 用하는 種類는 各其 營業의 區別로 因하야 多數한 補助簿를 用할지라도 本章 主要簿 4種에 總히 係屬된 者이니라.

보조부

■ 매득책: 이 책은 현금으로 매득한 것을 기입하느니라.

■ 물출입책: 이 책은 위임물의 출납을 기입하는 책이므로 물상객주에서는 버리지 못할 책이니라.

보조부는 상기 갑을, 즉 매득책과 물출입책 외에,
—. '장기책'을 만들어, 다른 일부분에 대하여 상계한 것을 기입하며,
—. '공용질'이라는 책을 만들어 일기장에서 공용질만 추출하여 중기하며,
—. '이익질'이라는 책을 만들어 일기장에서 이익질만 추출하여 중기하며,
—. '조사부'를 만들어 자기의 상업 정도에 맞추어 1개월이나 혹 3개월, 6개월의 기한을 정하고 물품의 조사를 기입하는 데 사용하느니라. 이외에도 보조부로 쓰이는 종류는 각기 영업의 종류에 따라 다종다양한 보조부를 사용하더라도 본장 주요부 4종에 모두 속하게 되느니라.

第18章

[日記]綴方例

(注意) 本章 書行의 行頭에 此 [、] 打點과 又 [才] 列旗와 行中에 標算과 入去字와 及 行末 上, 下字와 數行의 末端에 [凵]의 鐙字法 諸例는 第15章 松都日記와 帳册에 特用字及 符號 置하는 例를 次第로 參照하라.

丙辰陰正月 日 信成號

日記 第 1

丙辰(大正 5年) 陰正月 信成號 開業 1日

初1日 、信成號 入 資本金 15000 圓 上
、第一銀行 去 當座預金 8500圓 下
、公用秩 去 空册 10部價金 1圓50錢 下
、家舍秩 去 本商店用地段價金 150圓 下
、又 去 本店修理費金 30圓 下
、方仁準 入 任置金 2000圓 上
、申義植 去 漢陽木100疋價中 預給金 50圓 下
時在金 8268圓 50錢

2日 前日高 8268圓 50錢 上
才 、權禮得 入 見樣紙 15塊 單價 47圓 代金 705圓
、見樣紙秩 去 同物15塊 單價 47圓 代金 705圓

제18장

일기 철방례(일기장 기록법)

(주의) 아래의 일기장에 쓰이는 기호, 즉 타점·열기·입거·상하·등자 등의 사용법은 제15장 송도일기와 장책에 특용자 및 부호 사용하는 법을 차례로 참조하라.

* 본 장의 분개는 제16장 예제실습 분개와 중복되며, 자세한 해설은 제2편을 참조하기 바란다.

병진(1916)년 음력 정월

일기장 제1권

병진(대정 5년) 음력 정월 신성호 개업 1일

초1일 신성호 입 자본금 15,000원 상
제일은행 거 당좌예금 8,500원 하
공용질 거 공책 10부 대금 1원 50전 하
가사질 거 본점 상점용지 단가 150원 하
가사질 거 본점 수리비 30원 하
방인준 입 차입금 2,000원 상
신의식 거 한양목 100필가 중 선급금 50원 하
시재금 8,268원 50전 (상에서 하를 차감한 금액)

2일 전일고 8,268원 50전 상 (상: 금고잔액을 점포로 입고시킴)
권예득 입 견양지 15괴@47원 대금 705원
견양지질 거 견양지 15괴@47원 대금 705원

オ、權禮得 去 見樣紙價中 卽錢給金 400圓 下

オ、於音秩 入 2月1日 給次金 305圓

オ、權禮得 去 紙價零條 2月1日 給次於音給 305圓

時在金 7868圓 50錢

3日 前日高 7868圓 50錢 上

オ、沈智元 入 慶布 700疋代 單價1圓10錢代 限5日給次金 770圓

、布屬秩 去 慶布 700疋代 單價1圓10錢代 本月8日捧金 770圓

時在金 7868圓 50錢

4日 前日高 7868圓 50錢 上

オ、白信明 入 準木 1500疋 單價90錢代金 1350圓

、白木秩 去 準木 1500疋 單價90錢代金 1350圓

、第一銀行 入 小切手第1號金 1350圓

オ、白信明 給 白木價右銀行小切手給 1350圓

、白木秩 去 準木30隻 運來卜價 3圓 下

時在金 7865圓 50錢

5日 前日高 7865圓 50錢 上

、白蔘秩 去 同物30片10斤 單價9圓代金 90圓 下

時在金 7775圓 50錢

권예득 거 견양지가액 중 현금지급액 400원 하

어음질 입 2월 1일 줄 돈 305원

권예득 거 견양지가 지급용 2월 1일 급차어음 급 305원

시재금 7,868원 50전 (전일 시재에서 400원 차감)

3일 전일고 7,868원 50전 상

심지원 입 경포 700필@1.1원 5일 후 줄 돈 770원

포속질 거 경포 700필@1.1원 본월 8일 받을 돈 770원

시재금 7,868원 50전 (현금 입출이 없으므로 전일과 동일)

4일 전일고 7,868원 50전 상

백신명 입 준목 1,500필@90전 대금 1,350원

백목질 거 준목 1,500필@90전 대금 1,350원

제일은행 입 소절수 제1호 1,350원 (소절수: 수표)

백신명 거 백목가 제일은행 소절수 급 1,350원

백목질 거 준목 30척 운반비 3원 하

시재금 7,865원 50전 (전일 잔액에서 3원 차감)

5일 전일고 7,865원 50전 상

백삼질 거 백삼 30편 10근@9원 대금 90원 하

시재금 7,775원 50전 (전일 잔액에서 90원 차감)

6日　前日高 7775圓 50錢 上

、李甲逑 入 各項紬物價合金 4000圓
、又 入 各種布屬價合金 3000圓
、紬物秩 去 各項紬物價合金 4000圓
、布屬秩 去 各種布屬價合金 3000圓
、方仁準 貸入 申義植推次於音 7000圓
、李甲逑 給 紬布價畢右於音給 7000圓

時在金 7775圓 50錢

7日　前日高 7775圓 50錢 上

、紬物秩 入 安亢羅 20疋 單價7圓 代金 140圓
才、金乙先 放 安亢羅 20疋 單價7圓 代金 140圓
、又 入 安亢羅價本月11日推次自己於音 140圓
、於音秩 去 金乙先本月11日出次金 140圓

時在金 7775圓 50錢

8日　前日高 7775圓 50錢 上

、紬物秩 入 鐵原紬150疋 單價6圓代金 900圓
才、崔丙奎 放 鐵原紬150疋 單價6圓代金 900圓
、又 入 右物價條本月21日 自己出次於音 900圓
、於音秩 去 崔丙奎本月21日出次金 900圓
才、紬物秩 去 鐵原紬150疋居口金 7圓 下

時在金 7768圓 50錢

6일 전일고 7,775원 50전 상

이갑술 입 각종 비단가액 4,000원
이갑술 입 각종 포속가액 3,000원
주물질 거 각종 비단가액 4,000원
포속질 거 각종 포속가액 3,000원
방인준 입 신의식 추차어음 7,000원
이갑술 거 주포가 지급용어음 7,000원

시재금 7,775원 50전

7일 전일고 7,775원 50전 상

주물질 입 안주항라 20필@7원 대금 140원
김을선 거 안주항라 20필@7원 대금 140원
김을선 입 안주항라가 본월 11일 받을 어음 140원
어음질 거 김을선 본월 11일 받을 어음 140원

시재금 7,775원 50전

8일 전일고 7,775원 50전 상

주물질 입 철원주 150필@6원 대금 900원
최병규 거 철원주 150필@6원 대금 900원
최병규 입 우물가조 본월 21일 자기출차 어음 900원
어음질 거 최병규 본월 21일 받을 어음 900원
주물질 거 철원주 150필 중개수수료 7원 하

시재금 7,768원 50전 (상기의 구전 지급액 차감)

9日 前日高 7768圓 50錢 上

、紬物秩 入 眞絲100斤 單價 2圓80錢代金 280圓

ㅊ、安丁玉 去 眞絲100斤 單價 2圓80錢代金 280圓

、又 入 機張藿30隻合600束 單價 4圓50錢代減7圓實 273圓

、機張藿秩 去 同物30隻合600束 單價 4圓50錢代減7圓餘實 273圓

、又 去 同物運來費金 3圓 下

ㅊ、安丁玉 入 眞絲價中藿價相計餘殘 7圓 上

時在金 7772圓 50錢

10日 前日高 7772圓 50錢 上

、紬物秩 去 同物300疋 單價 3圓80錢代金 1140圓 下

ㅊ、鄭戊敬 去 兎山紬300疋染工中先給金 80圓 下

時在金 6552圓 50錢

11日 前日高 6552圓 50錢 上

、生苧秩 去 韓山生苧150疋價合金 589圓 下

、生苧秩 去 150疋居口給金 8圓 下

、又 入 同物5疋價金 20圓

ㅊ、又 去 同物95疋練工給 20圓

時在金 5955圓 50錢

12日 前日高 5955圓 50錢 上

、布屬秩 入 安東布100疋價合 550圓

、雜貨秩 去 朴已大五方雜貨合金 550圓

、又 入 雜貨放價金 305圓 上

ㅊ、於音秩 還給 權禮得條三帖紙價給 305圓 下

9일 전일고 7,768원 50전 상

진사질 입 진사 100근@2.8원 대금 280원

안정옥 거 진사 100근@2.8원 대금 280원

안정옥 입 기장곽 30척 합 600속 대금 273원

기장곽질 거 기장곽 30척 합 600속 대금 273원

기장곽질 거 기장곽 운반비 3원 하

안정옥 입 진사가 중 곽가상계 잔액 7원 상

시재금 7,772원 50전 (상기의 입출차액 가산)

10일 전일고 7,772원 50전 상

주물질 거 토산주 300필@3.8원 대금 1,140원 하

정무경 거 토산주 300필 염공 중 선급금 80원 하

시재금 6,552원 50전 (상기의 입출차액 가산)

11일 전일고 6,552원 50전 상

생저질 거 한산생저 150필가 합금 589원 하

생저질 거 150필 매입수수료 8원 하

생저질 입 생저 5필가 금 20원 (생저 5필가 원가)

생저질 거 생저 95필 연공급 20원 (생저 95필에 대한 염색료 지급)

시재금 5,955원 50전 (상기의 입출차액 가산)

12일 전일고 5,955원 50전 상

포속질 입 안동포 100필가 합 550원

잡화질 거 박기대 오방잡화 합금 550원

잡화질 입 잡화 판매대금 305원 상

어음질 거 권예득조 3첩지가 지급 305원 하

時在金 5955圓 50錢

13日　前日高 5955圓 50錢 上

、布屬秩 入 北布90疋 單價2圓代金 180圓

、宋庚守 去 北布90疋 單價2圓代放金 180圓

、公用秩 去 冷麵價金 3圓 下

時在金 5952圓 50錢

14日　前日高 5952圓 50錢 上

、布屬秩 入 慶布100疋 單價1圓15錢代金 115圓

、劉辛雄 去 慶布100疋 單價1圓15錢代金 115圓

、又 入 右物價中先上金 57圓50錢 上

時在金 6010圓

15日　前日高 6010圓 上

、劉辛雄 債給 3月30日捧次金 150圓 下

、利子秩 入 右人條3朔邊利先上金 13圓50錢 上

時在金 5873圓 50錢

16日　前日高 5873圓 50錢 上

、紬物秩 入 兎山色紬300疋價合金 1400圓

、生苧秩 入 白苧95疋價合金 450圓

ㄔ、白壬周 去 兎山紬300疋價合金 1400圓

ㄔ、又 去 白苧95疋價合金 450圓

ㄔ、又 入 右兩種物價合金 1850圓 上

、信成號 還給 前債條白壬周給金 400圓 下

시재금 5,955원 50전

13일 전일고 5,955원 50전 상

포속질 입 북포 90필 @2원 대금 180원

송경수 거 북포 90필 @2원 판매금액 180원

공용질 거 냉면값 3원 하

시재금 5,952원 50전

14일 전일고 5,952원 50전 상

포속질 입 경포 100필 대금 115원

유신웅 거 경포 100필 대금 115원

유신웅 입 경포대금 중 현금수취액 57원 50전 하

시재금 6,010원

15일 전일고 6,010원 상

유신웅 거 3월말 받을 돈 150원 하

이자질 입 유신웅 3개월 선이자 13원 50전

시재금 5,873원 50전

16일 전일고 5,873원 50전 상

주물질 입 토산색주 300필가 합 1,400원

백임주 거 토산색주 300필가 합 1,400원

생저질 입 백저 95필가 합 450원

백임주 거 백저 95필가 합 450원

백임주 입 색주 및 백저 물가 합 1,850원 상

신성호 거 채무지급액 400원 하

、於音秩 去 白壬周2月晦日出次於音1片金 1000圓 下

時在金 6323圓 50錢

17日 前日高 6323圓 50錢 上

、布屬秩 入 公春 1875尺 單價 19錢代金 356圓25錢

、洪癸化 去 公春 1875尺 單價 19錢代金 356圓25錢

、又 入 統營笠子20立價合金 80圓

、又 入 濟網5竹價合金 38圓75錢

、笠子秩 去 統營笠子20立代金 80圓

、網巾秩 去 濟網5竹代金 38圓75錢

、皮物秩 去 山皮 20張, 赤皮 5張, 狸皮 5張合 30張價合金 90圓 下

才 又 入 同物30張價合金 109圓 上

時在金 6342圓 50錢

18日 前日高 6342圓 50錢 上

才、於音秩 還入 金乙先捧金 140圓 上

才、沈智元 還給 金 770圓 下

才、鄭戊敬 還入 80圓

才、紬物秩 去 兎山紬染工 80圓

時在金 5712圓 50錢

去 24,141圓50錢

入 23,632圓50錢 (此 兩段 胡算은 決算時에 試한 例)

本章 最末端의 算表를 置한 者는 決算時 試算한 者이니 或 臨時調查할 時에도 此等 試算을 用함이 例則이니라.

어음질 거 백임주 2월 말일 받을 어음 1편 금 1,000원 하

시재금 6,323원 50전

17일 전일고 6,323원 50전 상

포속질 입 공춘 1,875자 대금 356원 25전

홍계화 거 공춘 1,875자 대금 356원 25전

홍계화 입 통영갓 20개가 합 80원

홍계화 입 제망 5죽가 합 38원 75전

입자질 거 통영갓 20개 대금 80원

망건질 거 제망 5죽 대금 38원 75전

피물질 거 3종피물 30장가 합 90원 하

피물질 입 3종피물 30장가 합 109원 상

시재금 6,342원 50전

18일 전일고 6,342원 50전 상

어음질 입 김을선 받을 돈 140원 상

심지원 거 물품대 770원 하

정무경 입 80원

주물질 거 토산주 염색비 80원

시재금 5,712원 50전

거 24,141원 50전 | 해설 | 이 금액은 17,920원의 오기이다.

입 23,632원 50전 (상기의 입거변 총액은 결산금액이다.)

본장 최말단, 즉 상기의 입거 각 합계금액은 결산확정 금액이므로, 차후 임시결산 등의 업무를 할 때에는 이 수치를 기본으로 하는 것이 예이다.

第19章

他給長冊의 綴方例

(注意)

一. 本章 行頭에『△』의 行劃과 及 內字, 秩字의 諸例는 第15章 松都日記와 帳冊의 特用字 及 符號 置하는 例를 參照할지며

一. 本章 書行例는 1座에 對하야 座目되는 人의 姓名이나 物品의 秩은 大字로 特書하고 次에 記事는 小字로 列書하되 記事欄은 恒常 數行의 餘白을 置할지니 만약 當座의 關係가 消滅되기 前에 餘白이 無할 時는 本座는 1座의 號를 書頭에 置하고 第1座의 殘高를 決算하야 第2座로 座目을 特置한 後 第1座의 決算殘高를 初行에 記入하고 第2座가 滿了된 時는 前例와 同히 第3, 第4座로 次第移去할지니 預히 當座의 去來를 參酌하야 關係가 複雜할 境遇에는 本座의 餘白을 多數히 準備함이 良好하니라.

一. 本章 篇頭에 算表와 記事欄 列書末端에 圈點은 決算時에 試하는 本例이니 記事欄 列書末端 圈點表는 決算後 他座를 用치 아니하고 繼續 記入할 境遇이면 決算 以前 以後를 分析하기에 必要하니라. 外上長冊도 此例와 同함.

제19장

타급장책의 철방례(타급장책의 기록법)

(주의)

一. 본 장에서 사용하는 기호인 효주(△), 내(內), 질(秩) 자의 사용법은 제15장 송도일기와 장책에 특용자 및 부호 사용하는 법을 차례로 참조하라.

一. 본 장책에서 구좌(장책, 원장, 계좌, 계정) 명칭에 해당되는 인명질과 물품질은 큰 글자로 쓰느니라. 그 다음에 일기장으로부터 각 구좌에 중기되는 기사는 작은 글자로 쓰느니라. 그리고 기사란은 항상 여러 행의 여백을 두어야 하느니라. 만약 구좌의 대차관계가 소멸되기 전에 여백이 없어질 때에는 새로이 구좌를 만들고, 현 구좌의 잔고를 결산하여 이를 새 구좌의 첫 행에 기록하고, 새 구좌도 만료되는 경우에는 같은 방식으로 제3, 제4의 구좌를 만들어 잔고를 차례로 이거(이월)하면 되느니라. 따라서 어느 인명과 거래가 복잡할 것으로 예견되는 때에는 미리 여백을 충분히 만들어두는 것이 좋으니라.

一. 각 좌목 서두의 호산 기호와 기사 말단의 권점(동그란 점, ○)은 결산시에 쓰는 기호이니라. 기사 말단의 권점은 결산 후에도 계속 이 구좌를 사용하여 기록하고자 하는 경우에 결산 이전과 이후를 구분하는 데 필요하니라. 외상장책도 타급장책의 경우와 같으니라.

| **해설** | 長冊과 帳冊은 같은 뜻이다.

大正 5年 正月 日大吉辰

他給長册 第 1

歲 大正 五年 陰 丙辰 正月日 大吉辰 他給長册

信成號 **入** 丙辰正月1日 資本金 15000圓○

內 丙辰正月 16日 前債條白壬周給金 400圓

殘 14600圓

方仁準 **入** 丙辰正月 初1日 任置金 2000圓, 初6日 申義植 推次於音 7000圓○

殘 9000圓

△**權禮得** **入** 丙辰正月 初2日 見樣紙15塊 單價4.7圓代金 705圓,

內 丙辰正月 初2日 見樣紙價中即錢給 400圓, 丙辰2月1日 給次於音給 305圓

殘 △ (0)

△**沈智元** **入** 丙辰正月 初3日 慶布700疋 單價1.1圓代 正月8日 給次金 770圓○

內 正月18日 給金 770圓 畢給

殘 △ (0)

* 원본에서는 잔액과 단가가 한자 및 호산숫자로 기록되어 있으나, 가독성 제고를 위하여 상기와 같이 아라비아 숫자로 표시하였다.

대정5년 정월 일대길진

타급장책 제1

신성호 입 병진 정월 1일 자본금 15,000원○
내 병진 정월 16일 백임주 지급액 400원
잔 14,600원

* 입변 우단의 ○ 표시는 이 표시의 좌측까지만 당기분이라는 의미이다.
* 상기의 입변, 내변 기록은 일기장에서 해당일자 입거 기록을 중기한 것이다.
* 입변에는 일기장의 [입 신성호] 분개가, 내변에는 [거 신성호] 분개가 중기된다.
* 따라서 급차계정에서 내는 거, 봉차계정에서 내는 입과 같은 의미이다.
* 급차계정에서는 입이 증가변이므로, 잔액은 입에서 내를 차감하여 산출되고,
* 봉차계정에서는 거가 증가변이므로, 잔액은 거에서 내를 차감하여 산출된다.

방인준 입 병진 정월 초1일 임치금 2,000원, 초6일 신의식 추차어음 7,000원○
잔 9,000원

△ **권예득 입** 병진 정월 초2일 4.7원 대금 705원,
내 병진 정월 초2일 견양지가 중 즉전 급 400원,
병진 2월 1일 급차어음 급 305원
잔 △(0)

△ **심지원 입** 병진 정월 초3일 경포 700필@1.1원 대 정월 8일 급차금 770원○
내 정월 18일 급금 770원 필급(완급)
잔 △(0)

△**白信明** **入** 丙辰正月 初4日 準木1500疋 單價0.9圓 代金 1350圓○

內 丙辰正月 初4日 準木價第一銀行 小切手給 1350圓

殘 △ (0)

△**於音秩**(權禮得 記入於音) 入 丙辰正月 2日 本於音2月1日給次 305圓○

內 丙辰正月12日給 305圓

殘 △ (0)

△**李甲述** **入** 丙辰正月 初6日 各種紬物價合金 4000圓, 又各種 布屬價合金 3000圓○

內 丙辰正月 初6日 紬物布屬價中申義植於音給 7000圓

殘 △ (0)

利子秩 **入** 丙辰正月15日 劉辛雄債條3朔邊捧金 13圓50錢○

殘 13圓50錢

又 **入** 皮物利子 19圓

殘 19圓

△ **백신명 입** 병진 정월 초4일 준목 1500필@90전 대금 1,350원○

내 병진 정월 초4일 준목가 제일은행 수표 급 1,350원

잔 △(0)

△ **어음질**_권예득 기입어음

입 병진 정월 2일 본어음 2월 1일 급차 305원○

내 병진 정월 12일 급 305원

잔 △(0)

* 여기에 기입된 어음은 거래어음 중 지급어음만 중기한 것이다.
* 지급어음은 권예득에게만 준 것이므로 권예득기입어음이라는 주를 달았다.
* 나머지 어음, 즉 받을어음은 제20장 외상장책의 어음질에 중기되어 있다.
* 따라서 송도부기에서 어음은, 일기장에는 어음질이라는 공통계정으로 분개하고, 장책에서는 지급어음과 받을어음으로 분리하여 중기하여 잔액을 산출하였음을 알 수 있다.

△ **이갑술 입** 병진 정월 초6일 각종 주물가합금 4,000원, 동년동일 각종 포속가합금 3,000원○

내 병진 정월 초6일 주물포속가 신의식 어음 급 7,000원

잔 △(0)

이자질 입 병진 정월 15일 유신웅 대여금 이자 수취액 13원 50전○

잔 13원 50전

이자질 입 피물이익 19원

잔 19원

第20章

外上長冊의 綴方例

(注意) 本章 例는 他給長冊의 注意를 參照하라.

歲在丙辰陰正月 日大吉辰 外上長冊

外上帳冊 第 1

第一銀行 去 丙辰正月 初1日 當座預金 8500圓○

內 丙辰正月 初4日 小切手第1號金 1350圓○

殘 7150圓

公用秩 去 丙辰正月 初1日 空册10部價金 1圓50錢, 12日 冷麵價金 3圓○

殘 4圓 50錢

家舍秩 去 丙辰正月 初1日 本商店用地段價金 150圓, 又本店修理費金 30圓○

殘 180圓

申義植 去 丙辰正月 初1日 漢陽木100疋價中預給金 50圓○

殘 50圓

紙物秩 去 丙辰正月 初2日 同物15塊 單價47圓代金 705圓○

殘 705圓

제20장

외상장책의 철방례(외상장책의 기록방법)

(주의) 본 장의 기록방법은 타급장책의 주의를 참조하라.

외상장책 제1

제일은행 **거** 병진 정월 초1일 당좌예금 8,500원○

내 병진 정월 초4일 소절수 제1호 금 1,350원

잔 7,150원

* 외상장책, 즉 봉차장책에서는 거에서 내(입)를 차감하여 잔액을 산출한다.

공용질 **거** 병진 정월 초1일 공책 10부가금 1원 50전, 12일 냉면가금 3원○

잔 4원 50전

* 공용질, 즉 일반 관리비 등의 손실, 비용도 일단은 봉차로 본다.

가사질 **거** 병진 정월 초1일 본상점 용지단가금 150원, 동년동일 본점 수리비금 30원○

잔 180원

신의식 **거** 병진 정월 초1일 한양목 100필가 중 예금금 50원○

잔 50원

지물질 **거** 병진 정월 초2일 지물15괴@47원 대금 705원○

잔 705원

* 송도부기에서는 지물질, 백삼질 등 각 상품종류별로 장책을 작성한다.

布屬秩 去 丙辰正月 初3日 慶布700疋 單價 1.1圓代金 初8日 本金 770圓, 初6日 各種 布屬價合金 3000圓〇

內 丙辰正月 12日 安東布100疋價合550圓, 13日 北布90疋 單價 2圓代金 180圓, 14日 慶布100疋代金 115圓, 17日 公春1875尺 單價 19錢代金 356圓25錢

殘 2568圓 75錢

白木秩 去 丙辰正月 初4日 準木1500疋 單價 90錢代金 1350圓, 又同物30隻運來卜價金 3圓〇

殘 1353圓

白蔘秩 去 丙辰正月 初5日 同物30片10斤 單價 9圓代金 90圓〇

殘 90圓

紬物秩 去 丙辰正月 初6日 各項紬物價合金 4000圓, 初8日 同物居口給金 7圓, 初10日 兎山紬300疋 單價 3.8圓代金 1140圓〇

內 丙辰正月 初7日 安亢羅20疋代金 140圓, 初8日 鐵原紬150疋 單價 6圓代金 900圓, 9日 眞絲100斤 單價 2.8圓代金 280圓, 16日 兎山色紬300疋價合金 1400圓〇

殘 2427圓

* 상품계정의 거변은 구입 출금액, 입변은 매출 입금액이다.

* 따라서 기말재고가 없는 경우에는 [입 – 거]하면 매매차익이 산출된다.

포속질 **거** 병진 정월 초3일 경포 700필@1.1원 대금 770원, 초6일 각종 포속가합 3,000원○

내 병진 정월 12일 안동포 100필 가합 550원, 북포 90필@2원 대금 180원, 14일 경포 100필 대금 115원, 17일 공춘 1,875척@19전 대금 356원 25전

잔 2,568원 75전

* 상기의 잔액은 매입매출 차액일 뿐이다.

* 실제잔액, 즉 기말재고액은 실사 후 회계책의 부속서인 재물기에 표시한다.

백목질 **거** 병진 정월 초4일 준목 1,500필@90전 대금 1,350원, 동일 30척 운반비금 3원○

잔 1,353원

백삼질 **거** 병진 정월 초5일 백삼 30편 10근 @9원 대금 90원○

잔 90원

주물질 **거** 병진 정월 초6일 각종 주물가합금 4,000원, 초8일 주물 중개료 7원, 초10일 토산주 300필@3.8원 대금 1,140원○

내 병진 정월 초7일 안항라 20필 대금 140원, 초8일 철원주 150필@6원 대금 900원, 9일 진사 100필@2.8원 대금 280원, 16일 토산색주 300필 가합금 1,400원○

잔 2,427원

* 18일 주물질 거 80원 누락, 따라서 실제 잔액은 2,427원이 아니라 2,507원이다.

△ 金乙先 放 丙辰正月 初7日 安亢羅20疋 單價7圓代金 140圓

內 丙辰正月 初7日 安亢羅價本月11日 推次自己於音 140圓

殘 △ (0)

於音秩 去 丙辰正月 初7日 金乙先 正月11日出次於音 140圓, 初8日 崔丙奎 正月21日出次金 900圓, 16日 白壬周2月晦日出次金 1000圓○

內 丙辰正月 18日 金乙先於音捧金 140圓○

殘 1900圓

△ 崔丙奎 放 丙辰正月 初8日 鐵原紬150疋 單價6圓代金 900圓

內 丙辰正月 初8日 自己於音正月21日出次金 900圓

殘 △ (0)

△ 安丁玉 去 丙辰正月 初9日 眞絲100斤 單價2.8圓代金 280圓

內 丙辰正月 初9日 機張藿30隻合600束 單價 4.5圓減7圓餘實金 273圓, 又眞絲價中 藿價計餘殘7圓合 280圓 計上

殘 △ (0)

機張藿秩 去 丙辰正月 初9日 同物30隻合600束 單價4.5圓代減7圓餘實 273圓, 同物運來費金 3圓○

殘 276圓

△ 鄭戊敬 去 丙辰正月 初9日 兎山紬300疋染工中先給金 80圓

內 丙辰正月18日 入80圓

殘 △ (0)

△ **김을선 방** 병진 정월 초7일 안항라 20필@7원 대금 140원

내 병진 정월 초7일 안항라 값 본월 11일 받을 자기어음 140원

잔 △(0)

어음질 거 병진 정월 초7일 김을선 정월 11일 받을어음 140원, 초8일 최병규 정월 21일 받을돈 900원, 16일 백임주 2월 말일 받을돈 1,000원

내 병진 정월 18일 김을선 어음받을돈 140원

잔 1,900원

△ **최병규 방** 병진 정월 초8일 철원주 150필@6원 대금 900원

내 병진 정월 초8일 자기어음 정월 21일 받을어음 900원

잔 △(0)

△ **안정옥 거** 병진 정월 초9일 진사 100근@2.8원 대금 280원

내 병진 정월 초9일 기장곽 30척 합 600속 @4.5원 차감 7원 잔액 273원, 동일 진사가 중 곽가상계잔액 7원 합 280원 계상

잔 △(0)

기장곽질 거 병진 정월 초9일 기장곽 30척 합 600속@4.5원 대감 7원 잔액 273원, 기장곽 운반비 3원○

잔 276원

△ **정무경 거** 병진 정월 초9일 토산주 300필 염색비 중 선급금 80원

내 병진 정월 초18일 입 80원

잔 △(0)

生苧秩 去 丙辰正月 11日 韓山生苧150疋價合 589圓, 又同物居口金 8圓, 同物95疋 練工金 20圓○

內 丙辰正月 11日 同物5疋價金 20圓, 26日 白苧95疋價合金 450圓○

殘 140圓

雜貨秩 去 丙辰正月 12日 朴己大買入雜貨價合 550圓○

內 丙辰正月 12日 雜貨放賣價合 305圓○

殘 245圓

宋庚守 去 丙辰正月 12日 北布 90疋 單價2圓代金 180圓○

殘 180圓

劉辛雄 去 丙辰正月 14日 慶布100疋 單價1.15圓代金 115圓, 又債給 丙辰3月 30日 捧次150圓○

內 丙辰正月 14日 先上金 57圓50錢○

殘 207圓70錢

△ **白壬周** 放 丙辰正月 16日 兎山色紬300疋價合金 1400圓, 又白苧 95疋價金 450圓○

內 丙辰正月 16日 物價上金 1850圓 畢入

殘 △ (0)

洪癸化 放 丙辰正月 17日 公春1835尺 單價19錢代金 356圓25錢○

內 丙辰正月 17日 統營笠20立價金 80圓, 又濟網5竹價金 38圓75錢○

殘 237圓50錢

생저질 거 병진 정월 11일 한산생저 150필가 합 589원, 동일 동물 중개료 8원, 동물 95필 연공금 20원○

내 병진 정월 11일 생저 5필가 금 20원, 26일 백저 95필가 합금 450원

잔 140원

잡화질 거 병진 정월 12일 박기대 매입 잡화가합 550원○

내 병진 정월 12일 잡화 판매가합 305원

잔 245원

송경수 거 병진 정월 12일 북포 90필@2원 대금 180원○

잔 180원

유신웅 거 병진 정월 14일 경포 100필@1.15원 대금 115원, 동일 대여금 병진 3월 30일 봉차 150원○

내 병진 정월 14일 선상금 57원 50전

잔 207원 50전 (※원문의 207원 70전은 오기)

백임주 방 병진 정월 16일 토산색주 300필가 금 1,400원, 동일 백저 95필가 금 450원○

내 병진 정월 16일 외상대금 1,850원 필입(전액회수)

잔 △(0)

홍계화 방 병진 정월 17일 공춘 1,835척@19전 대금 356원 25전○

내 병진 정월 17일 통영립 20립가 금 80원, 동일 제망 5죽가 금 38원 75전

잔 237원 50전

笠子秩 去 丙辰正月 17日 統營笠20立代金 80圓○

殘 80圓

網巾秩 去 丙辰正月 17日 濟網5竹代金 38圓75錢○

殘 38圓75錢

△皮物秩 去 丙辰正月 17日 山皮10張, 赤皮5張, 狸皮5張 合30張代金 90圓○

內 丙辰正月 17日 同物 30張放代金 109圓○

殘 19圓

입자질 거 병진 정월 17일 통영립 20립 대금 80원○
잔 80원

망건질 거 병진 정월 17일 제망 5죽 대금 38원 75전○
잔 38원 75전

△ **피물질 거** 병진 정월 17일 산피 10장, 적피 5장, 이피 5장 합 30장 대금 90원
내 병진 정월 17일 동물 30장 판매대금 109원
잔 19원 (* 이 금액은 타급장책 이익질 장책의 피물이익으로 이체처리 되었다.)

* 상기의 잔액은 원칙적으로 음수 금액이다. 거변 90원에서 입변 109원을 차감하여 산출되는 금액이기 때문이다. 그러나 이 금액의 성격은 이익금이므로 이 금액을 피물매매차익이라는 새로운 계정을 설정하고, 이 계정의 입변으로 이체분개하면 음수잔액이 양수잔액으로 치유되므로, 상기의 잔액을 음수가 아니라 양수로 표기했다고 해서 잘못된 계산은 아니다.

* 다시 말해서, 상기의 피물질 잔액 19원은, 피물을 90원에 매입하여 109원에 판매한 것에 따른 매매차익이다. 이 잔액은 매매차익이므로 일입불거금, 즉 이익금에 해당된다. 따라서 이 잔액 19원은 피물이자(피물매매차익)라는 이익질로 대체분개 되어야 한다. 그러나 본 서에서는 분개장을 통하여 이체분개를 하지 않고 바로 타급장책 이익질 부에 피물이자라는 계정의 잔액으로 표시하였다. 이렇게 직접 다른 계정장책에 이체기록해도 입출대차는 정확하게 일치한다. 즉, 상기의 장책기록이 반드시 틀렸다고 확정할만한 근거는 없다는 뜻이다.
즉, 결산정리분개를 하지 않은 것인바, 1494년에 출간된 숨마부기에서도 결산정리분개는 없었다. 또한 19세기까지의 미국부기에서도 결산정리분개는 없었다. 만일 결산분개 없이 바로 다른 계정장책에 기록하였다고 해서 송도부기를 엉터리 부기라고 한다면, 현행부기의 원본인 숨마부기 역시 엉터리 부기라는 것이 되고, 숨마부기를 모체로 하는 현행부기 역시 엉터리 부기라는 결론이 도출된다. 요약하면, 결산정리분개의 존재여부가 어떤 부기 시스템의 정통성 여부를 판별하는 기준은 아니다. 완벽한 이론체계를 갖추고 있는가, 그 이론에 따라 장표를 작성하면 입출 또는 대차가 일치하는 완벽한 봉급손익이 산출되는가 등이 부기 시스템의 정통성 여부를 판별하는 기준이다.

第21章

決算時綴方 4介의 分立例

(가) 會計册

會計册은 補助簿一種에 屬한 者이니 本 會計는 以上例題를 決算한 者이라.

會計册

(一) 給次秩	(二) 捧次秩
信成號 給次金 14,600圓 方仁準 給次金 9,000圓 債給利子秩 給次 13圓50錢 皮物利文 19圓	第一銀行當座預金殘額 7,150圓 公用秩 捧次金 4圓50錢 家舍秩 去文 180圓 申義植 去文 50圓 、見樣紙 去文 705圓 、布屬秩 去文 2,568圓75錢 (매매차익171圓25錢) 、白木秩去文 1,353圓 、白蔘秩 去文 90圓 、紬物秩 去文 2,507圓 (本算은 2,427圓) (매매차익 27圓75錢5厘) 於音秩 去文 1,900圓 、機張藿 去文 276圓 、生苧秩 去文 147圓 (매매차익 30圓) 、雜貨秩 去文 245圓 (매매차익 55圓) 宋庚守 去文 180圓 劉辛雄 去文 207圓50錢 洪癸化 去文 237圓50錢 、笠子秩 去文 80圓 、網巾秩 去文 38圓75錢 時在現金 5,712圓50錢

* 원문은 급차/봉차가 상하로 기록되어 있으나, 편의상 좌우로 편집하였다.
* 봉차질 좌단의 타점은 손익계산 완료 표시이고, ( ) 내 금액은 각 상품의 매매차익이다.
* 상품별 매매차익은 원래는 각 상품질 서두에 기록된다.

제21장

결산시 철방 4개의 분립 예(봉급손익 4괘 표시결산방법)

(가) 회계책

회계책은 보조부의 일종이며, 본 회계는 전술한 예제를 결산한 것이니라.

(1) 급차질			(二) 捧次秩		
신성호 급차금	14,600원		제일은행 당좌예금잔액	7,150원	
방인준 급차금	9,000원		공용질 봉차금	4원	50전
채급(수입)이자질 급차금	13원	50전	가사질	180원	
피물이익	19원		신의식 선급금	50원	
			견양지(지물질)	705원	
			포속질	2,568원	75전
			백목질	1,353원	
			백삼질	90원	
			주물질	2,507원	
			어음질	1,900원	
			기장곽질	276원	
			생저질	147원	
			잡화질	245원	
			송경수	180원	
			유신웅	207원	50전
			홍계화	237원	50전
			입자질(통영갓질)	80원	
			망건질	38원	75전
			A. (봉차합계)	17,920원	
			B. 시재현금	5,712원	50전
(급차합계)	23,632원	50전	(봉차총계)(=A+B)	23,632원	50전

* 회계책 원문에서 주물질 장책의 [본산 2,437원]은 주물질 장책의 잔액이 2,427원이라는 뜻이고, 원문의 2,507원은 이 오류를 바로잡았다는 뜻이다.
* 상기 회계책의 지물질, 포속질 등의 상품잔액은 기말재고액이 아니라 각 상품질에 중기된 매입, 매출 차액에 불과하다. 기물재고액은 후술하는 재물기에 표시된다.

(二) 捧次秩

(注意) 本秩 行頭에 打點 及 算表는 合算時에 利益計算을 試한 例이라.

(二) 之 附

在物記

在物의 價格은 時價가 低落된 物은 低落된 價格으로 計算하되 其外는 時價가 高騰할지라도 本價로 計算하나니라.

(注意) 此行頭의 打點은 日記冊 第2로 傳書時에 用한 者이라.

、慶布 600疋 單價1.1圓代 660圓

、北布 500疋 單價2圓代 1,000圓

、安東布 150疋 單價3圓 450圓

、公春 3,500 尺 單價1.8圓代 630圓

、見樣紙 15塊 單價50圓代 705圓

、白木 1,500疋 單價93錢代 1,353圓

、白蔘 10斤 單價9圓代 90圓

、色紬 200疋 單價3.5圓代 700圓

、鐵原紬 100疋 單價6圓代 600圓

、安亢羅 100疋合尺3,900尺 單價24錢代 936圓

、德亢羅 15疋合尺635尺 單價24錢代 158圓75錢5厘

、眞絲 50斤 單價2.8圓代 140圓

、機張藿 600束 單價46錢代 276圓

、生苧 50疋 單價9圓代 180圓

、雜貨各種價合 300圓

、笠子20立 單價4圓代 80圓

、網巾5竹 單價7.75圓代 38圓75錢

(二) 봉차질

(주의) 본질 행두의 타점 및 호산금액은 결산시에 매매차익계산을 완료하였다는 표시이다.

* 이 글은 앞 페이지 회계책 원문 봉차질의 잔액 표시에 관한 것이고, 회계책 번역문에서 편집의 편의상 호산문자가 아니라 ( ) 내에 아라비아 숫자로 매매차익을 기록하였다.

(二)의 부속명세서

재물기(기말상품 재고조사표)

재물의 가격은 시가가 저락된 물은 저락된 가격으로 계산하되, 그 외는 시가가 고등(상승)할지라도 본가(본액, 구입원가)로 계산하느니라.

(주의) 아래 기사 좌단의 타점은 제2의 일기책으로 전서(중기)할 때 쓰는 것이니라. 즉, 각 상품별 기말재고액을 다음 기 분개장에 이월분개 겸 개시분개를 하였음을 의미한다.

■ 재고조사표

계정	적 요	원	전	리	매매차익
포속질	경포 600필 @1.1원	660			
	북포 500필 @2원	1,000			
	안동포 150필 @3원	450			
	공춘 3500척 @1.8원	630			
	(포속질 합계)	2,740			171원 25전
지물질	견양지 15괴	705			
백목질	백목 1500필 @0.902원	1,353			
백삼질	백삼 10근 @9원	90			
주물질	색주 200필 @3.5원	700			
	철원주 100필 @6원	600			

在物價合文 8,297圓50錢5厘

(三) 利益秩

利益文 287圓5厘

皮物利文 19圓

利子文 13圓50錢

3合文 319圓50錢5厘 內

(四) 消費秩

公用文 4圓50錢 除

(나) **純利益文** 315圓5厘

주물질	안항라 100필 합 3900척@24전	936			
	덕항라 15필합척 635척 @24전	158	75	5	
	진사 50근 @2.8원	140			
	(주물질 합계)	2,534	75	5	27원 75전 5리
기장곽질	기장곽 600속 @46전	276			
생저질	생저 50필 @3.6원	180			33원
잡화질	잡화질 각종가합	300			55원
입자질	입자 20립 @4원	80			
망건질	망건5죽 @7.75원	38	75		
	(재고자산 총계)	8,297	50	5	287원 5리

(三, 四) 이익질과 소비질(손익계산서)

(三) 이익질(수익)

이익문(상품매매이익금) 287원 5리

피물이문(피물매매이익금) 19원

이자문(수입이자) 13원 50전

(이익질 합계) 319원 50전 5리

(四) 소비질(비용)

공용문(일반관리비) 4원 50전

당기순이익 315원 5리

* 좌측 원문에서 '내'는 차감기호이고, '제'는 '=' 이다.
  따라서 [A 내 B 제 C] = [A − B = C]가 된다.
* 상품매매이익 287원 5리의 금액은 회계책 각 상품질의 우변에 기록된 것을 합산한 것이다.

第22章

決算時 合算의 實例

此 章은 決算時의 最히 重要한 機關이니 入한 利益은 何何物로셔 生한 것을 計測하야 入과 去를 整理하고 消費된 公用秩은 還上시키어 全部의 入과 去가 一目瞭然으로 符合되어야 以上 治簿의 信用이 成立되나니라.

決 算 帳

(甲之一)

信成號入18個日會計利益文 315圓5厘 上

(甲之二) (注意) 消費된 公用을 還上으로 入하여야 本算이 整理되나니라.

公用還上文 4圓50錢 上

入合 319圓50錢5厘

(乙之一)

布屬秩去 過入文 171圓25錢 下

紬物秩去 過入文 27圓75錢5厘 下

生苧秩去 過入文 33圓 下

雜貨秩去 過入文 55圓 下

皮物利子去 過入文 19圓 下

(乙之二)

債給利子秩 去文 13圓50錢 下

去合 319圓50錢5厘

제22장

결산시 합산의 실례(손익계산서의 검증)

본 장은 결산시 가장 중요한 절차이니라. 입한 이익이 어느 질에 발생하였는지 계측하여 입과 거를 정리하고, 소비된 공용질은 환상(환입)시키어 모든 입과 거가 일목요연하게 부합하여야 치부, 즉 장부·회계의 신용(신뢰도)이 성립하느니라.

■ 결산장

갑 변(출금,비용)				을 변(입금, 수익)			
계정	원	전	리	계정	원	전	리
공용질 환상(환입)	4	50		포속질 거 과입(이익)	171	25	
신성호 입 18개일 회계이익(잔액)	315		5	주물질 거 과입	27	75	5
				생저질 거 과입	33		
				잡화질 거 과입	55		
				피물이자 거 과입	19		
				채급(수입)이자질 거	13	50	
(합계)	319	50	5	(합계)	319	50	5

| 해설 | 결산장은 회계책 후반부의 손익계산 수치를 검증하는 장표이기도 하고, 상세 손익계산서이기도 하다. 작성방법은 아래와 같다.

① 을변에 각 상품별 매매이익을 기록한다.
각 상품별 매매이익은 회계책의 각 상품질 좌단에 기록된 금액을 중기한다.

② 갑변에는 비용과 순이익을 기록한다.
비용은 회계책 소비질부의 금액을 중기한다.
순이익은 회계책 손익부의 최종 순이익을 중기한다.

③ 을변총계에서 갑변총계를 비교하여 그 합계금액의 일치 여부를 확인한다.

④ 동액이면 결산을 확정하고, 다음 기 일기장에 마감 및 개시분개를 실시한다.

第23章

後錄復簿의 例(3則)

本章은 決算後에 更히 記事의 性質을 隨하야 次第로 日記에 轉記하고 諸類帳冊에 傳書復位케 하는 例라.

復簿例

(一) 日記 第二

(注意) 日記冊에 編題는 松都서 白紙1束(即 20枚)을 十字様으로 折하야 横裁하니 凡 40枚라 40枚에서 前後衣 2枚는 除하고 記事篇은 38枚로 證明하나니 此에 日記 第2를 用함은 決算을 經한 結果로 必히 第2卷을 用함이 아니라 決算을 試치 아니한 時라도 第1冊 餘白이 無한 時는 第2冊을 用할지며 決算을 經한 後이라도 第1卷에 餘白이 有한 時는 1卷에 繼續 記入하나니라.

제23장

후록복부(마감 및 기초 재수정 분개)의 예(3칙)

본 장은 결산 후에 기사의 성질에 따라 차례로 다음 기 일기장에 전기하고, 각 관련 장책에 중기하여 다음 기 장책의 작성을 개시하는 절차니라.

복부례(복부의 작성방법)

(一) 일기 제 二

(주의) 일기책의 편제는 송도에서는 백지 1속(종이 10매)을 十자 모양으로 접어 가로로 재단하니 총 40매가 되느니라. 40매에서 전후의 2매는 빼고, 기사 편은 38매로 사용하나니라. 이때 제2의 일기를 쓰는 것은 결산을 끝낸 후 반드시 제2권을 사용하는 것이 아니라, 결산을 하지 않은 때라도 제1책에 여백이 없을 때에는 제2책을 사용해야 하며, 결산을 끝낸 후라도 제1책에 여백이 있을 때에는 제1책을 계속 사용해도 되느니라.

大正5年正月19日

第1巻 時在現金 5,712圓50錢

(1) 입 분개	(2) 거 분개
見樣紙入 705圓 布屬秩還入 2,568圓75錢 白木秩還入 1,353圓 白蔘秩還入 90圓 紬物秩還入 2,507圓 生苧秩還入 147圓 雜貨秩還入 245圓 笠子秩入 80圓 網巾秩入 38圓75錢 公用秩入 4圓50錢 信成號入 會計利益金 315圓5厘	、皮物秩去 前條 19圓 、利子秩還給 13圓50錢 、布屬秩去 慶布 600疋 單價1.1圓代 660圓 、同秩去 北布 500疋 單價2圓代 1,000圓 、同秩去 安東布 150疋 單價3圓代 450圓 、同秩去 公春 3,200尺 單價1.8圓代 630圓 、紙物秩 去 見樣紙 15塊 單價47圓代 705圓 、白木秩去 準木 1500疋 單價92錢代 1,353圓 、白蔘秩去 白蔘 10斤 單價9圓代 90圓 、紬物秩去 色紬 200疋 單價3.5圓代 700圓 、同秩去 鐵原紬 100疋 單價6圓代 600圓 、同秩去 安亢羅 100疋合尺3,900尺 單價 24錢代 936圓 、同秩去 德亢羅 15疋合尺635尺 單價 24錢代 158圓75錢5厘 、同秩去 眞絲 50斤 單價2.8圓代 140圓 、魚藿秩去 機張藿 600束 單價46錢代 276圓 、生苧秩去 生苧 50疋 單價9圓代 180圓 、雜貨秩去 雜貨各種代合 300圓 、笠子秩去 笠子20立 單價4圓代 80圓 、網巾秩去 網巾5竹 單價7.75圓代 38圓75錢

* 원문은 입/거 분개가 상하로 되어 있으나, 편의상 좌우로 편집하였다.

대정 5년 정월 19일 일기(분개장) 제2권

제1권의 시재현금 5,712원 50전

(1) 입 분개	(2) 거 분개
	피물질 거 전조 19원(기말 잔액 0 처리)
	이자질 환급 13원 50전(기말 잔액 0 처리)
포속질 환입 2,568원 75전(기말 잔액 0 처리)	포속질 거 총합 2,740원(기초 잔액 2,740원 화)
지물질 입 705원(이하 상동)	지물질 거 705원(이하 같은 개념)
백목질 환입 1,353원	백목질 거 1,353원
백삼질 환입 90원	백삼질 거 90원
주물질 환입 2,507원	주물질 거 총합 2,534원 75전 5리
기장곽질 환입 276원(원문 누락분 추가)	기장곽질 거 276원
생저질 환입 147원	생저질 거 180원
잡화질 환입 245원	잡화질 거 300원
입자질 입 80원	입자질 거 80원
망건질 입 38원 75전	망건질 거 38원 75전
공용질 입 4원 50전	
신성호 입 회계이익금 315원 5리 (순이익의 신성호_자본금 가산분개)	
(입 합계 8,330원 5리)	(거 합계 8,330원 5리)

* 거 분개 중 피물질과 이자질은 상품질 입거 분개대조를 위하여, 최상단에 기록하였다.

| **해설** | 상기 표의 입거 분개는 원문의 입거 분개를 요약한 것이다. 이 분개는 현행부기의 기초재수정 분개에 해당된다. 잡화질의 경우, 이 분개 전의 잡화질 잔액은 [거 245원]이고, 기말재고액은 300원이다. 재수정 분개인 [잡화질 입 245원] 분개로 잡화질 잔액은 0원이 된다. 그리고 다시 [잡화질 거 300원] 분개로 잡화질 잔액은 기말재고액인 300원으로 수정되어 기록된다. 또한 공용질의 장책 잔액은 [거 4원 50전]인바, 재수정분개인 [공용질 입 4원 50전]으로 공용질 잔액은 0원이 된다. 요약하면 후록복부는 현행부기의 마감 및 기초재수정 분개와 같은 것이다.

| **해설** | 좌측의 원문에서 거 분개는 단순하고, 입 분개는 기재사항이 많다. 그 이유는 ① 입 분개는 상품장책의 잔액제거 용이고, ② 거 분개는 각 상품별로 기말재고를 다음 기로 넘기는 분개이기 때문이다.

(二) 他給長册

(注意) 本 例는 決算 後이라도 第19章 說明과 如히 本秩 列書末端에 圈點을 置한 次에 記入함이 一例이오. 又는 第2 他給長册을 用하던지 本第一餘白에 別行으로 記入함도 必要하니라.

他給長册	外上長册
紙物秩入 705圓	利益秩去 13圓50錢,
布屬秩入 2,568圓75錢	皮物利條 19圓
白木秩入 1,353圓	布屬秩去 慶布 600疋代 660圓, 又北布 500疋代 1,000圓, 又安東布 150疋代 450圓, 又公春3500尺代 630圓
白蔘秩入 90圓	紙物秩去 見樣紙 15塊代 705圓
紬物秩入 2,507圓	白木秩去 準木 1500疋代 1,353圓
生苧秩入 147圓	白蔘秩去 白蔘 10斤代 90圓
雜貨秩入 245圓	紬物秩去 色紬 200疋代 700圓, 又鐵原紬 100疋代 600圓, 又安亢羅 100疋代 936圓, 又德亢羅 15疋代 158圓75錢5厘, 又眞絲 50斤代 140圓
笠子秩入 80圓	魚藿秩去 機張藿 600束代 276圓
網巾秩入 38圓75錢	生苧秩去 生苧 50疋代 180圓
公用秩入 4圓50錢	雜貨秩去 300圓
信成號入 會計利益金 315圓5厘	笠子秩去 笠子25立代 80圓
	網巾秩去 網巾5竹代 38圓75錢

* 원문은 타급/외상장책 중기가 상하로 되어 있으나, 편의상 좌우로 편집하였다.
* 외상장책의 피물이익질 건은 원문에서는 이익질에 포함된 것을 분리 편집한 것이다.

(二) 타급장책(개시분개의 장책 중기)

(주의) 본 예는 결산 후라도 제19장 설명과 같이 본 질 기사 말단에 권점(◯)을 표시한 후에, 새로운 기사를 기입함이 그 한 예이고, 또는 제2 타급장책을 사용하거나, 사용하던 장부의 여백에 별도의 행으로 기입하는 것도 가능하느니라.

타급장책	외상장책
	이익(수입이자)질 거 13원 50전
	피물이자 거 19원
포속질 환입 2,568원 75전	포속질 거 총합 2,740원
지물질 입 705원	지물질 거 705원
백목질 환입 1,353원	백목질 거 1,353원
백삼질 환입 90원	백삼질 거 90원
주물질 환입 2,507원	주물질 거 총합 2,534원 75전 5리
기장곽질 입 276원	기장곽질 거 276원
생저질 환입 147원	생저질 거 180원
잡화질 환입 245원	잡화질 거 300원
입자질 입 80원	입자질 거 80원
망건질 입 38원 75전	망건질 거 38원 75전
공용질 입 4원 50전	
신성호 입 회계이익금 315원 5리	
(합계: 8,330원 5리)	(합계: 8,330원 5리)

* 기광곽질 입 276원은 원문에서 누락된 것을 추가한 것이다.
이것을 추가해야 입거 총액이 일치하기 때문이다.

| **해설** | 상기의 기록은 분개장 분개가 아니라 장책 중기 내역이다. 원칙적으로 [지물질 입] 등의 입변 분개는 타급장책이 아니라 외상장책의 입변에 기록되어, 지물질 잔액을 0원으로 처리하는데 사용되어야 한다. 그러나 여기에서는 외상장책이 아니라 타급장책에 기록되었는바, 그 사유는 미상이다. 그러나 이렇게 기록해도 각 상품질 잔액은 기말재고액으로 수정반영 된다.

附錄

掌記例(2則)

此는 一部의 去來를 決算한 者이니 第11章 補助簿에 屬한 會計帳의 係屬된 者이라.

附錄掌記

(一)給次掌記

第1給次掌記의 去座에 記한 兩行은 本册의 無한 者를 增記하야 假定함.

大正5年陰正月初6日 方仁準會計

(會計 2字를 或 掌記라 하는 例도 有함)

入 丙辰正月 初1日 任置金 2,000圓

又同月 初6日 申義植 推次於音 7,000圓○

合 9,000圓 內

去 丙辰正月 初6日 3,000圓

又同日 133圓23錢

合 3,133圓23錢 除

實餘給次 伍千捌百陸拾陸圓七拾七錢也(總計數字는 具書가 元例니라)

(計主印)

計主 信成號 (印)

(此로 餘白을 制限하나니라)

부록

장기례(2칙)

이는 일부의 거래를 결산한 것이니, 제11장에서 설명한 회계책에 속하는 보조부이니라.

부록장기

(一) 급차장기

제1급차장기의 '거'란에 기록한 2행은 본책에 없는 것을 가정하여 기록한 것이니라.

대정 5년 음력 정월 초6일 방인준 회계(회계를 장기라 하는 경우도 있다.)

■ 방인준 장기

날짜		입금	출금	잔액
1. 1	임치금(차입금)	2,000		2,000
1. 6	신의식 어음차입	7,000		9,000
1. 6	현금상환		3,000	6,000
1. 6	현금상환		133.23원	5,866.77원
	합계	9,000	3,133.23	

* 방인준에게 줄 돈 잔액 5,866원 77전
(총계숫자는 같은 자로 써야 한다.)

(二) 捧次掌記

大正5年正月14日 劉辛雄會計

去 丙辰正月 14日 慶布100疋 單價1.15圓代金 115圓

又債給 丙辰3月30日捧次金 150圓

合 265圓 內

入 丙辰正月 14日現金 57圓50錢

57圓50錢計 除

實餘捧次 貳百七圓佰拾錢也

(計主印)

計主 信成號 (印)

(二) 봉차장기

대정 5년 정월 14일 유신웅 회계

■ 유신웅 장기

날짜		입금	출금	잔액
1. 14	경포 100필 대금		115	115
1. 14	대여금		150	265
1. 14	현금으로 회수	57.50		207.50원
	합 계	57.50	265	

* 유신웅에게 받을 돈 잔액 207원 50전

| **해설** | 장기는 특정일자 기준의 인명계정별 잔액계산서라고 할 수 있다. 장기와 장책은 그 내용이 같으나, 장책은 기말 또는 결산시에만 잔액을 산출하고, 장기는 상기의 예와 같이 6일 또는 14일처럼 경영자가 관심을 갖는 날짜 기준으로 그때까지의 특정인물과의 입출잔액을 계산확정하는 임의적 장책이라고 할 수 있다. 이것은 방인준 회계는 6일자, 유신웅 회계는 14일자 등과 같이 결산일자가 아닌 것으로 보아도 알 수 있다.

된商業家가簿記를擔하면何로能히自己業의端緒를領會하며眞狀을考據하리오此와如히必要함으로知하는同時朝鮮在來의商業家는各其意見을做出하야千差萬別로記法하는文簿가有하나倖히自己의意思를表示한者으로自己만自覺하야記憶할뿐이오그文簿로他人의게引繼하야參考케할境遇를當하면引繼者이能히鮮釋치못하니엇지簿記라指稱할價値가有하리오朝鮮에도價値가有한簿記式은東洋商業에先發明者된松都商業家로서曾히使用하는四介治簿法이有하야遙遙히伊太利베니스府에서發明한新式簿記法과符合이되야其補助簿의區別과貸借一覽表의等幾種은記入法의方式關係로差別을生하나干要簿의綱領은毫釐도不差하니라그러나今日에相當한簿記式을公衆의게普及코저할진대寧히東西에傳播되야廣博히輪用하는新式簿記式이勿論的當하다하겟스나도리혀此는文字가不同하고圖式이複雜함으로簿記專門家를除한外이면己의意思를表示한者으로自己만自覺하야記憶할뿐이오그文簿로他人의게引繼하야參考케할境遇를當하면引繼者이能히鮮釋치못하니엇지簿記라指稱할價値가有하리오朝鮮에도價値가有한簿記

제2편

사개송도치부법 심층해설

많은 사람들이 부기가 일본식 용어인 줄로 알고 있으나, 회계든 부기든 모두 조선왕조실록에 출현하고 그 의미 또한 현재의 의미와 같다는 점에서 부기와 회계는 최소한 일본식 용어는 아니다. 조선 초기부터 회계 전담기관인 회계사(會計司)의 설치운영이 규정되어 이후 구한말까지 운영되었고, 부기는 실록에서 자주 쓰이는 용어는 아니었으나, 영조실록(1748년, 영조 24년)에 호조판서 박문수가 국비 절감을 위한 완벽한 회계 보고서를 제출하자 영조가 이를 보고 "부기명백 사아이효(簿記明白, 使我易曉)(부기가 명백하여 참으로 이해하기 쉽다.)"라며, 호조판서 박문수를 극찬한 기록으로 보아 부기라는 용어도 회계와 함께 조선왕조의 관청에서 쓰던 용어였음을 알 수 있다.

그리고 영조실록의 부기 언급은 일본 최초의 부기서적인《은행부기정법》(1873년)과 비교하여 125년 전의 사건이므로 부기의 원조도 조선이라고 할 수 있다. 또한 일본에서는 1873년 이후 약 300여 종의 부기 학습서가 출간되었지만 1906년까지는 지금처럼 '~회계'라는 제목의 책자가 출판된 적이 없다. 반면에 당시의 한국은 회계 천국이었다고 할 정도로 회계라는 용어가 흔히 사용되었다. 경우궁 회계책, 명례궁 회계책, 경리원 회계책, 내장원 회계책 등이 그 대표적인 예이다. 즉, 회계라는 용어 역시 한국이 원산지이고, 이는 일본이 본격적으로 한국의 주권에 간섭하기 시작한 1905년 이후 일본이 한국의 여러 기관을 접수하면서 이 용어의 편리성과 철학성을 인식하고 수입해간 용어일 뿐이다.

서양 부기는 1494년 이탈리아의 수학자 루카 파치올리(Luca Pacioli)가 그의 저서《산술·기하·비율 및 비례 총람》(약칭 '숨마')의 말미에 당시 베니스에서 사용하던 복식부기를 추가함으로써 대중에게 처음으로 알려졌지만, 실제로는 1431년부터 복식으로 기장한 베니스의 거상 안드리아 바바리고(Andrea Barbarigo) 가의 복식기록법을 소개한 것이라고 한다. 당대의 거상 안드리오 바바리고, 그도 루카 파치올리도 복식부기의 창안자는 아니었다. 안드리아 바바리고 그는 누구에게 배웠을까.

그리고 금속활자를 유럽에서 최초로 시작한 구텐베르크는 1397년생으로서 세종대왕과 같은 해에 태어났고, 금속활자를 연구하기 시작한 것은 1440년대라고 한다. 즉, 서양 복식부기의 시조 안드리아 바바리고, 서양 금속활자의 시조 구텐베르크 모두 세종대왕과 같은 시대의 사람들이다. 그리고 루카 파치올리 또한 1445년생이므로 복식부기 그리고 금속활자라는 조선의 첨단기술의 서전(西傳)과 관련된 인물 모두 천종지성 세종대왕과 동시대의 인물이라는 특징이 있다. 누군가는 말했다. 중국이 유럽의 근대를 만들었다고. 하지만 필자는 말한다. 진어인 라틴어가 아니라 가어인 유럽 각국어로 인쇄출판된 성경에 의한 유럽의 종교개혁, 그리고 종교개혁으로 출발한 유럽의 근대 그리고 현대의 정보화 문명은 세종대왕의 금속활자와 복식부기로부터 비롯되었다고. 복식부기는 금속활자와 함께 아랍을 거쳐 이탈리아로 전파된 것이다. 하늘에 태양이 하나이듯이 원본은 하나이기 때문이다.

> 조선 재래의 상업가는 각기의 의견에 따라 천차만별로 기록하는 장부가 있으나, 겨우 자기의 의사를 표현한 것으로서 자기만 알아볼 수 있을 뿐, 그 장부를 타인에게 인계하여 참고하게 할 경우가 되면 인계자가 그것을 해석하지 못하니, 그것을 어찌 부기라 칭할 가치가 있으리요.

그리고 선생은 상기와 같이 갑의 장부를 을이 해석하지 못하는 것이 전래 부기의 병폐라 하였으나, 이것은 꼭 옳은 지적은 아니라고 볼 수 있다. 때로는 자기만 알아볼 수 있고, 남은 절대로 알아볼 수 없어야 하는 경우가 있다. 헌법 및 상법 등으로 상인의 권리가 보장되지 않던 시대에 자신의 비밀이 노출되면, 자금출처, 판매처, 구매처 등이 노출되고 이는 사업의 소멸로 이어지는 경우가 많기 때문이다. 이러한 상황은 지금도 어느 정도는 지속되고 있다. 어느 기업의 회계 파일이 공개되면, 모든 정보가 과세당국 그리고 경쟁업자에게 노출되게 되는데, 과연 이러한 상황을 좋아할 기업주가 있을까를 생각해보면 알 수 있는 일이기 때문이다.

그렇다고 해서 조선왕조의 모든 장부가 작성자 본인만 알 수 있게 작성한 것은 아니었다. 경우궁, 명례궁(현 덕수궁), 경리원, 내장원 회계책 및 기타 관공서 회계책은 누구나 알아볼 수 있게 정자로 간결하게 조목별로 기록되었고, 차지(次知, 책임자), 소차지(부책임자) 등 관련자의 수결(사인)도 실시하는 등으로 관공서나 공공기관의 장부, 그리고 민간이지만 문중계 장부 등은 투명하고 남들이 알아보기 쉽게 작성하고, 반드시 상부기관 또는 문중총회의 회계

검열 내지는 감사를 받았기 때문에 조선왕조의 회계가 너도 모르고 나도 모르는 식의 무식한 장부는 아니었다. 오히려 용도에 따라 비밀한 장부, 투명한 장부 등으로 고도로 세분화되어 활용되다 보니 회계와 그 주변 상황에 대한 정보가 부족한 경우에는 원리원칙이 없는 것으로 오해되는 것뿐이다. 요약하면 조선왕조의 회계는 동시대 그 어느 국가보다 더 고도화되고 초월적으로 운영되었다. 민관 여부에 따른 기록방법의 차이, 중층적 회계감사 구조, 일부 공직자들의 회계장부 조작법에 이르기까지 정법, 불법 모두에 걸쳐 가장 고도로 회계 시스템을 운영하는 국가였다.

얼마 전까지도 우리나라 정부는 단식 또는 비복식기장을 해왔으나, 조선왕조 관청장부에서는 복식부기 시스템을 운영한 흔적이 보인다. 은전으로 쌀을 구매한 경우, 은전 잔고는 차감하고 쌀 잔고는 증가시킨 이체 분개기록이 보이고, 이러한 이체 분개를 행거(行去)라고 하는 것으로 보아 복식부기용 이체 분개를 위한 전문용어도 있고, 그 사례도 있기 때문이다. 앞에서 언급한 영조 시대의 명호조판서 박문수가 국가회계 결산서를 작성하면서 단식으로 대충 결산하여 영조에게 보고하였다면, 영조와 그 옆에 자리했던 사관, 승지가 역적을 토멸한 공로보다 더 크다고 하면서까지 감동 찬탄하지는 않았을 것이다.

‖ 제5장 상품을 인으로 인정하는 예 ‖

상술한 바와 같이 금궤가 금전을 자연인에게 대하(대여)한 경우, 물론 금궤는 자연인의 채권자가 되고, 자연인은 금궤의 채무자가 되거니와, 금궤가 금전으로 물품을 매수한 때에는 금궤가 물품의 채권자가 되어 하시라도 물품이 차용한 금전을 취득할 권리가 있고, 상품은 금궤의 채무자가 되어 하시라도 자기 가치를 금전으로 변환시켜 금궤에게 반환할 의무가 있으니, 물품의 금궤에 대한 의무가 즉 자연인과 동일하니라. 다음의 치부법에서 매득한 물품이 준목이면 준목질, 강포이면 강포질이라 한 것은 자연인의 성명과 동일한 것으로 보아야 하느니라. 실례는 아래의 그림을 참조하라.

■ **대여금 지급 및 회수 분개**

① 대여금 지급 분개: 출 김기영_대여금 1,000원

② 대여금 회수 분개: 입 김기영_대여금 300원 (김기영에 대한 대여금 미회수 잔액은 700원)

■ **상품의 현금매입 및 매출 분개**

① 상품매입 분개: 출 인삼질_홍삼 1,000원 하 (하는 현금 잔액 차감 기호)

② 상품매출 분개: 입 인삼질_홍삼 1,300원 상 (상은 현금 잔액 가산 기호)

상기 분개의 인삼질을 인명으로 간주한다는 것이 제5장의 핵심이다. 즉, 상품 명칭을 대여금 분개의 인간 명칭인 김기영과 동격으로 간주한다는 의미이다. 송도부기는 인명을 핵심 계정으로 한다. 따라서 대여금, 차입금 등은 핵심 계정이 아니라 파생 계정, 제2차 계정에 해당된다.

다시 말하면, 상품을 인으로 인정하는 예에서 인(人)은 인명을 의미한다. 따라서 상품을 인으로 인정하는 예는 상품을 인명, 즉 계정으로 인정하는 원칙이라는 의미이다. 다시 말하면 상품을 인간, 즉 계정으로 인정하는 원칙이라는 의미이다. 비단, 포목, 인삼 등의 상품을 인간으로 간주한다는 의미이다. 이러한 의제인명에는 의제하였음을 뜻하는 문자인 질이 부기된다. 비단질, 포목질, 인삼질 등이 그 대표적인 사례이다. 인간이 아닌 상품을 인간으로 인정한다는 것은 상품뿐만 아니라, 토지나 건물도 인간으로 인정한다는 의미가 된다. 따라서 토지질, 건물질, 자동차질, 원재료질 등이 성립한다.

상품, 토지, 건물 등의 뒤에는 회사로부터 그 재산의 관리를 위탁받은 수탁자인 각급 책임자가 반드시 존재하기 때문에 상품이나 토지는 물건이지만, 상품질, 토지질 등의 실제 속성은 각 사업부 책임자라는 인명이 된다. 이는 상품질, 토지질 등이 인명이자 계정이라는 의미이다.

따라서 상품을 인으로 인정하는 예는, 상품 및 기타 재산 등의 명칭에 질이라는 문자를 추가하여 인명으로 의제하는 원칙이라고 할 수 있다. 이와 같이 각 재산 명칭에 질이라는 문자를 부가하여 인명으로 의제하는 이유는 거래라는 것이 인명 간에 금품을 주고받는 것이고, 회계는 이 거래를 기록, 집계하는 것이기 때문이다. 즉, 인명과의 거래가 아니면 회계장부에 올릴 수 없기 때문에 금품을 주고받은 상대를 반드시 인명으로, 즉 계정으로 의제하는 것이다.

그리고 여기서 인명이란 회사의 거래 상대방이 되는 경제주체 모두를 의미한다. 즉 개인, 개인 상점, 다른 법인, 국가, 지방자치단체 등 모든 경제주체가 회사의 거래 상대방이자 인명이 된다. 그리고 회사 자체도 다른 회사 입장에서는 인명이 된다.

요약하면, 상품을 인으로 인정하는 예는 현병주, 김두승, 김기영, 천일은행, 송도상회 등과 같은 순수한 인명뿐 아니라 인삼, 비단, 건물 등의 비인명도 인명으로 의제하여, 즉 계정으로 간주하여 회계장부에 기록하는 원칙이라고 할 수 있다.

상기의 이론은 회계 이론 역사상 계정에 관한 가장 완전한 최초의 이론이다. 회계의 본질이 인명, 즉 계정 간의 입출을 기록 후, 이를 인명별 장책에 중기하여 잔액을 산출한 후, 이 인명별 잔액에 대하여 대차손익 속성을 부여하는 것이기 때문이다. 다시 말해서 인명 간의 대차관계, 즉 줄 돈, 받을 돈을 산출 확정하는 것이 회계이므로, 계정의 본질은 인명, 즉 회사와 금품을 주고받는 인간의 명칭이다. 인간은 오직 다른 인명과만 금품을 주고받을 수 있다. 일월천지 산천초목, 소, 돼지 등과는 금품을 주고받을 수 없다. 대여금, 차입금 등과도 주고받을 수 없다.

이러한 이유로 인명만 회계장부에 기록을 할 수 있으므로, 외견상 인명으로 간주되지 않는 상품거래라 할지라도, 이 상품매입 및 매출거래는 상품질이라는 인명과 거래한 것으로 의제하여 기록한다는 원칙이다. 토지, 주식, 건물, 기계장치 등의 매입과 매각거래 등도 그 물자의 뒤에 있는 인명과의 거래로 의제하여 기록한다는 의미이다.

부연하면, 금품의 입출거래가 있는 경우 모든 거래는 그 전후에 있는 인명을, 계정으로 지정하여 회계장부에 기록해야 한다는 위대한 선언이자 원칙이다. 오직 인명만이 분개장을 비롯한 회계장부에 필수 핵심 계정으로 기록될 수 있음을 이 송도부기는 보여준다. 이 세상에 없는 완벽한 회계 이론이다.

■ 송도부기와 현행 부기 분개의 비교

	송도부기	현행 부기
현금대여	출 김기영_대여금 1,000 하	출금 대여금 1,000
현금회수	입 김기영_대여금 300 상	입금 대여금 300
현금매입	출 인삼질_홍삼 1,000 하	출금 상품 1,000
현금매출	입 인삼질_홍삼 1,300 상	입금 상품매출 1,300
토지구입	출 토지질_공장용지 2,000 하	출금 토지 2,000

송도부기의 분개기호는 입거이지만, 설명의 편의상 입출로 표기한다.

현행 부기의 분개는 상기와 같이 인명이 생략되는 분개이다. 그러나 이러한 분개는 입처와 출처가 명시되지 않은 것이므로 불법 분개이다. "출 김기영_대여금", "입 김기영_대여금" 처럼 반드시 입처인명 또는 출처인명이 표시되어야 정법 분개이다. 이미 언급한 바와 같이 돈은 인명과만 주고받을 수 있기 때문이다. 이러한 이유로 송도부기에서는 인삼, 토지 등의 비인명에도 인명이라는 의미의 문자인 질을 부가하여 이들을 입처 또는 출처로, 즉 계정으로 표기한다.

이렇게 조치함으로써 분개기록에는 모든 계정이 인명으로 일원화, 동격화되어 표시되는 바, 이것이 정법, 정통의 부기이다. 이렇게 인명 간 입출로 분개 후, 각 인명별 장책(원장)에서 입출총액을 비교하여 인명별 잔액을 산출하고, 이 잔액을 중기하여 회계책, 즉 회계표를 작성한다. 회계표란 인명별 잔액 일람표다. 이 회계표에서 각 인명별 잔액의 대차손익 속성을 확정한다. 인명별 잔액이 받을 돈이면 봉차, 줄 돈이면 급차, 회수 불가능한 돈이면 손실, 상환 불필요한 돈이면 이익 등의 대차손익으로 확정한다. 그리고 이 회계표에서 대차만 추출하면 대차표, 손익만 추출하면 손익서가 작성된다. 이것이 송도부기이다.

인명별 대차표 및 손익서 작성시 현대의 거대 은행처럼 대여 또는 차입인명이 최하 수천만명에 달하는 거대 다수인 경우에는 인명별이 아니라 인명의 총명인 대여금, 차입금 등의 과목으로 대차표와 손익서를 작성한다. 여기서 대여금은 대여인명의 총명이고, 차입금은 차입인명의 총명이다. 따라서 대여금, 차입금 등의 과목계정도 본질적으로는 인명계정이다. 즉, 회계상의 모든 계정은 인명계정이다.

제6장 교환의 범위와 상태

> 부기장에 기재되는 재료는 모두 교환범위 내로서 발생한 것이니라. 교환은 항상 상대방이 평균(균등)을 주장하므로 가감이 언제나 서로 같으니라. 이러한 고로 부기상의 교환대차는 양방이 동등 금액으로 나란히 기록하느니라. 가령 분주(비단) 1필과 마포(삼베) 1필을 교환할 때에는 가격을 비교하여 분주의 평가는 7원인데, 마포의 평가는 1원이면, 마포가 자기의 가치 1원 이외에 6원을 준비해 놓아야 7원 분주가 교환되어갈 것이니 이 한 예만 보아도 교환의 본질이 동액 교환 내지는 동가 교환임을 알 수 있으나, 다음을 빌어 다시 교환과 관련된 복잡하고도 오묘한 진리를 계속 논하고자 하노라.
>
> 천하만리가 동귀일철(같은 결과로 돌아감)로 나간 것이 있으면 반드시 들어오는 것이 있고, 손실이 있으면 이익이 있으니, 이는 항상 반대 방향이 있어 단독고립하여 존재할 수 없다는 원리원칙이니라.

《사개송도치부법》에는 이 세상 그 어느 회계 교재에서도 볼 수 없는 불후 불멸의 명문이 곳곳에 보인다.

① 교환은 항상 상대방이 평균(균등)을 주장하므로 가감이 언제나 서로 같으니라. 이러한 고로 부기상의 교환대차는 양방이 동등 금액으로 나란히 기록하느니라.

② 이는 항상 반대 방향이 있어 단독고립하여 존재할 수 없다는 원리원칙이니라.

문장 ①은 입출 또는 대차 동등의 원리를 설명한 것이고, 문장 ②는 문장 ①의 일반적 근거이다. 문장 ②는 주역과, 뉴튼의《프린키피아》에서나 발견할 수 있는 문장이다. 주역의 근본 원리는 독립 불가 또는 독존 불가인 바, 이는 음양 양립으로 확인할 수 있다. 또한《프린키피아》에서 뉴튼은 이 우주에서는 '작용 = 반작용'의 법칙, 즉 '음 = 양'의 법칙이 성립함을 주장한 바가 있는데, 문장 ①과 ②는 주역과《프린키피아》와 그 내용이 같은 것이라고 할 수 있다.

즉, 남자 또는 여자만 있는 세상은 존재할 수 없고, 그림자 없는 물체는 존재할 수 없고,

양극 또는 음극만 있는 건전지는 존재할 수 없고, 반작용 없는 작용은 존재할 수가 없는 것처럼, 회계 역시 금품을 주기만 하거나 또는 받기만 하는 경우는 존재할 수 없고, 입출 또는 차대 어느 일방만 존재할 수 없다는 불멸의 원칙, 그리고 더 중요한 것은 왜 입출 또는 대차 양방 동액으로 분개해야 하는가라는 그 원칙의 근거를 밝힌 것이 본 제6장이라고 할 수 있다.

다시 말해서 상기의 원문은 복식부기 분개시 왜 입출 양방을 반드시 동액으로 기록해야 하는가를 해명한 세계 최초의 완벽한 해설이다. 준 자가 있으면 반드시 받은 자가 있고, 준 것과 받은 것은 반드시 일치해야 한다. 부기의 원칙은 독존 불가, 음양 병립, 입출 병립이다. 즉, 반드시 입금과 출금 또는 받은 돈과 준 돈을 양방 동액으로 기록해야 한다. 입출 어느 한쪽만 기록하거나 불일치하게 기록하면 그것은 오류라는 선언이다. 우주공간에서는 '음 = 양', '작용 = 반작용'의 법칙이 성립하는 바, 회계의 입거, 입출, 대차 역시 '양 = 음'이라는 자연법칙과 일치하는 것임을 보여주는 위대한 선언이다.

분주(준 것)와 마포(받은 것)를 동가로 간주하여 교환하는 분개는 아래와 같다.

■ 분주와 비단의 등가 교환 분개

송도부기: 입 분주질 7원 / 출 마포질 7원

현행 부기: 대 분주 7원 / 차 마포 7원

상기의 송도부기 분개에서 입변은 분주(비단)를 팔아 7원 입금받았고, 출변은 이 돈으로 마포(삼베)를 구매출금하였다는 명쾌한 기록이다. 그러나 현행 부기 분개는 분주가 7원 채권자이고, 마포가 7원 채무자라는 알듯 말듯한 해석 외에는 나오지 않는다. 그 의미는 아무도 모른다. 그 시조인 루카 파치올리도 그 후학도 아무도 모른다. 그리고 상기의 현행 부기 분개는 설명의 편의를 위하여 대변과 차변의 위치를 바꾸었다. 차대의 위치를 바꾸어 분개해도 결과는 같기 때문이다.

분주 1필을 내주고 마포 1필을 받는 부등가 교환 분개는 아래와 같다. 단, 분주는 시가 7원, 마포는 시가 1원이다.

■ 분주와 비단의 부등가 교환 분개

(송도부기) 입 분주질 1원

출 마포질 1원

입 분주질 6원 상

(현행 부기) 대 분주 7원

차 마포 1원

차 현금 6원

상기의 분개는 분주 7원어치를 주고, 그 대가로 마포 1원어치와 현금 6원, 총 7원어치를 수취한 기록이다. 입출 또는 가감이 7원 동액이므로, 이 분개는 정법 분개이다. 즉, 받은 가치가 7원이고, 준 가치가 7원이므로 입출 양방 동액이 되어 이 분개는 정법 분개가 되는 것이다.

송도부기 분개 "입 분주질 6원 상"은 분주 대금차액을 현금으로 받은 것을 의미하고, "입 분주질 1원"은 "출 마포질 1원"과 교환을 의미하는 것이다. 현행 부기 분개 역시 대변 7원, 차변 7원이 되어 대차가 일치하므로 정법의 분개이기는 하나, 송도부기와 달리 분개 각 항의 의미를 아무도 알 수 없다는 단점이 있다.

교환상 이익이라 하는 것은 그 투입자본 이상으로 차방(입변)에 입한 것이며, 예를 들면 대여금의 이자와 상품매매이익이 그것이다.

이것은 본전(본가, 원가)을 초과하여 취득한 금액이 이익이라는 것이다. 대여에 따른 수입이자와 상품매매이익이 그 대표적인 사례이다. 차방에 입한 것이라는 말은 현행 부기의 차변에 입한 것이라는 뜻이 아니다. 송도부기의 입금변, 즉 급차변에 입한 것이라는 뜻이다.

이익은 한 번 들어오면 언제 어느 때라도 그 반환을 청구할 권리자가 없으므로 자기의 이익자산이 될 것이라. 손해라 하는 것은 그 자산금액에서 일거불반으로 대방에 출한 것이다.

이것은 이익과 손실에 관한 영원불멸의 정의이다. 이익, 수익은 수입이자나 매출액처럼 한 번 받으면 돌려줄 필요가 없는 돈이고, 손해, 손실, 비용은 지급이자, 임차료, 전기료처럼 한 번 주면 회수 불가능한 돈이라는 뜻이다. 즉, 일입불거액이 이익이고, 일거불입액이 손실이라는 뜻이다. 봉차와 급차 역시 이 방법으로 유추해석이 가능하다.

■ 손실과 이익의 정의

- 손해: 비용, 一去不入金

  (한번 나가면 다시 돌아오지 않는 돈, 예: 지급이자)

- 이익: 수익, 一入不去金

  (한번 들어오면 다시 나가지 않는 돈, 예: 수입이자, 매출액)

|| 제10장 사개의 정의 ||

만구일담으로 송도부기는 "사개라 사개라" 하지만, 그 명칭이 어떠한 연유로 이루어졌는가를 물으면, 자기 가게의 장부로 매일 쓰는 송도 상업가도 그 답변이 일정치 못하도다. 할 수 없이 편집자가 해석한 정의로 간략히 일례를 들어 설명하노라.

가령 어떤 상인이 연초에 1만 원의 자본으로 개업한지 1년 만에 9,000원의 이익(수익)을 얻고, 자기의 비용으로 소모된 금액이 200원이고, 타인의 금액을 차용한 것이 2,000원이고, 연말 결산시에 금궤의 현금시재가 1만 원일 것 같으면, 9,000원 이익은 어떤 이익질(이익계정)에 의한 것이며, 취득한 이익금 9,000원은 어느 봉차질(자산계정)로 남아 있으며, 200원 소비금액은 어떤 계정에 대하지출한 것이며, 차용금 2,000원은 급차질(채무계정) 어느 계정으로 상환해야 하는지가 상기의 그림과 같이 일람표로 치밀하게 조직된 것이니 이로 인하여 봉차가 1개, 급차가 1개, 이익이 1개, 손해가 1개 합 4개라 자칭하노라.

■ 요약 시산표

봉차		급차	
현금	10,000	자본금	10,000
비현금 봉차	9,000	차입금	2,000
소비	2,000	이익	9,000
합계	21,000	합계	21,000

■ 요약 대차대조표

봉차		급차	
현금	10,000	자본금	10,000
비현금 봉차	9,000	차입금	2,000
		당기순이익	7,000
합계	19,000	합계	19,000

■ 요약 손익계산서

손실		이익	
소비	2,000	이익	9,000
순이익	7,000		
합계	9,000	합계	9,000

현재 송도부기의 4개가 무엇인가에 대하여는 준 자, 받은 자, 준 돈, 받은 돈이라는 등 그 해석이 다양하다. 그러나 이러한 해석은 모두 무지의 소치이다. 송도부기의 원저자가 송도상인 두 명의 구술과 다른 송도상인을 대상으로 하는 다수의 면접조사를 통하여 송도 사개, 즉 회계 4개는 봉차/ 급차/ 이익/ 소비, 즉 자산/ 부채/ 이익/ 손실이라고 상기와 같이 정의하였기 때문이다. 요약하면 4개는 봉급손익 또는 대차손익이다.

그러나 선생이 제시한 사례에서는 오기가 보인다. 제시된 사례를 상기와 같이 4개로 요약하여 시산표로 만들어보면, 소비질 금액을 200원이 아니라 2,000원으로 수정하면, 그때서야 비로소 입출, 봉급이 일치한다. 따라서 원문의 소비질 200원은 2,000원의 오기로 보인다. 입출, 음양, 대차, 작용, 반작용의 일치는 부동불멸의 원칙이고, 이미 앞 장에서 선생이 송도부기의 회계원칙으로 입거 일치, 즉 입출 일치를 언급한 바 있으므로 상기의 오기는 단순한 오기로 보아야 할 것이다.

비록 약간의 오기가 있으나, 회계 4개에 대한 선생의 정의는 진리 그 자체라는 점은 변함이 없고, 선생의 위대성에는 조금도 변함이 없다. 그 어떤 경제주체의 경제상태라 하더라도 요약하면 상기의 시산표와 같이 정확히 네 가지 항목으로 정리되기 때문이다. 다시 말하면 국제적으로 아무리 큰 기업이라 할지라도 그 계정과목의 종류는 많겠으나, 요약하면 받을 돈/ 줄 돈/ 이익/ 손실 이 네 가지를 벗어나지 않기 때문이다. 그리고 국가의 재무제표 역시 마찬가지로 그 총액과 과목 수는 많겠지만, 국가의 경제상태 역시 요약하면 봉급손익 사개로 정리된다. 그리고 송도부기에서 4개는 4괘와 같은 의미이다.

상기의 요약시산표에서 봉차는 시재현금을 포함한 금액이다. 현금도 발행은행 또는 국가에 대한 청구권이므로 봉차이기 때문이다. 급차는 초기 자본금 1만 원과 타인채무 2,000원을 합한 금액이다. 송도부기에서는 자본금과 타인채무를 크게 차별하지 않는다. 자본금 또는 출자금 역시 회사가 감자 또는 청산시 출자자에게 지급해야 할 채무라는 점에서 타인채무와 특별히 달리 취급할 이유가 없기 때문이다.

현행 회계는 계정을 자산/부채/자본/수익/비용이라는 5개로 분류하지만, 이는 자본을 부채와 다른 특별한 것으로 취급하기 때문에 나타난 잘못된 분류이다. 잘못된 분류라는 증거는 자본을 대차대조표 상의 부채란에 기록하는 것에서 확인할 수 있다. 자본이 부채와 다른 것이라면 부채란에 기록할 것이 아니라 별도로 자본란을 만들어 기록해야 함에도 불구하고 그 특성이 다르다고 주장하는 부채란에 계상하는 것은 오류 그것뿐이다. 다시 말해서 현행 회계도 실제로는 자본금과 채무를 차별하지 않는 송도부기 방식을 따르고 있다고 할 수 있다.

또한 서양부기의 소개자 루카 파치올리 역시 자본금과 채무를 구분하지 않았다. 그 역시 받을 돈(Debitore, 봉차)과 줄 돈(Creditore, 급차) 그리고 이익(Gain)과 손실(Loss)로만 구분했지, Creditore를 자본금과 타인채무로 재구분하여 계정을 5괘 또는 5행으로 분류하지는 않았다. 즉, 그 역시 계정을 봉급손익 4괘로 분류하였다. 현행 부기는 그 창시자인 루카 파치올리가 제시한 방법론조차 대충 따르는 대충부기라고 할 수 있다.

송도부기와 현행부기와의 차이를 요약하면, 송도부기는 회계는 4개라는 완전한 논리를 기반으로 하는 부기이고, 현행부기는 어불성설, 아무도 이해하지 못하는 중언부언, 요령부득의 논리를 기반으로 하는 부기라는 차이 정도만 있다고 할 수 있다.

추가하면, 모든 현상은 음양이라는 2괘, 그리고 4괘로 표현 가능하다. 이것은 컴퓨터로 행하는 모든 작업과 현상이 모두 0과 1이라는 2진 코드에서 비롯된 것이라는 점에서도 알 수 있고, 1년 365일은 춘하추동이라는 4계절로 요약되고, 우리를 둘러싼 수많은 방향 역시 동서남북이라는 4괘로 요약된다는 점에서도 모든 것을 해명하는 분류방법은 4괘 그리고 음양이라는 양괘라는 것을 확인할 수 있다. 회계 역시 입출이라는 음양 양괘와, 그 양괘가 생하는 봉급손익 4괘 그것이 최고의 분류법이다.

법상막대호천지(法象莫大乎天地): 형상 중에 천지보다 더 큰 형상은 없고,

변통막대호사시(變通莫大乎四時): 변통 중에 사계절보다 더 큰 변통은 없다.

(주역 계사 상전 제 11장)

회계막대호입출(會計莫大乎入出): 회계에서 입출보다 더 큰 현상은 없고,

계정막대호사개(計定莫大乎四介): 계정 중에서 4개(봉급손익)보다 더 큰 계정은 없다.

제11장 주요부와 보조부의 구별

주요부라 함은 관청 및 회사의 주임과 같고, 보조부라 함은 관청 및 회사 내에서 일부의 업무를 담당하는 담당자와 같으니라.

주요부에 속한 것

△ 일기장

△ 분개장 { 봉차질(자산장) / 급차질(부채장) } 원장(장책), 결산표, 부록 장기(계정별 잔액명세서)

△ 저금통장

△ 통장(외상물품 차입을 기록한 것)

보조부에 속한 것

△ 현금출납장

△ 물품거래장

△ 위탁물처리장

△ 어음수지장

△ 회계장(일부분의 거래를 결산한 것)

△ 손익계산장(전부교환대차를 시산한 것)

상기의 보조부 중에서 물품거래장은 물품 입출고 기록부, 즉 상품 또는 제품 수불부를 의미한다. 이 물품 수불부를 정식 장부로 언급한 것은 사개치부법이 사실상 세계 최초이다. 근현대 회계에서 구미든 일본이든 수불부를 정식 장부로 언급한 사례는 없기 때문이다.

수불부는 비록 보조부이지만 정식 장부이다. 물품 품목별로 입고와 출고 그리고 잔고가 기록되지 않으면 재고자산 가액을 산출할 수 없고, 재고가액을 산출하지 못하면 상품 및 제품원가 계산이 불가능하므로 결국 순이익을 산출하기가 불가능하다. 물론 현행 부기에서는 기말에 재고실사를 통하여 재고가액을 산출하고, 이 재고가액으로 상품 및 제품원가를 산출한다.

그러나 이러한 방법은 하수의 방법이다. 기말에 창고조사를 통하여 남은 것을 파악한다는 것은 평소에 각 품목별 입고와 출고를 기록하지도 않고 각 품목별 잔고도 파악하지 않는다는 의미인 바, 이것은 제대로 된 사업자의 행동이 아니다. 실제로 기업현장에서는 제대로 된 기업일수록 입고와 출고의 기록관리가 매 시점마다 엄격한 바, 이는 입고와 출고 그리고 잔고관리가 기업경영관리 업무의 핵심 부분이라는 것을 인식하고 있기 때문이다.

즉, 현행 부기의 원가계산 절차와 장부체계는 물품의 입출고를 대충 관리하여 기중에는 품목별 입출 잔고도 파악하지 않는 하급기업의 관리를 모델로 한 것이고, 송도부기는 물품의 입출고 관리를 그 발생시점부터 철저하게 기록하는 상급기업의 관리를 모델로 한 것이라 할 수 있다.

다시 말하면 대기업뿐만 아니라 소상인이든 농가든 가정이든 물품의 입출고가 발생하면 원칙적으로 이를 수불부에 즉시 기록하여 매 시점별로 품목별 입고와 출고 그리고 잔고를 생각의 속도로 파악하거나 파악할 수 있어야 한다. 그리고 이 입출 잔고금액을 기초로 제조원가 및 매출원가를 산출해야 한다. 그것이 정통 부기이다. 기말에 한 번 창고를 조사하여 재고가액을 산출하는 부기는 정통 부기가 아니다. 창고든 매장이든 재고는 늘 조사되어야 한다.

실제로 조선왕조 관청부기에서는 입고와 출고를 늘 건별로 정확하게 기록하였고, 언제든 품목별 잔고를 파악할 수 있었다. 100년도 더 전에 기록된 장부이지만, 오히려 현행 회계보다 앞서는 것이 조선왕조 관청부기이고, 송도부기이다.

《숨마》에서 파치올리는 상인은 그 주고받는 편지를 편지 수취 기록부, 편지 발송 기록부 등의 장부를 만들어 기록해두어 소송 및 분쟁 등의 사태에 대비해야 하고, 중요한 편지는 복사까지 해 두어야 한다고 언급한 바가 있다. 즉, 편지도 편지 수불부에 기록하고 복사해두어야 하는데, 기업의 핵심 자원인 상품 및 제품, 원재료 등의 입출을 기록하지 않는다면 그것은 제대로 된 부기가 아니라 사이비 부기일 뿐이다.

‖ 제13장 봉차질(자산부)과 급차질(부채부)의 주의 ‖

일기장을 기록할 때에는 반드시 봉차질과 급차질에 십분 주의할지니, 봉차는 항상 내가 받을 권리가 있어 출하는 자이며, 신식 부기 자산부에 속하는 자이오. 급차질은 항상 내가 갚을 의무가 있어 입한 자이니 신식 부기 부채부에 속한 자이니라.

자산과 부채에 관한 상기의 원문은 현행 부기에서 사용되는 용어의 정의가 궁금하면 이 위대한 책,《사개송도치부법》을 보고 또 보아야 한다는 것을 다시 한 번 더 느끼게 하는 명문장이다. 자산과 부채에 대한 완벽한 정의이다. 제8장 이익부와 손해부의 내용을 추가하여 봉급손익의 개념을 요약하면 아래와 같이 일거필입(一去必入)과 같은 네 글자로 정의된다.

■ 봉급손익의 정의

4괘	해설
봉차(받을 돈, 자산)	**一去必入金: 나갔지만, 반드시 다시 들어와야 하는 돈** 회수해야 하는 돈, 회수 가능한 금액, 회수권리가 있는 출금액 예: 대여금, 보통예금, 받을 어음, 외상매출금, 상품, 토지, 건물 등
급차(줄 돈, 부채)	**一入必去金: 들어왔지만, 반드시 다시 나가야 하는 돈** 상환해야 하는 돈, 상환의무가 있는 입금액 예: 차입금, 지급어음, 미지급금, 자본금 및 이익잉여금(주주 급차) 등
손해(비용, 손실)	**一去不入金: 한 번 나가면 다시 돌아오지 않는 돈** 회수 불가능한 출금액 예: 지급이자, 전기료, 전화료, 인건비, 대손액, 도난금액 등
이익(수익)	**一入不去金: 한 번 들어오면 다시 나가지 않는 돈** 상환 불필요한 입금액 예: 수입이자, 매출액, 국고보조수입, 기부수입, 채무 면제액, 잡수익 등

상기의 정의는 루카 파치올리의 숨마 그리고 현대 복식부기의 본산인 미국, 영국을 비롯하여 그 어느 나라 근현대 부기책에서도 볼 수 없는 내용이다. 그리고 미국부기에서는 무슨 이유에서인지 송도부기처럼 봉차, 급차라는 계정을 사용하고 있다. Accounts Receivable(수취계정, 즉 받을 돈), Accounts Payable(지급계정, 즉 줄 돈), Bills Receivable(받을 어음),

Bills Payable(지급어음, 지급해야 할 어음) 등은 모두 송도부기의 봉차, 급차와 일치한다.

자산과 부채를 선생의 정의에 따라 영어로 다시 표현하면, 자산은 Money Receivable(받을 돈)이고, 부채는 Money Payable(줄 돈)이다. 또한 손실은 Money unReceivable(주었는데 돌아 오지 않는 돈)이고, 수익은 Money unPayable(받았지만 돌려줄 필요가 없는 돈)이 될 것이다.

그리고 참고로 선생의 정의를 아래에 제시하는 현행 부기의 정의와 비교하면, 어느 것이 진문(眞文)인지, 어불성설, 중언부언, 요령부득인지, 즉 어느 것이 진정한 회계학인지 사이비 회계학인지 확인할 수 있을 것이다.

■ 현행 부기의 정의

자산은 과거의 거래 혹은 경제적 사건의 결과로서 특정 실체가 취득했거나 통제할 수 있는 미래의 경제적 효익

부채는 과거의 거래 또는 사건의 결과로서 특정 실체가 타 실체에 대하여 미래에 자산을 이전하거나 용역을 제공하여야 할 현재의 의무로부터 발생된 경제적 효익에 대한 미래의 희생

수익이란 기업의 지속적이면서 중심적인 영업활동과 관련하여 재화를 생산, 공급하고 용역을 제공함으로써 그 기간 동안에 발생하게 된 기업자산의 유입 혹은 증가나 부채의 감소(혹은 양자의 결합)을 말한다.

비용이란 기업의 지속적이면서 중심적인 영업활동과 관련하여 재화를 생산, 공급하고 용역을 제공함으로써 그 기간 동안에 발생하게 된 기업자산의 유출 혹은 소비이거나 부채의 증가(혹은 양자의 결합)를 말한다.

* 출전: 미국, 〈재무회계개념보고서〉 6호-SFAC No.6

상기와 같은 요령부득, 애매모호, 중언부언의 정의를 이해할 수 있는 사람은 이 세상에 아무도 없을 것이다. 이러한 정의는, 그 자신도 모르고 쓴 내용일 뿐이다. 이렇게 말도 안 되는 말을 말이라고 주장하는 것을 혹세무민이라고 한다.

|| 제14장 송도일기장은 신식 부기의 일기장과 분개장을 합하여 기록하는 소이(까닭) ||

신식 부기는 일기장에 금액대차의 구분이 없이 기입하고, 다시 분개장에 전기할 때 대차를 구별하여 기록하느니라. 송도부기는 일기장에서 대차를 구별하여 기입하는데, 이는 다음의 기입법을 참고하면 자연히 알게 되리라.

신식 부기가 일기장에 금액대차의 구분이 없이 기입한다는 것은, 영업일지에 거래 내역을 대차 구분 없이 단순한 일기처럼 기록한다는 의미이다. 즉, 영업일지를 기록한다는 의미이다. 그리고 다시 분개장에 전기할 때 대차를 구분한다는 것은 이때에 영업일지가 아닌 분개장에 대변과 차변으로 분해하여 기록한다는 의미이다.

송도부기는 일기장에서 대차를 구별하여 기입한다는 것은, 송도부기의 일기장이 현행 부기의 분개장이므로 분개장에서 대차를 구별하여 기록한다는 의미이다. 그러나 이 언급은 일기장에서 대차가 아니라 입출을 구별하여 기록하는 것으로 해석하여야 한다. 선생은 송도부기의 입출을 신식 부기의 대차와 같은 뜻으로 쓴 것뿐이기 때문이다. 송도부기는 원칙적으로 분개 단계에서 대차, 즉 채권과 채무를 결정하는 하급부기가 아니기 때문이다. 그리고 실제적으로도 분개 단계에서 대차를 결정할 수도 없다. 만약 분개 단계에서 대차를 결정한다면 그것은 오류일 뿐이다.

■ 현행 부기: 전기료 및 수입이자 분개

① 전기료 지급: 차변 전기료 200 / 대변 현금 200

② 이자 수취: 차변 현금 300 / 대변 수입이자 300

상기의 분개 ①에서 차변 전기료는 채무도 채권도 아니다. 대변 현금 역시 채권도 채무도 아니다. 분개 ②의 경우도 같다. 이것을 채권 또는 채무로 간주할 논리는 없다.

■ **송도부기: 전기료 및 수입이자 분개**

① 전기료 지급: 출 한국전력_전기료 200 하

② 이자 수취: 입 정무경_수입이자 300 상

상기의 송도부기 분개 ①은 회사가 한국전력에 전기료조로 200원을 주었다는 분개이다. 분개 ②는 회사가 정무경에게 수입이자조로 300원을 받았다는 분개이다. 이들 분개 어디에서도 채권 또는 채무로 해석할 여지는 없다. 차변 전기료든 대변 수입이자든 아직은 채권도 채무도 아무것도 아니다. 단지 입금과 출금, 즉 현금을 회사가 누구와 주고받았는지를 기록한 것일 뿐이다. 이것이 정법이고 정통의 분개이다. 분개 단계에서는 그저 인명 간의 입출만 파악할 수 있을 뿐 그 이상은 파악할 수 없기 때문에 이 입출을 대차손익 그 어느 쪽으로 결정하는 것은 어리석은 일이기 때문이다.

그러나 현행 부기에서는 상기의 차변 전기료, 대변 수입이자를 채권 또는 채무라고 강변한다. 이미 언급한 바와 같이 채권도 채무도 그 어느 것도 아닌 것을 그 어떤 것이라고 정의하는 것은 궤변에 불과하다. 단지 "출금 전기료", "입금 수입이자"라는 그러한 것(As it is)뿐이다.

‖ 제15장 송도일기와 장책에 특수문자와 부호를 기록하는 예(방법) ‖

一. 상과 하

上과 下는 현금출납에만 쓰는 기호이니, 현금이 출하면 우측 끝에 下자를 기록하고, 현금이 입하면 역시 우측 끝에 上자를 기록하는데, 이 上下 기호는 현금시재 계산에 반드시 필요하니라.

① 차입금 수취 분개: 입 영친왕_차입금 1,000원 상

② 전기료 지급 분개: 출 명성전기회사_전기료 200원 하

③ 전화료 예금 이체지급 분개: 입 천일은행_당좌예금 400원 ┐
출 의친통신사_전화료 400원 ┘

상기의 분개 ①에서 상은 현금 잔액 가산기호이고, 분개 ②에서 하는 현금 잔액 차감기호이다. 그리고 분개 ③은 전화료를 예금 이체방식으로 지급한 거래의 분개이고, 등자기호는 이 분개가 이체 분개라는 기호이다. 따라서 상기의 분개 세 건만 있는 경우, 현금 잔액은 +1,000원, −200원이므로 800원이 된다. 이체거래는 상하 기호가 없기 때문에 현금 잔액 계산대상에서 제외된다.

분개 ①의 결과 영친왕_차입금 잔액은 1,000원 가산되고, 현금 잔액은 기호 상에 의하여 역시 1,000원 가산된다. 그리고 분개 ②의 결과 명성전기회사_전기료 지급 잔액은 200원 증가되고, 현금 잔액은 기호 하에 의하여 200원 차감된다. 분개에 출현된 모든 계정의 잔액이 양방으로 정확하게 산출된다. 숨마부기 및 현행 부기와 같은 결과가 도출된다. 그것도 복식으로.

현행 부기 분개는 "입금 차입금 1,000원"으로 끝나는 바, 이는 논리가 없는 편법적 분개에 불과하다. 이렇게 분개한 후, 차입금 원장의 대변에 중기하는데, 입금과 대변의 연결관계에 대한 논리적 필연성이 없기 때문이다. 또한 입금액 1,000원을 현금 원장의 차변에 중기해야 하는 바, 분개기록만으로는 이 금액을 현금 원장의 차변에 중기해야 할 어떤 논리성도 없

기 때문이다. 즉, 왜 입금은 대변에, 출금은 차변에 중기(重記, 전기)해야 하는가에 대한 논리가 없다는 뜻이다.

반면에 송도부기의 "입 영친왕_차입금 1,000원 상" 분개는 영친왕_차입금 원장의 입변에 중기된다. 즉, 분개도 입이고, 원장 중기도 입변에 실시하므로 논리적 연결관계가 완벽하다. 또한 기호 상에 의하여 현금 잔액을 1,000원 가산한다. 그러나 현행 부기는 아무런 기호나 신호가 없는데도 현금 잔액을 가산한다. 송도부기는 그 기호 하나하나에 완벽한 논리가 있지만, 현행 부기는 대충대충 넘어가는 수준이라고 할 수 있다.

분개 ③의 이체 분개는 비현금거래이지만 그 실상은 현금거래이다. 은행에서 예금을 현금으로 찾아 전화료를 현금으로 지급한 것과 다름이 없기 때문이다. 분개 ③의 각행 말미에 상, 하 기호를 부가하면 완전한 현금거래 분개가 된다. 따라서 분개 ③의 이체거래까지 포함하여 현금 잔액을 산출해도 된다. 그러나 분개 ③은 입출 동액이므로 이 거래를 포함하여 계산하여도 현금 잔액은 800원으로 불변이다. 즉, 이체거래까지 포함하여 현금 잔액을 산출하는 것은 어리석은 일이다. 따라서 이러한 어리석음을 방지하고 동시에 현금 잔액을 신속하게 산출하기 위하여 창안된 기호가 상과 하라는 순한국식 분개기호이다.

상과 하는, 입과 거, 금고계정, 인명계정을 뜻하는 질, 이체 분개를 연결하는 등자기호 등과 함께 전 세계 그 어디에도 없는 순한국식 복식부기 기호이다. 남의 것을 복사하거나 모방했다면 출현할 수가 없는 기호들이다.

송도부기는 분개장, 즉 일기장이 현금출납장을 겸한다. 송도부기 일기장에는 현금 입출거래와 대체거래 모두가 기록된다. 즉, 현금거래와 비현금거래가 혼합되어 기록되므로, 현금 잔액을 계산하려면 일기장 기록 중 상 또는 하가 기록된 것을 추출하되, 상이면 가산, 하이면 감산하여 현금 잔액을 산출한다는 것이 상기의 원문 내용이다.

따라서 송도부기에는 현금출납장이 따로 존재하지 않으므로 복식부기가 아니다, 또는 저급한 수준의 부기다라고 왜곡 또는 폄하하는 경우도 있으나, 이는 부기의 본질 특히 그 왜곡자들이 금과옥조로 여기는 현행 부기의 본질에 대해서도 전혀 무지하기 때문에 나타나는 현상이라고 할 수 있다. 왜냐하면 현행 부기의 분개장도 그 본질은 상기의 예시 분개처럼 송도부기와 마찬가지로 현금출납장이고 거기에 비현금거래인 대체거래를 숟가락 하나 더 얹듯이 추가로 기록한 것에 불과하기 때문이다. 즉, 현행 부기에서도 현금출납장, 즉 현금 원장을 작성하지 않고도 현금계정이 출현한 거래, 즉 현금거래만 분개장에서 추출하여 현금 잔액을 산출할 수 있기 때문이다. 물론 이것은 현금거래 횟수가 적은 기업에서만 사용 가능한 방법이다. 현금거래가 많은 경우에는 송도부기에서도 현행 부기처럼 별도로 현금출납장을 작성하였다. 대한천일은행의 현금출납장이 그 증거이다.

송도부기는 음양 4괘라는 완벽한 논리에 의하여 작성되는 부기이다. 단지 필요에 따라 그 기장 형태가 다르거나 생략 또는 통합되어 나타나므로 부기 회계에 대한 본질적인 이해가 부족한 경우에는 단식부기 또는 무언가 결여된 부기로 보일 뿐이다. 특히 사개송도치부 원문을 각 글자 단위로 해석조차 못하고, 루카 파치올리의 원문을 구경도 못 해보고 그 원문의 해석 또한 불가능한 사람들이 송도부기가 복식이니 아니니 하는 어불성설, 중언부언의 궤변만 늘어놓고 있을 뿐이다.

> 二. 入과 去
>
> 입과 거는 금품 출납에 쓰는 기호이니, 금품이 입한 경우에는 초두에 입자를 기록하되, 금품이 인으로부터 입한 경우에는 그 인의 성명을 기록한 다음에 입자를 쓰느니라. 금품을 출한 경우에도 위와 같이 기록하느니라.

■ 송도부기 분개 예시

거래 유형	송도부기	현행 부기
① 현금입금	입 권예득_차입금 10,000원 상	입금 차입금 10,000원
② 현금출금	거 정무경_중개수수료 2,000원 하	출금 중개수수료 2,000원
③ 자본금의 이체입금	입 현병주_자본금 50,000원 거 천일은행_보통예금 50,000원	(대변) 자본금 50,000원 (차변) 보통예금 50,000원
④ 전기료의 이체출금	입 천일은행_보통예금 3,000원 거 한성전기_전기료 3,000원	(대변) 보통예금 3,000원 (차변) 전기료 3,000원

입거상하에 대하여 요약하면, 입거는 금액의 입출에 사용되는 기호이고, 현금 입출의 경우에는 입거 기호에 상하를 부가한다. 따라서 순수한 이체거래, 즉 계산상의 금액거래는 ③,

④와 같이 입거로만 표기되고, 현금거래는 입상 또는 거하로 표기된다. 원문에서는 입거를 물품 출납에 쓰는 기호라고 하였으므로 이를 상품 수불부, 즉 물품 입출고 기록부의 입출 기호로 오해할 수도 있으나, 다음 장인 제16장과 제18장의 실습예제 등에서 실제로 사용된 입거 기호는 모두 금액 입출 기호라는 점에서 원문의 '물품'은 수불부의 물품이 아니라 현금 및 현금등가물(현금으로 평가 가능한 물품 및 권리)의 통합어인 '금품' 또는 '금액'으로 해석하여야 한다.

■ **입거상하의 정의**

입: 입처를 뜻하는 기호이고, 이체입금 기호이다.

거: 출처를 뜻하는 기호이고, 이체출금 기호이다.

상: 회사가 현금을 수취하였다는 기호이다.

하: 회사가 현금을 지급하였다는 기호이다.

입과 거는 복식부기를 위한 완벽한 기호이다. 금고계정, 질, 등자, 상하 기호 등과 함께 이 세상 그 어느 나라에도 없고, 오직 한국식 복식부기에만 존재하는 불멸의 기호이다. 서양부기, 현행 부기는 차변(Dr)과 대변(Cr)이라는 아무도 알 수 없는 기호를 사용한다. 그러면서 그것이 정통이라고 주장한다. 자기도 모르는 것을 정통이라고 주장하고 있는 것이다.

■ **예시 분개**

① 입 김두승_차입금 2,000 상

② 거 천일은행_보통예금 2,000 하

③ 입 천일은행_보통예금 300 ┐
　 거 배준녀_지급이자 300 ┘

분개 ③에서 "입 천일은행"은 돈의 입처를 나타낼 뿐이고, "거 배준녀"는 돈의 출처를 나타낼 뿐이다. 이 양방 분개로 돈이 천일은행에서 배준녀에게로 이동하였음을 기록한 것뿐이다. 이 분개 후, 천일은행 원장을 작성하면 분개 ②의 +2,000, 분개 ③의 −300으로 예금 잔액은 1,700원이 된다. 물론 배준녀_지급이자 잔액은 300원이다. 분개 ③은 입처와 출처 양방 동액으로 현금의 이동을 기록한 후, 그 잔액을 산출하기 위한 완벽한 분개이다.

분개 ①에서 "입 김두승"은 역시 돈의 입처를 표시한 것뿐이고, 기호 상은 이 돈이 현금으로 들어온 것이므로 현금 잔액을 그 금액만큼 가산하라는 기호이다. 분개 ②에서 "거 천일은행"은 돈의 출처를 표시한 것뿐이고, 기호 하는 현금으로 나갔으니 현금 잔액을 차감하라는 기호이다.

분개 기호에 대하여 요약하면 입과 거는 이체입금과 이체출금 기호이고, 이 기호에 상 또는 하가 부가되면 현금입금 또는 현금출금 거래가 된다. 동시에 입은 입처, 출은 출처를 표시하고, 인명은 입출처 명칭이고, 차입금, 보통예금 등의 과목은 입출 원인 또는 조건을 의미한다.

모든 거래를 상기와 같은 원리에 따라 분개기록하면, 현금 잔액과 각 인명별 잔액이 완벽하고도 간단하게 산출된다. 이 인명별 잔액의 성격이 일거필입이면 봉차, 일입필거면 급차, 일거불입이면 손실, 일입불거이면 이익으로 분류한다. 즉, 이와 같은 방식으로 대차손익이 완벽하게 산출된다. 인명별 대차손익은 그 인명의 과목 속성에 따라 과목별 대차손익으로 집계할 수도 있다. 송도부기는 훈민정음처럼 완전한 이론적 체계하에 기록되고 집계되는 완전하고도 유일한 화폐적 통계 시스템이다.

송도부기 분개에서 입거는 필수기호이지만, 상하는 필수기호가 아니다. 상하는 이체거래가 아니고 현금거래라는 신호이기도 하지만, 이체거래는 등자기호로 연결되므로 등자로 연결되지 않은 기록이 현금거래 분개라는 것을 알 수 있기 때문이다. 또한 상하기호를 생략하는 경우에도 현금 잔액은 입에서 출을 차감하면 산출되므로, 상하는 현금 잔액을 신속하게 산출하고, 각 거래가 이체거래인지 아닌지 등을 신속하게 파악하기 위한 부가적 기호라고 할 수 있다. 따라서 송도부기 분개의 필수기호는 입/거 두 개의 기호로 요약된다. 즉, 완벽한 음양부기이고, 상하까지 포함하면 4괘부기가 된다고 할 수 있다.

입거상하에 대하여 요약하면, 입거는 금액의 입처, 출처를 표시하는 기호이고, 현금입출의 경우에는 입거 기호에 상하를 부가한다. 따라서 순수한 이체거래는 분개 ③과 같이 입거로만 표기되고, 현금거래는 입상 또는 거하로 표기된다.

(참고) 송도부기 분개와 차대변

송도부기의 분개 순서는 "인명 + 입/거 + 과목 및 적요 + 금액 + 상/하"이다. 즉, 현병주로부터 현금 5만 원을 자본금조로 수취한 경우, "현병주 입 자본금 5만 원 상"과 같이 분개하는 것이 원칙이나, "입상 현병주_자본금 5만 원" 방식으로 표기해도 무방하다.

즉 입금거래는 "입상", 출금거래는 "거하"로 요약하여 표기할 수 있고, 또한 계정 표기는 현병주_자본금 등과 같이 린네의 2명법 방식으로 한다. 즉, 계정표기는 인명(종명) + 과목(속명) 방식이며, 연결기호인 '_'는 필드 분리기호이다. 이는 인명과 과목이 엑셀 또는 데이터베이스에 기록될 때에는 분리된 칼럼에 기록되어야 한다는 의미이다. 그리고 계정 표기에서 인명과 과목의 표기순서는 자유와 유연성을 강조하는 송도부기의 특성상 바꾸어도 무방하지만, 여기서는 인명의 속성(차입금 또는 대여금 속성 등)인 과목보다 거래 상대방, 즉 최종 인명을 중시하는 송도부기의 원칙에 따라 인명 우선으로 표기한다.

그리고 "현병주_자본금"에서 자본금이라는 과목은 생략 가능하지만, 현병주라는 입처 인명은 생략 불가능하다. 입출 인명이 필수기록 요소이고, 차입금, 대여금 등의 과목은 필수가 아닌 선택적 기록사항이기 때문이다. 따라서 "입금 차입금 300억 원", "출금 지급이자 100억 원" 등과 같이 입처, 출처가 없는 현행부기방식의 분개는 정법이 아니라 원칙적으로 사이비 분개기록이다. 입처와 출처라는 인명을 필수적으로 기록하는 송도부기만이 정법, 정통의 복식부기이다.

또한 이해의 편의를 위하여 현행 부기의 분개 순서를 대변/차변 순서로 표기하는 경우도 있는 바, 이는 송도부기의 대체 분개(서로 바꾸기 분개) 순서와 일치시키기 위한 것이다. 송도부기는 현행부기와 달리 매뉴얼을 추종하는 개미부기가 아닌 관계로 대체 분개시 입출 동액을 유지하는 한 입변과 거변(출변)을 임의의 순서로 기록해도 무방하나, 입/출 순서로 기록하는 것이 대부분의 분개를 이해가 쉬운 문장으로 변환하는 데 편리하므로 송도부기는 입/출 순서로 표기하고, 그에 대응되는 현행부기 분개 역시 대/차 순서로 표시한다.

반면에 현행부기 교재에서는 아무런 논리적 근거도 없이 차변은 반드시 왼쪽에, 대변은 반드시 오른쪽에 기록해야 한다고 하고 있으나, 이는 차변과 대변의 본질을 모르기 때문에 나타나는 현상이다.

■ **전기료의 예금이체 지급 거래분개**

① 차대 정상위치 분개: 차변 전기료 100 / 대변 보통예금 100

② 차대 위치변경 분개: 대변 보통예금 100 / 차변 전기료 100

상기의 분개는 둘 다 전기료의 예금 이체지급 거래 분개이고, 같은 거래를 달리 분개한 것이다. 대차의 좌우 위치가 바뀌었지만, 두 분개는 모두 같은 결과를 초래한다. 즉, ①과 ② 모두 전기료 잔액 100 증가, 보통예금 잔액 100 감소가 분개의 결과이다. ②와 같이 대차변의 위치를 바꾸어도 분개 ①과 같은 결과가 나오는 이유는 보통예금이라는 과목이 좌우 어느 쪽에 분개기록 되든 원장 중기시에는 그 지정된 변에 중기하여 잔액을 산출하기 때문이다. ①과 ② 모두 보통예금은 대변, 전기료는 차변으로 지정되어 있으므로 ①이든 ②든 전기료는 원장의 차변에, 보통예금은 대변에 중기된다. 따라서 전기료든 보통예금이든 그 잔액은 차변 금액에서 대변 금액을 차감해야 하므로 ①과 ② 어느 방식의 분개든 잔액은 같을 수밖에 없다.

■ **표 1: 보통예금 차변, 대변 원장**

날짜	적요	차변	대변	잔액
1.2	차입금 이체수취	1,000		1,000
1.3	전기료 이체지급		100	900
1.5	전화료 이체지급		200	700
	합계	1,000	300	

■ **표 2: 보통예금 대변.차변 원장**

날짜	적요	대변	차변	잔액
1.2	차입금 이체수취		1,000	1,000
1.3	전기료 이체지급	100		900
1.5	전화료 이체지급	200		700
	합계	300	1,000	

상기의 〈표 1〉과 〈표 2〉는 같은 내용의 예제분개 3건을 대변과 차변을 바꿔서 중기한 것이다. 차변을 좌측에 두든 우측에 두든 그 결과는 상기에 보이는 것과 같다. 분개에서도 차변을 좌측에 기록하든 우측에 기록하든 그 결과는 같은 것이다. 또한 상하로 어느 쪽에 기록하든 그 결과, 즉 계정 잔액은 같은 것이다. 현행 부기 교재에서는 차대의 위치가 반드시 좌우로 고정되어 있지만, 전산회계에서는 차대의 상하가 고정되지 않고, 즉 분개장 입력시 차변과 대변을 상하 어느 쪽부터 기입해도 원장 잔액은 같다는 점에서도 분개장과 원장에서 차변과 대변의 좌우 위치 고정이론은 무지한 이론이라고 할 수밖에 없다.

그리고 송도부기의 입거 별행 분개, 즉 한 건의 거래를 입변과 거변으로 나누어 행을 달리하여 분개하는 방법은 그 어느 나라에서도 찾아볼 수 없는 독특하고도 창의적인 분개방법이다. 숨마부기든 영미부기든 영국인의 지도를 받은 일본부기든 모두, "차변 전기료 / 대변 보통예금"과 같이 차대 1행 분개였기 때문이다. 즉, 제2차 세계대전 이후 전산부기가 출현하기 전까지 송도부기의 별행 분개는 그 어느 나라에서도 시행하지 않았던 조선왕조만의 고유한 분개방법이었다. 과연 이래도 송도부기가 서양부기의 아류이고, 기독교 전래 이후에 도입된 것일까.

또한 원장의 양식에서도 현행부기는 역시 차변과 대변의 위치가 반드시 좌우로 고정되어 있지만, 송도부기는 역시 알고 만든 부기이므로 원장에서의 입변, 거변의 위치 또한 자유롭다. 송도부기에서는 뒤의 장책편에서와 같이 채무와 이익(급차) 관련 계정 원장에서는 증가변인 입이 상변에, 감소변인 거가 하변에 위치한다. 반대로 채권과 비용(봉차) 관련 계정에서는 증가변인 거가 상변에, 감소변인 입이 하변에 위치한다. 즉, 어느 계정이든 잔액을 증가시키는 변을 상변에 위치시켜 잔액 계산의 편리를 도모하고자 하는 것이 송도부기의 장책구조라 할 수 있다. 장책은 입거를 상하방식뿐만 아니라 좌우방식으로도 기록할 수 있는데, 좌우방식에서도 입거의 위치는 자유롭다.

요약하면 거래의 분개든 원장이든 회계표(시산표)든 송도부기는 고정된 틀을 고집하지 않는다. 상황에 따라 자유롭고 편리하게 분개기록하여 계정 잔액을 쉽게 집계 파악한다. "현병주 입 자본금 5만 원 상" 분개에서 각 항목의 기록위치는 임의이다. "X1, X2, X3, X4, X5"의 순서로 반드시 기록해야 하는 것이 아니라 랜덤하게 기록해도 정법 분개라는 의미이다.

다만, 가독성에 차이가 있을 뿐이다. 또한 원장에서도 입/거변을 좌/우, 상/하 임의의 위치에 배치해도 무방하고, 이는 회계책 및 결산서 전반에 모두 적용된다.

그러나 현행 부기는 차대의 위치를 그 이유도 모르면서 500여 년 전에 루카 파치올리라는 이탈리아 수학자 아니 서양 최초의 복식기장자인 안드리오 바바리고가 사용하던 위치를 고집하고 있다. 또한 보통예금의 경우 왜 차변에서 대변을 차감해야 하는지, 자본금 잔액은 왜 그 반대로 계산해야 하는지, 그리고 대차손익이 무엇인지도 모르면서 대차대조표와 손익계산서를 작성하고 있다. 그 이유도 모르면서 그 이탈리아 수학자도 모르고 쓴 매뉴얼 그대로, 프로그램된 본능에 따라 한 치의 오차도 없이 행동하는 개미처럼, 그 매뉴얼에서 한 발자국의 외출도 허용하지 않은 상태에서, 분개하고 원장에 중기하고 집계결산하는 매뉴얼 부기, 개미 부기, 앵무새 부기가 현행 부기라고 할 수 있다.

그러나 송도부기는 오직 입거, 즉 입출이라는 음양의 원리에 따라 자유롭게 분개, 중기하여 결산하는 유연한 부기이다. 원리는 단순하지만 지극히 논리적이라는 점에서 송도부기는 한글과 유사하다. 한글은 자모 2요소를 아무렇게나 던져서 조립해도 글자가 된다. 그러면서도 세상 모든 소리를 표현할 수 있다. 마찬가지로 송도부기는 입거 2요소로 그 기록 순서에 상관없이 경제주체에서 발생 가능한 모든 사건을 표현하고, 대차와 손익을 집계한다.

경지에 이를수록 원리가 단순하고, 그 표현은 자유롭고 유연하다는 점에서 이유도 논리도 모르고 사용하는 현행 부기와 달리, 송도부기는 훈민정음처럼 조선의 어느 성인이 알고 만든 유일하고도 진정한 회계 시스템이다. 그리고 그 진리를 밝힌 분이 금강어부 현병주이다.

부연하면, 현행 부기의 분개 4개인 입금/출금/대변/차변은 송도부기의 입상/거하/입/거와 완전히 일치한다. 그리고 계정, 대변과 차변, 대차손익의 정의 등 현행 부기에서는 결코 해명되지 않는 내역 모두 이 《사개송도치부법》이라는 위대한 책자에 들어 있음을 밝혀둔다. 즉, 송도부기의 입거를 현행 부기의 대차로 치환하면 현행 부기와 송도부기는 서로 완벽하게 전환된다. 그 차이가 전혀 없음은 후술하는 일기장, 장책(원장), 회계책(시산표) 등을 보면 알 수 있을 것이다. 차이가 있다면 하나는 완전한 논리, 또 다른 하나는 무논리 그것뿐이다.

二. 환입과 환급
환입이라 함은 대여하였던 돈을 회수하는 경우이고, 환급이라 함은 차입하였던 돈을 상환지불하는 경우이니라.

환입은 입, 환급은 거와 동의어이고, 입거라는 표준용어 대신에 이들을 사용하는 이유는 분개의 해석을 쉽게 하기 위한 것으로 보인다. 대여금의 회수와 관련된 아래의 분개를 비교해보면 회수시에는 단순하게 입으로 기록하는 것보다 대여금 회수라는 의미의 환입으로 분개하는 것이 분개의 해석을 쉽게 한다는 것을 확인할 수 있다.

■ 대여금 회수 분개 비교
표준어 분개: 입 유신웅_대여금 1,000원 상
수식어 분개: 환입 유신웅_대여금 1,000원 상

二. 과입과 과거
과입이라 함은 본액 이상의 이익을 취하는 것이고, 과거라 함은 과입의 반대이니라.

과입과 과거는 매매차익과 매매차손을 의미한다. 일기장에서는 잘 안 쓰이고, 손익서 작성시에 쓰인다.

송도부기는 분개와 관련된 용어가 다양하다. 상기와 같이 환입, 환급, 직방, 매득 등 표준용어인 입거에 대응되는 용어가 다양하다. 그러나 현행 부기는 오직 한 가지 대변과 차변만 존재한다. 보통 비교되는 두 가지가 존재하는 경우 용어가 다양한 쪽이 진본이다. 식물학에서 야생종의 종류가 많은 곳을 그 종의 원산지라고 정의하는 것과 같다.

二. 회계의 정의
회계라 함은 봉급(받을 돈, 줄 돈)을 합산하는 것이니라.
합이란 어느 한 편의 계산을 총괄함이요, 산이라 함은 봉급을 상쇄한 잔액을 의미한다.

회계는 봉급손익, 즉 대차손익 4괘를 산출하는 것이다. 그러나 손익은 봉급(대차)에서 파생되는 것에 불과하므로, 봉급손익 4괘는 봉급 2괘로 요약된다. 따라서 회계는 "봉급합산"이라는 네 글자로 정리된다. 대차에서 손익이 발생하는 것은, 차입금으로 인하여 지급이자라는 손실이, 대여금으로 인하여 수입이자라는 이익이 파생하는 것에서 확인할 수 있다.

다시 말하면, 봉급손익 4괘 중에서 손익만을 추출하여 합산하면 순이익이 산출된다. 따라서 봉급손익 4괘는 봉급과 순이익이라는 3재로 정리되고, 순이익은 회사가 주주에게 줄 돈이므로 급차에 속한다. 따라서 3재는 봉급 2재로 요약된다. 따라서 회계는 결국 봉급으로 요약되므로, 회계는 봉급의 산출이라는 위대한 정의가 성립한다. 회계에 대하여 이 이상의 정의는 없다. 선생의 이 정의(定義)는 정의(正義)이고 정통(正統)이다. 그러나 현행 부기의 회계에 대한 정의(定義)는 정의(正義)가 아니라 사이비(似而非)일 뿐이다.

■ 현행 부기의 회계에 대한 정의

① AIA(AICPA의 전신)의 1940년 회계용어 공보 1호 ATB No.1

회계란 적어도 부분적으로는 재무적 성질을 지닌 거래와 사건을 의미 있게,

화폐 단위로 기록, 분류, 요약하여 그 결과를 해석하는 하나의 기술이다.

② 미국회계학회의 1966년 ASOBAT '기초적 회계이론에 관한 보고서'

ASOBAT: A statement of Basic Accounting Theory

회계란 정보이용자가 사정을 잘 알고서 적절한 판단과 의사결정을 할 수 있도록

경제적 정보를 식별하고, 측정하여 이를 전달하는 과정이다.

③ 미국 공인회계사회의 1970년 APB Statement No.4

회계는 하나의 서비스 활동이다. 그 기능은 경제적 의사결정, 곧 대안의 선택에 유용한

경제실체에 관한, 주로 재무적 성격의 양적 정보를 제공하는 것이다.

학문에서 정의는 상기 ①, ②, ③과 같이 아무리 읽어보아도 뭐가 뭔지 알 수 없게 중언부언, 요령부득으로 하는 것이 아니다. 선생의 "회계는 봉급합산"이라는 정의는 아래의 명문에

버금간다.

주역 계사전

一陰一陽之謂道(일음일양지위도)

음양(입출), 작용과 반작용이 짝을 이루는 것이 도이다.

아리스토텔레스: 인간은 이성을 가진 동물이다.

유클리드: 점은 면적이 없는 부분이다.

원효 대사

一切法 不可說 不可念 故名爲眞如(일체법 불가설 불가염 고명위진여)

일체의 진리는 말로 설명할 수도, 생각할 수도 없는 것이므로 진여라고 한다.

훈민정음 해례본

天地之道 一陰陽五行而已(천지지도 일음양오행이이)

천지의 도는 음양오행 그것뿐이니라.

三. 질자의 예(질자의 정의)

위 글자 질은 그 뜻이 두 가지가 있느니라. (가) 물품질에 속한 것은 본서 제5장에서 설명한 바와 같이 장부상에서 관계를 일으킨 자는 반드시 자연인(계정)으로 인정하듯이 질자는, 즉 인의 성명을 대위함이요, (나) 어음질, 이익질, 공용질에 속한 것은 무형물을 유형물로 대위함이니 각기 그 성질에 따라 차례로 설명하고자 하노라.

"질자는 인의 성명을 대위함이니"는 "질 = 인명"이라는 뜻이다. 따라서 비단질, 토지질, 건물질, 어음질, 이익질 등이 현병주, 김두승, 김경식, 배준녀, 천일은행, 송도상회, 탁지부, 궁내부 등의 인명과 같은 격이라는 뜻이다. 굳이 비단 등에 질이라는 문자를 부가하는 이유는 회계상의 거래는 모두 인명으로 이루어지기 때문이다. 반대로 말하면 인명이 아닌 것은 분개장, 원장, 회계표 등의 계정란에 위치할 수가 없다는 의미이다. 이것은 인명만이 주 계정이라는 의미이다.

그리고 질은 이미 앞에서 언급한 바와 같이 비단질은 비단 관리책임자, 토지질은 토지 관리책임자 등의 관리책임자, 집사 등으로 보면 된다. 질을 사용한 분개와 장책의 예시는 아래와 같고, 예시 분개와 장책에 나타나는 명칭인 질은 모두 실제 인명과 동격으로 간주된다. 그리고 부가문자 질은 기록자에 따라 생략하기도 하지만, 생략되었다 하더라도 질이 부가되어 있는 것으로 간주하는 것이 송도부기이다.

■ 토지질 관련 분개와 해석

출 토지질 2,000원 하

→ 회사가 토지를 2,000원에 구입하여 이를 토지질(토지 관리책임자)에게 주었다

입 토지질 2,000원 상

입 토지매매이익질 1,000원 상

→ 토지질로부터 토지 매각대금으로 총 3,000원을 받았다

→ 제1행 2,000원은 토지질 본가(원가) 제거 분개이다.

→ 제2행 1,000원은 매매차익 분개이다.

■ 토지질 장책

출 2,000 – 입 2,000: 잔액 0

■ 토지매매이익질 장책

입 1,000 → 회계책 급차변에 중기된다. 다시 손익계산서 이익부에 중기된다.

三. 가 물품질

입한 물이든지 출한 물이든지 물품의 명칭을 따라 마포이면 마포질, 백목이면 백목질이라 하느니라. 백목질 거라 할 때는 백목질을 자기 채무자의 성명으로 지정하고, 마포질 입이라고 할 때는 마포질을 자기 채권자의 성명으로 지정한 것이니라.

비인명 물품에 질이라는 문자를 부가하여 인명화하는 방법을 설명한 것이다. 동시에 이들 물품질도 채무자 또는 채권자의 성명과 동격이 됨을 강조한 것이다.

四. 직방과 매득의 정의

현금으로 매도(판매)한 것은 직방이라 기록하고, 현금으로 매수한 것은 매득이라 기록하느니라. 이렇게 직방 또는 매득으로 기록하는 경우에도 본 장 제2례의 입, 거, 제1례의 상, 하 기호를 반드시 표기해야 하느니라.

직방과 매득, 환입과 환급 등은 분개시 모두 입거로 표기해야 하나, 분개기록을 한 후에 자기 또는 타인이 쉽게 해석하도록 하기 위한 해설적인 용어이다. 역시 다른 나라에는 없는 용어이다. 직방 또는 매득으로 기록 후에도 거를 반드시 기록해야 한다고 하였으나, 실제로는 직방 또는 매득으로만 기록하고, 거는 생략하는 경우가 많다. 환입, 환급의 경우도 같다.

六. 등자법

등자는 일기장 기록시 2행 이상인 경우에 사용하는 것이니, 그 모양이 등자와 같으므로 등자라 이름한 것이니라.

등자(기수의 발걸이) 기호는 상하 2행 또는 다수의 행으로 기록된 대체 분개를 잇는 데 사용되고, 한 건의 거래가 어느 행까지이며, 동시에 입거 동액 여부를 파악하는 데 사용된다. 반면에 등자 기호로 엮이지 않은 분개는 현금거래이므로 현금거래를 쉽게 파악하여 현금시재 계산을 쉽게 하는 데 이용된다.

등자 기호 역시 한국에만 있는 기호이며, 이는 별행 분개를 한 건의 거래로 인식하기 위한 기호이다. 입거 별행 분개 역시 전산부기가 출현하기 전까지는 그 어느 나라에도 없었던 분개방법이다. 지금도 수기장부 분개에서는 그 어느 나라에서도 발견할 수 없는 분개방법이다.

七. 열기법

(중략) 이 열기를 사용하는 경우는 일기장에 기입된 것이 봉차든 급차든 그 대차관계가 소멸될 때 필히 그 관련 기록에 상기의 깃발을 표시하는 것이니라. 즉, 대차가 소멸된 거래라는 정보를 표시하는 것이니라.

분개 기록 중 이미 봉급, 즉 대차관계가 소멸된 기록에 대하여 실시하는 표시이다. 1회성 거래인명인 경우 그 대차관계가 소멸되면 이를 확인한 후에 표시하는 기호이다. 역시 서양부기 등에는 전혀 없는 순수한 한국식 부기기호이다.

八. 타점법

타점, 즉 점찍기는 일기와 장책에서 가장 많이 사용되느니라. 일기의 타점은 일기의 기사를 장책으로 전서 중기할 때는 즉시 일기의 행의 머리쪽에 흑점을 찍어야 하느니라. 장책의 타점은 장책의 기록과 일기장의 기록을 대조할 때 쓰이며, 그 대조가 완료되는 대로 장책의 우측 끝에 주점(붉은 점)을 찍느니라.

회계작업의 준비는 일기장과 장책이다. 회계책은 결산기에 쓰는 것이고, 임의의 종이에 장책의 잔액을 옮겨 적는 것이므로 회계책은 그 분량이 1장 내지 2장 정도면 족하기 때문에 사전준비 장부라고 하기는 어렵다.

필수장부가 준비되면, 거래를 일기장에 기록하고, 반드시 이를 장책에 중기해야 한다. 중기해야 하는 이유는, 인명별 장책에 각 인명에 대한 입출을 기록하고 그 입출을 기초로 인명과의 잔액을 산출해야 하는 바, 이 잔액은 장책에서만 산출 가능하기 때문이다.

일기장 기사를 장책으로 중기하면, 중기 후 바로 일기장 기사란 서두에 중기완료 기호를 표시하는데 이 표시를 타점이라 한다. 반대로 장책의 기사를 일기와 대조한 후에도 분개 행의 말미에 대조완료 표시를 하는데 이때도 그 표시를 타점이라 한다. 단, 중기완료 타점은 흑색, 대조완료 타점은 붉은색이다. 이 타점 방법은 이보다 400여 년 전에 쓰여진 숨마의 타점 방법과 일치한다. 현행 부기에서는 타점이 아니라 체크 표시를 한다.

> 九. 행획(일명 효주라 함)
> 효주는 장책에 쓰이며, 타급장책이든 외상장책이든 봉급의 관계가 소멸될 때 쓰느니라.

효주는 분개장이 아니라 장책에서만 쓰이는 기호이며, 봉차 또는 급차 잔액이 0원이 된 인명장책에 표시하는 △ 기호이다. 각 인명장책의 잔액을 회계표에 중기할 때 이 표시가 있는 것은 중기할 필요가 없으므로 중기 업무 및 기타 잔액 파악 업무에 도움이 된다. 역시 서양 부기 등에는 없는 순한국식 부기기호이다.

그리고 이 효주 기호를 봉차 또는 급차 인명에만 표시한다는 점에서 송도부기는 완벽한 회계이론에 근거하는 부기라는 것을 알 수 있다. 이익계정 또는 손실계정에는 오류 분개가 아닌 한 0 잔액이 발생하지 않기 때문이다.

> 十. 우(又)자
> 우자는 전(前)과 동(同)이라는 뜻이니라. 어떤 기사 다음에 이 우자가 쓰이면, 이는 전행에 기록한 인명 또는 물품명이 되느니라.

우(又)는 숨마부기, 현행 부기의 ditto(″)와 같은 의미이다. 이런 사소한 점까지 송도부기와 숨마부기는 일치한다.

> 十一. 내(內)자
> 내자는 봉급을 구별하기 위하여 삽입되는 기호이니라. 장책의 한 면을 상하로 양분한 후, 상단은 입금만, 하단은 출금만 기록하는 경우, 그 중간에 내라는 기호를 반드시 표시해야 하느니라.

내는 차감, 즉 마이너스(－) 기호이다. 장책에서 쓰이는 기호이다.

■ **좌우식 장책과 내자의 기능**

(현병주_차입금 장책)

현병주 입 1,000, 입 2,000 內(거) 400, 300

잔액 2,300

(한필교-대여금 장책)

한필교 거 3,000, 거 1,000 內(입) 500

잔액 3,500

장책은 상기와 같이 아무 선 없이 간략해도 된다. 상기의 현병주 장책기록은 현병주 잔액을 "입 3,000 － 출 700"의 수식으로 산출하라는 의미이다. 그리고 한필교 장책기록은 한필교 잔액을 "출 4,000 － 입 500"의 수식으로 산출하라는 의미이다. 입 또는 거와 잔액 사이에 위치하는 內 자 기호는 가감승제 기호의 하나인 (－) 기호와 일치한다. 원래는 內자 다음에 입 또는 거를 기록해야 하지만, 이미 內자 다음의 기록사항은 차감사항이므로 동어반복이 되므로 생략한 것이다.

그리고 상기의 장책에서 입변과 거변은 원래는 페이지의 반을 가른 것이다. 즉, 양자 사이에는 충분한 여백이 있는 것이다.

■ 상하식 장책과 내자의 기능

(현병주_차입금)

일자	입출	과목 및 적요	금액
1.5	입	차입금 수취	1,000
1.7	입	상동	2,000
	內 (−)		
1.12	거(출)	차입금 상환(환급)	400
1.18	거(출)	차입금 상환(환급)	300

(한필교_대여금)

일자	입출	과목 및 적요	금액
1.8	거	대여금 지급	3,000
1.9	거	상동	1,000
	內 (−)		
1.12	입	대여금 회수(환입)	500

그리고 상기의 상하식 현병주 장책에서 증가변은 입변이고, 한필교 장책에서 증가변은 거(출)변이다. 송도부기의 장책구조는 상기와 같이 증가변을 그 계정의 속성에 따라 좌측 또는 상변에 배치하고, 차감변은 우측 또는 하부에 배치하여, 회계를 모르는 누구라도 잔액계산을 쉽게 할 수 있도록 하였다. 이러한 방법은 지금도 어느 나라에도 없는 독창적인 방법이다. 이것은 회계 이론을 완전히 이해할 때만 가능한 방법이다.

內자 기호 역시 서양부기 등에는 전혀 없는 순 한국식 기호이다. 만일 송도부기가 당시의 일본부기를 모방한 것이라면 입거 대신에 대차라는 용어를 써야 하고, 내는 쓰지 말아야 한다. 일본에는 없는 기호이기 때문이다. 內자 기호는 계정 잔액을 산출하기 위한 기호이므로, 송도부기의 계정 잔액 계산식을 요약하면 아래의 표와 같다.

■ 계정별 잔액 계산식

	송도부기	현행 부기
급차, 이익 해당 인명/과목	입변 – 거변	대변 – 차변
봉차, 손실 해당 인명/과목	거변 – 입변	차변 – 대변

차입금 등의 급차가 입변이 증가변이고, 거(출)변이 감소변인 이유는 차입금은 수취입금으로 잔액이 증가하고, 상환출금으로 잔액이 감소하기 때문이다. 대여금 등의 봉차가 거변이 증가변이고, 입변이 감소변인 이유는 대여금은 대여출금으로 잔액이 증가하고, 회수입금으로 잔액이 감소하기 때문이다. 즉, 급차와 이익은 입금잔액 계정, 봉차와 손실은 출금잔액 계정이 된다. 기초 잔액이 있는 경우에는 상기의 수식 값에 기초 잔액을 가산하면 된다.

또한 전기료 등의 비용 역시 출금으로 잔액이 증가하고, 과오납부로 인한 회수입금으로 잔액이 감소하므로 비용 역시 출금변인 거변이 증가변이고, 입변이 감소변이다. 수입이자 등의 이익은 수취입금으로 잔액이 증가하고, 과오수취로 인한 환급출금으로 잔액이 감소하므로, 이익은 입변이 증가변이고, 거변이 감소변이다. 즉, 비용은 출금잔액 계정이고, 이익은 입금잔액 계정이 된다. 따라서 봉차와 비용은 출금잔액 계정, 그리고 급차와 이익은 입금잔액 계정이 된다.

각 계정별 잔액의 산출은 현행 부기처럼 무조건 아무런 논리 없이 부채와 이익계정은 대변에서 차변을 차감하고, 자산과 비용계정은 차변에서 대변을 차감하는 것이 아니다. 계정의 명칭에 상관없이 어느 변이 증가변이고 감소변인지를 각자가 파악하여 증가변에서 감소변을 차감하면 되는 것이다.

다시 말해서 회계에서 계정잔액을 산출하는 것은 별 내용이 아니다. 그 뜻을 아무도 모르는 대변에서 차변, 또는 차변에서 대변을 차감하여 잔액을 산출하는 것만이 정법은 아니다. 정법은 송도부기처럼 논리적으로 증감변을 결정한 후 증가변에서 감소변을 차감하는 데 있다.

송도부기에서는 장책 개설 시 각 인명의 속성, 즉 대차손익 속성을 미리 파악하여 인명별 장책을 만든다. 상기의 경우 현병주는 차입처이므로 입을 상변, 즉 증가변에 기입한 것이다. 만일 현병주가 대여처, 즉 대여금 거래처인 경우라면 거를 상변에 놓는다. 각 인명이 봉급 어느 속성에 해당되는가는 상인이 잘 아는 것이므로 이러한 방식으로 장책의 작성이 가능한 것이다. 그러나 그 거래처가 봉급 어느 쪽이 될지 모를 경우도 있는데, 이 경우는 입 또는 거 그 어느 쪽을 상변에 놓아도 무방하다. 결산시 입금 총액과 출금 총액을 비교하여 잔액을 산출하고, 그 잔액을 회사가 주어야 하는 것이면 급차, 받아야 하는 것이면 봉차로 회계책에 중기하면 되기 때문이다.

제17장 제류장부 편제와 철방례(장부의 종류와 편철방법)

〈주요부〉

초일기라 함은 초일기에 기재된 것을 다시 다른 책에 정서하는 경우가 있는데, 그 전서된 책을 중일기라 하느니라.

외상장책은 즉 봉차를 기입하는 대여장이니라.

타급장책은 급차를 기입하는 차입장이니라. 타급 및 외상장책을 합하여 한 권의 책으로 철하여 쓰는 경우가 많으니라.

회계책은 결산시에 쓰는 책이니라.

〈보조부〉

매득책은 현금으로 매득한 것을 기입하느니라.

물출입책은 위임물의 출납을 기입하는 책이므로 물상객주에서는 폐하지 못할 책이니라.

보조부는 상기 갑을 즉 매득책과 물출입책 외에,

一. [장기책]을 만들어, 다른 일부분에 대하여 상계한 것을 기입하며,

一. [공용질]이라는 책을 만들어, 일기장에서 공용질만 추출하여 중기하며,

一. [이익질]이라는 책을 만들어 일기장에서 이익질만 추출하여 중기하며,

一. [조사부]를 만들어 자기의 상업 정도에 맞추어 1개월이나 혹 3개월, 6개월의 기한을 정하고 물품의 조사를 기입하는 데 사용하느니라. 이외에도 보조부로 쓰이는 종류는 각기 영업의 종류에 따라 다종다양한 보조부를 사용하더라도 본장 주요부 4종에 모두 속하게 되느니라.

□ **초일기**

여기서 언급된 초일기는 분개장에 해당되는 일기장을 의미한다. 초일기가 주요부 중에서 제1번으로 언급되었기 때문이다. 그러나 각 상인들의 관행에 따라 어떤 상인은 먼저 초일기, 즉 영업일지를 기록하고, 이를 다시 중일기로 전서하는 경우가 있었던 것으로 보인다. 이

경우 분개장은 중일기라고 할 수 있다.

□ **외상장책**

외상장책은 봉차, 즉 채권을 기록하는 대여장이라고 하였으므로, 외상장책으로는 상품, 토지, 건물, 기계장치 등의 비채권 유형자산이 기록 집계되는 장부가 아닌 것으로 해석할 수도 있다. 즉, 외상장책이 현행 부기의 자산 항목 전체를 포괄하지 못하는 것으로 해석할 우려도 있다. 그러나 송도부기에서는 상품, 토지, 건물 등의 잔액을 상품질, 토지질 등의 대위인명(회사 내 책임자)에게 대여한 것으로 보기 때문에, 즉 유형자산의 가액도 회사가 각 질에게 돌려받아야 할 채권으로 보기 때문에 대여장인 외상장책에 모든 자산 항목을 기록 집계할 수 있는 것이다.

다시 말하면 토지, 건물 등의 가액도 채권이므로, 모든 자산은 채권, 받을 돈, 봉차라는 정의가 성립하는 것이 송도부기라고 할 수 있다. 요약하면, 외상장책이 봉차장책이고, 현행 부기 자산계정 원장이다.

□ **타급장책**

타급장책은 차입장이고, 여기에 차입금뿐만 아니라 자본금 및 이익잉여금 관련 분개를 전기하여 해당 잔액을 파악할 수 있다. 자본금 및 이익잉여금, 당기순이익 등도 모두 (주주에 대한) 채무이기 때문이다. 요약하면, 타급장책이 현행 부기의 부채 및 자본계정 원장이다.

□ **장기책**

수시로 필요에 의하여 작성하는 인명별 채권, 채무 잔액 명세서이다.

□ **공용질**

공용질은 현행 부기의 판매 및 일반관리비 계정 원장에 해당된다. 당시에는 일반관리비 항목의 수가 적어 공용질이라는 통합계정으로 기록을 한 것이다.

□ 이익질

이익질은 수입이자 및 수수료 수입 등을 기록하는 장책이다. 이자질이라고도 하며, 이 이자질에 장책에는 수입이자와 지급이자 모두를 기록할 수도 있고, 장책을 분리하여 기록할 수도 있다. 그리고 중개료 수입 등도 송도부기에서는 이자로 표현한다.

□ 조사부

조사부는 재고자산 입출 및 잔고기록부이고, 이는 각 상품별 매매손익 산출에 활용된다. 즉, 재고조사 단계에서 각 상품별 매매이익을 산출 후, 이를 회계책 각 상품질 기입란 좌측에 호산 문자로 기록한다. 이 이익을 합산하여 회계책 하부의 손익질 부에 중기하여 당기순이익을 산출한다.

재고자산 기록부를 상기와 같이 장부체계에 정식으로 포함시킨 것은 서기 1916년까지는 송도부기가 유일한 것이다. 19세기 말 그리고 20세기 초반에 출간된 영국, 미국, 일본 부기 교재에서는 보이지 않기 때문이다. 또한, 현행 한국부기 교재에서는 아직도 재고자산 기록부가 정식장부인가에 대하여는 명쾌하지 않다. 상품을 포함한 제반 물자의 입출에 의하여 대차손익이 결정되므로, 물자의 입출은 경영에서 차지하는 비중이 극히 큰 것임에도 불구하고 이를 정식 장부에 포함시키지 않거나 대충 저 멀리 뒤켠에 끼워 넣는 것은 회계 그리고 대차손익을 모르기 때문에 일어나는 현상일 뿐이다.

송도상인처럼 회계 그리고 대차손익의 발생원인을 아는 경영자라면 분개장뿐만 아니라 재고자산기록부의 기록 및 유지에도 상당한 에너지를 투입한다. 물건도 돈이고, 이 물건에서 손익이, 회사의 흥망이 좌우되기 때문이다. 그러나 이러한 개념을 모르는 현행 회계학자는 각 상품별 재고파악을 기말결산 시점에만 실시하면 되는 것으로 책을 쓴다. 그 책으로 배우는 학생들도 그렇게 안다. 즉, 기초부터 기말조사 시점까지 그 중간에 재고관리 과정에서 어떤 손실이 있었는가를 따지지 않는다.

그러나 송도상인처럼 물자에서 손익과 흥망이 결정된다는 것, 즉 물자관리의 중요성을 아는 삼성, 현대, 포철 등의 거대기업에서는 부품 하나하나의 입출까지 세세하게 입출 사건발생 즉시 기록하고 또 그 잔고를 파악할 것이다. 아마도 빌 게이츠의 언급처럼 어느 시점에서라도 생각의 속도로 또는 파치올리 선생의 말씀처럼 한눈에 각 물품별 입출 잔고를 파악하여 경영전략에 반영하는 시스템이 개발 운영되고 있을 것이다. 이렇게 하는 것이 정법회계이고 정법경영이다. 회계와 경영은 분리된 것이 아니다.

요약하면, 재고기록부는 분개장에 버금가는 주요 장부이다. 즉, 현행의 회계교재에서도 송도부기·조선부기처럼 반드시 재고기록부를 정식 장부로 규정하고 교육해야 한다. 분개장만 기록하고, 재고기록부를 매 시점단위로 입출을 기록하여 어느 시점에서든 한 눈에 그 입출 잔고를 파악하지 않으면, 새는 돈을 막을 수 없고, 그러면 그 기업은 사라질 것이다. 76년 전 겨우 20세 남짓의 청년 정주영이 쌀가게에 취직하자마자 한 일은 회계장부의 정리 그리고 재고자산의 일목(一目, at a glance, the speed of thought) 파악 시스템의 구축이었다고 한다.

제18장 일기 철방례(일기장 기록법)

본 일기장의 분개는 원칙적으로는 제16장에서 설명한 예제 그대로의 분개이나, 일부는 약간 다르다. 즉, 제18장의 분개가 그 후의 장책 및 회계책에 중기 활용되는 분개이고, 제16장의 예제는 분개 설명용의 단순 예제로 보인다.

일기장, 장책, 회계책 등에는 여러 오류가 발견된다. 오류 또는 오기는 주로 계정 표기 또는 금액 관련 오기이고, 저자가 분개 및 중기 오류의 정정법 및 입출 일치 원칙에 의한 데이터의 검증방법 등을 교육할 목적으로 일부러 틀리게 기록한 것도 있다.

그리고 이러한 차이 또는 오기는 일기장, 장책, 회계책, 재고조사표 등에서 계속 출현하나, 그리 심각한 수준은 아니다. 송도부기의 대원칙인 입거 동액의 원칙 및 중기의 원칙 등에 의하여 정확한 계정과 금액을 찾아 선택할 수 있기 때문이다. 참고로 중기의 원칙이란 일기장 기록을 각 계정장책으로 중기하고, 장책의 잔액을 회계책으로 중기하여 결산하는 원칙을 의미한다.

따라서 중기의 흐름을 따라 차이를 대조하고, 입거 동액의 원칙에 따라 금액적 차이를 재계산해보면 정확한 계정과 금액을 파악할 수 있다. 오류의 주요 유형과 교정 기준은 아래와 같다.

① 제16장의 예제 분개와 제18장의 일기장 실제 분개가 다르다.
즉, 제16장에서는 견양지질, 제18장에서는 지물질 등으로 계정 명칭이 다르다.
이러한 경우에는 일기장 및 회계책에 표시된 계정을 선택하였다.

② 예제와 일기장의 거래금액이 다른 경우가 있다.
이러한 경우에는 두 개의 금액 중 회계책의 봉급을 일치시키는 금액을 채택하였다.

③ 인명장책과 회계책 금액이 다른 경우도 있다.
이 경우에도 회계책의 봉급을 일치시키는 금액을 채택하였다.

이러한 오류에는 두 가지의 원인이 있다. 하나는 원저자가 교육목적으로 오기한 것이고, 둘째는 출판 편집 또는 원고 자체의 오류이다. 이러한 오류를 교정할 줄 모르면, 송도부기를 앞뒤도 위아래도 안 맞는 부기, 단식부기라는 억지를 부리게 된다. 현행 부기의 원본인 숨마에도 상당한 오류가 발견되는데, 숨마 역시 단식부기인가.

송도부기의 오류는 수치 또는 계정과 관련된 오류이지만, 숨마에는 이론적인 오류도 있다. 재고상품 가액을 가능한 한 고가로 평가 기록하라는 것과 자본 총액을 재산 총액이라고 정의한 것이 대표적인 이론 오류이다. 재고는 가급적 저가로 평가해야 하고, 자본 총액은 재산 총액이 아니라 재산 총액에서 채무 총액을 차감한 순재산 총액이므로 이와 관련된 숨마의 이론은 오류일 뿐이다. 이것은 현행부기가 재고자산 평가와 자본 개념에 대하여 숨마를 따르지 않는 것으로도 확인할 수 있다.

■ **교정 대조표**

구분	오기의 대조 및 채택 사유
예제 및 일기	예제 2일: 견양지질 거 견양지 15괴@47원 대금 705원 일기 2일: 지물질 거 견양지 15괴@47원 대금 705원 채택: 지물질 거 사유: 장책 및 회계책에서 지물질로 집계
	예제 9일: 진사질 입 진사 100근@2.8원 대금 280원 일기 9일: 주물질 입 진사 100근@2.8원 대금 280원 채택: 주물질 입 사유: 장책 및 회계책에서 주물질로 집계
	예제 10일: 토산주질 거 동물 300필가@3.8원 대금 140원 하 일기 10일: 주물질 거 동물 300필가@3.8원 대금 140원 하 채택: 주물질 거 사유: 장책 및 회계책에서 주물질로 집계
	예제 12일: 잡화질 입 잡화방가 금 300원 상 일기 12일: 잡화질 입 잡화방가 금 305원 상 채택: 일기의 305원 사유: 잡화질 장책에 중기된 금액이 305원임

예제 및 일기	예제 12일: 권예득 거 3첩지가 합 300원 하 일기 12일: 어음질 환급 권예득조 3첩지가급 305원 하 채택: 어음질, 305원 사유: 어음질 장책에 12일자로 중기된 금액이 305원임
	예제 16일: 주속질 입 토산색주 300필가 합 1,400원 일기 16일: 주물질 입 토산색주 300필가 합 1,400원 채택: 주물질 입 사유: 장책 및 회계책에서 주물질로 집계
	예제 16일: 백임주 환급 채조계급금 400원 하 일기 16일: 신성호 환급 채조계급금 400원 하 채택: 신성호 환급 사유: 장책 및 회계책에서 신성호로 집계
외상장책	주물질 외상장책 잔액: 2,427원 주물질 회계책 잔액: 2,507원 채택: 2,507원 사유: 주물질 잔액은 원저자가 교육목적으로 오기한 것임
회계책	회계책: 견양지 15괴 거문 705원 교정: 견양지를 지물질로 교정
재물기 (재고조사표)	재물기: 안동포 150원 복부: 안동포 450원(복부: 기초이월 분개) 채택: 450원 사유: 450원일 때, 재물총액 8,297원 50전 5리 금액이 산출됨

병진(1916년) 음력 정월 일기장 제1권

병진(대정 5년) 음력 정월 신성호 개업 1일

초1일

신성호 입 자본금 15,000원 상❶

제일은행 거 당좌예금 8,500원 하❷

공용질 거 공책 10부 대금 1원 50전 하❸

가사질 거 본상점용지 단가 150원 하❹

가사질 거 본점 수리비 30원 하❺

방인준 입 차입금 2,000원 상❻

신의식 거 한양목 100필가 중 선급금 50원 하❼

시재금 8,268원 50전(금궤환거)

● 분개 해설 ●

❶ 신성호는 출자자의 사업명이다. 이는 불교승려의 법명, 가톨릭의 세례명과 같은 것이다.
즉, 신성호 대신에 출자자가 현병주이면 현병주, 김두승이면 김두승이라고 기록해도 된다.
이 분개는 신성호라는 사업명을 가진 사람에게 회사가 자본금조로 받았다라는 뜻이다.

❷ 수취한 현금 중 일부를 제일은행에 당좌예치 출금한 분개이다.

❸ 공책값을 지급한 분개이다.

❹ 본점용 토지를 구매 출금한 분개이다.

❺ 건물 수리비를 가사질 본가에 가산한 분개이다.
건물 수리비를 당기 비용이 아니라 토지 본가에 가산하여 자산 처리한 분개이다.
회계 이론을 모르면 나올 수 없는 분개이다.
당시에는 토지와 건물을 가사질이라는 하나의 계정으로 처리한 것으로 보인다.

❻ 방인준에게 현금으로 차입한 분개이다.

❼ 신의식에게 한양목 구입대금을 선급한 분개이다.

❽ 시재금은 분개 1에서 7까지의 상과 하를 합산하여 산출한 금액이다.

이 금액은 회사 깊숙한 곳에 있는 금고로 출금된다. 그것이 금궤환거이다.

그리고 마지막 행인 시재금 행은 송도부기의 일기장은 현금출납장을 겸한다는 증거이다. 분개장은 현금출납장에서 발전한 것이므로, 분개장에 시재를 기록하는 것이 정법이다.

	송도부기	현행 부기
1	입상 신성호_자본금 15,000원	입금 자본금 15,000원
2	거하 제일은행_당좌예금 8,500원	출금 당좌예금 8,500원
3	거하 공용질_공책 10권 대금 1원 50전	출금 사무용품비 1원 50전
4	거하 가사질_상점 용지가 150원	출금 토지 150원
5	거하 가사질_본점 수리비 30원	출금 토지 30원
6	입상 방인준_임치금 2,000원	입금 차입금 2,000원
7	거하 신의식_선급금 한양목 100필 50원	출금 선급금 50원

2일

전일고 8,268원 50전 상

권예득 입 견양지 15괴@47원 대금 705원 ❶

견양지질 거 견양지 15괴@47원 대금 705원(견양지질 → 지물질)

권예득 거 견양지가액 중 즉전급금 400원 하❷

어음질 입 2월 1일 급차 305원❸

권예득 거 지가영조 2월 1일 급차 본어음 급 305원 (지가영조: 견양지가 결제용)

시재금 7868원 50전(전일 시재에서 현금지급액 400원 차감)

● 분개 해설 ●

전일고 상은 금고로부터 점두 또는 경리부서로 환입(금궤환입)되었다는 의미이다. 분개장이 현금출납장을 겸하기 때문에 첫 행에 당연히 그날 첫 시재금이 기록되어야 한다. 상기의 분개장은 분개장을 현금출납장과 겸용으로 사용한 세계 유일, 최초의 사례이다. 상기와 같이 수기장부에서는 일자별 분개장의 초행과 말행에 현금 잔액이 기록되는 분개가 정법 분개이고, 정법 부기이다.

❶ 이 분개는 권예득에게 외상으로 견양지를 구입한 분개이다.
외상매입은 상대방에게 현금을 (차입)받아 이를 구매 출금한 것으로 처리한다.
"권예득 입"은 권예득에 (차입)받았다는 뜻이다.
"견양지질 거"는 차입한 돈으로 견양지를 구매하였다는 뜻이다.
❷ 이 분개는 외상대금 중 일부를 현금으로 지급하였다는 뜻이다.
❸ 권예득에 대한 외상매입금 잔액 305원을 2월 1일자 지급어음으로 지급한 분개이다.

	송도부기	현행 부기
1	입 권예득_급차 705원 거 견양지질 705원	대변 외상매입금 705원 차변 상 품 705원
2	거하 권예득_급차 400원	출금 외상매입금 400원
3	입 어음질_권예득 305원 거 권예득_급차 305원	대변 지급어음 305원 차변 외상매입금 305원
통합	입 권예득_지급어음 305원 거 견양지질 305원 거 견양지질 400원 하 (현금지급분)	대변 지급어음 305원 대변 현금 400원 차변 상품 705원

전체적으로 상기의 분개는 사실상 한 건의 거래를 나누어 표기한 것이다. 즉, 상품 705원어치를 매입하면서 현금으로 400원을 즉시 지급하고, 나머지 305원을 지급어음으로 지급한 것이기 때문이다.

상기의 비교 분개에서 현행 부기 분개는 과목만으로 분개하는 바, 그 이유는 현행 부기 교재에서는 인명, 즉 거래처 명칭을 계정으로 표시하지 않기 때문이다.

3일

전일고7,868원50전 상

심지원 입 경포 700필@1.1원5일 후 급차770원

포속질 거 경포700필@1.1원 본월8일 봉차770원

시재금7,868원50전

상기의 분개는 심지원에게 5일 후 지급하기로 하고, 포속을 외상매입한 분개이다. 외상매입은 이미 언급한 바와 같이 매입처에서 차입하여, 구매출금한 것으로 기록한다.

	송도부기	현행 부기
1	입 심지원_급차 770원 거 포속질_경포 770원	대변 외상매입금 770원 차변 상 품 770원

상기의 요약 분개에서 심지원_급차는 심지원_외상매입금과 같은 뜻이다. 계정으로 과목은 생략하고 인명만 표기하는 경우도 있고, 상기와 같이 인명_과목으로 표기하는 경우도 있다. 보통의 경우 생략은 편법이므로 송도부기의 계정표기 정법은 인명_과목의 2명법이라고 할 수 있다.

4일

전일고7,868원50전 상

백신명 입 준목1,500필@90전 대금1,350원 ❶

백목질 거 준목1,500필@90전 대금1,350원

제일은행 입 소절수 제1호1,350원 ❷

백신명 급 백목가 제일은행 소절수 급1,350원

백목질 거 준목30척 운래복가3원 하❸

시재금7,865원50전(전일 잔액에서 3원 차감)

● 분개 해설 ●

❶ 백신명에게 준목을 외상으로 매입한 분개이다.

❷ 이 외상대금을 제일은행 수표로 즉시 지급한 분개이다.

"제일은행 입"은 제일은행에서 현금으로 찾아 금고에 입금했다는 의미이다.

"백신명 급"은 은행에서 찾은 돈을 그에게 지급했다는 뜻이다.

❸ 백목 운반비 3원을 일반비용이 아니라 백목질 본가에 가산한 원가계산 분개이다.

회계 그리고 원가 이론을 모르면 나타날 수 없는 분개이다.

	송도부기	현행 부기
1	입 백신명_급차 1,350원 거 백목질_준목 1,350원	대변 외상매입금 1,350원 차변 상품 1,350원
2	입 제일은행_당좌예금 1,350원 거 백신명_급차 1,350원	대변 당좌예금 1,350원 차변 외상매입금 1,350원
3	거하 백목질_운반비 3원	출금 상품 3원
1,2 통합	입 제일은행_당좌예금 1,350원 거 준목질_준목 1,350원	대변 당좌예금 1,350원 차변 상품 1,350원

상기의 통합 분개는 분개 1과 2의 통합 분개이다. 그러나 이렇게 통합하면 백신명에게 구입했다는 기록이 남지 않는다. 그리고 사건의 순서는 ①외상매입, ②수표로 지급이므로 상기 ①, ②와 같이 사건별로 분리 분개하는 것이 더 논리적인 분개라고 할 수 있다.

5일

전일고 7,865원 50전 상

백삼질 거 백삼 30편 10근@9원 대금 90원 하

시재금 7,775원 50전(전일 잔액에서 90원 차감)

이 분개는 백삼을 현금으로 구매한 분개이다. 이 분개에서 백신명 등의 실제 인명이 보이지 않는 이유는 현금거래이므로 이들 인명과 대차관계가 없기 때문이다. 대차관계가 있는 인명은 의제인명인 백삼질뿐이다. 따라서 분개에 백삼질 한 명만 출현한 것이다.

그러나 이 분개는 나중에 누구에게 구입하였는지 파악할 수 없다는 단점이 있다. 그래서 제시되는 것이 ①전액 외상매입 처리, ②전액 현금지급 처리방식으로 분개하라는 것이 제16장 예제 5일자의 설명이다.

> 이는 단식의 예이나, 현금으로 매입한 물품은 즉석에서 채권채무 관계가 소멸되므로 단식기입이 편리하나, 이를 복식으로 기입하면 3행이 되느니라. 이 경우 첫 행에 매입처를 기입하고, 제2행에 백삼질로 대하기록한 후, 다시 다음 행에 본 예와 같게 기입하는 것이 정식이니라.

	송도부기	현행 부기
단식	거하 백삼질_백삼 90원	출금 상품 90원
복식 1	입 매입처명_급차 90원 거 백삼질_백삼 90원	대변 외상매입금 90원 차변 상품 90원
복식 2	거하 매입처명_급차 90원	출금 외상매입금 90원

원문의 단식분개는 단식부기 방식이 아니라 단순한 분개라는 뜻이다. 복식분개 1은 전액 외상매입 가정 분개이고, 분개 2는 외상매입대금의 전액 지불 가정 분개이다. 이렇게 분개하면 외상매입대금은 0원이 되면서, 백삼 구입액만 남게 되므로, 결과적으로는 단식인 전액 현금구입 분개와 같게 된다.

현금구입 거래도 전액 외상매입 후 전액 지급방식으로 분개하는 것을 선생은 정식 분개라고 하였다. 정식 분개인 이유는 매입처명을 장책에 남길 수 있고, 동시에 이를 매출장에 중기하여 인명별 매출액을 파악할 수 있기 때문이다. 이러한 설명은 회계 그리고 장부체계에 대한 완벽한 이론이 없으면 나올 수 없는 명문장이다. 그리고 이 방법은 파치올리의 숨마에서도 보인다. 누가 복사한 것일까.

6일

전일고7,775원50전 상

이갑술 입 각종 비단가액4,000원 ❶

이갑술 입 각종 포속가액3,000원

주물질 거 각종 비단가액4,000원

포속질 거 각종 포속가액3,000원

방인준 대입 신의식 추차어음7,000원(대입 = 입) ❷

이갑술 급 주급포가필 우어음급7,000원

(주급포가필: 비단 및 베값 완급, 우어음: 상기 어음)

시재금7,775원50전

❶ 이 분개는 이갑술에게 총 7,000원어치의 비단과 포속을 외상으로 구입한 분개이다. 입변과 거변을 일 대 일로 대응시킨 것이 아니라 다 대 다로 대응시켰다.

❷ 방인준에게 차입하여, 이 돈을 이갑술에게 지급한 분개이다.
신의식 추차어음은 신의식에게 받을 어음이라는 뜻이다.
따라서 방인준이 신의식에게 받을 어음을 회사가 방인준에게 차입하여,
이 어음을 이갑술에게 준 것이다. 따라서 이갑술은 신의식에게 받아야 하고,
회사는 방인준에게 지급해야 한다.

	송도부기	현행 부기
1	입 이갑술_비단 급차 4,000원 입 이갑술_포속 급차 3,000원 거 비단질 4,000원 거 포속질 3,000원	대 외상매입금 7,000원 차 상품 7,000원
2	입 방인준_어음급차 7,000원 거 이갑술_급차 7,000원	대 지급어음 7,000원 차 외상매입금 7,000원

7일

전일고7,775원 50전 상

주물질 입 안주항라20필@7원 대금140원 ❶

김을선 거 안주항라20필@7원 대금140원

김을선 입 안주항라가 본월 11일 추차 자기어음140원 ❷

어음질 거 김을선 본월 11일 출차140원

시재금7,775원 50전

● 분개 해설 ●

❶ 주물질을 김을선에게 외상으로 판매한 분개이다.

주물질에게 매출대금을 현금으로 받아,

이를 김을선에 (대여)지급한 것으로 처리한 것이다.

외상판매의 분개는 상기와 같이, 각 상품질에게 회사가 현금을 받아,

이를 매출처에 (대여)지급한 것으로 처리한다.

❷ 김을선에게 외상대금을 어음으로 회수한 분개이다.

본월 11일 출차는 11일에 받을 예정이라는 뜻이다.

	송도부기	현행 부기
1	입 주물질 140원 거 김을선_봉차 140원	대 상품매출 140원 차 외상매출금 140원
2	입 김을선_봉차 140원 거 어음질_김을선 140원	대 외상매출금 140원 차 받을어음 140원

8일

전일고7,775원50전 상

주물질 입 철원주150필@6원 대금900원 ❶

최병규 거 철원주150필@6원 대금900원

최병규 입 우물가조 본월21일 자기출차 어음900원 ❷

어음질 거 최병규 본월21일 출차금900원(출차금: 받을 돈) ❸

주물질 거 철원주150필 거구금7원 하(거구: 구전, 중개료)

시재금7,768원50전(상기의 구전 지급액 차감)

● 분개 해설 ●

❶ 주물을 최병규에게 외상으로 판매한 분개이다.

❷ 최병규에 대한 외상대금을 (받을)어음으로 수취한 분개이다.

❸ 주물 판매 수수료를 주물의 본가에 가산한 분개이다.

현행 부기에서는 주물의 본가 가산이 아니라 일반관리비로 처리한다.

	송도부기	현행 부기
1	입 주물질 900원 거 최병규_봉차 900원	대 상품매출 900원 차 외상매출금 900원
2	입 최병규_봉차 900원 거 어음질_최병규 900원	대 외상매출금 900원 차 받을어음 900원
3	거하 주물질_철원주 7원	출금 상품 7원

9일

전일고7,768원50전 상

진사질 입 진사100근@2.8원 대금280원 ❶

안정옥 거 진사100근@2.8원 대금280원

안정옥 입 기장곽30척 합600속 대금273원 ❷

기장곽질 거 기장곽30척 합600속 대금273원

기장곽질 거 기장곽 운래비3원 하 ❸

안정옥 입 진사가 중 곽가상계 여잔7원 상(여잔: 차액) ❹

시재금7,772원50전

● 분개 해설 ●

이 거래는 진사를 안정옥에게 주고, 안정옥으로부터 기장곽과 현금 7원을 수취한 것이다.

❶ 진사를 안정옥에게 전액 외상판매한 것으로 가정한 분개이다.

❷ 안정옥으로부터 기장곽을 전액 외상구매한 것으로 가정한 분개이다.

❸ 기장곽 운반비를 기장곽질 본가에 가산한 분개이다.

❹ 차액 7원을 안정옥에게 현금으로 수취한 분개이다.

	송도부기	현행 부기
1	입 진사질_진사가액 280원 거 안정옥_봉차 280원	대변 상품매출 280원 차변 외상매출금 280원
2	입 안정옥_봉차 273원 거 기장곽질_기장곽가액 273원	대변 외상매출금 273원 차변 상품 273원
3	거하 기장곽질_운반비 3원	출금 상품 3원
4	입상 안정옥_봉차 7원	입금 외상매출금 7원
통합	입 진사질 273원 거 기장곽질 273원 입상 진사질 7원(현금수취분)	대변 상품매출 280원 차변 상품 273원 차변 현금 7원

10일

전일고7,772원50전 상

주물질 거 토산주300필@3.8원 대금1,140원 하 ❶

정무경 거 토산주300필 염공 중 선급금80원 하 ❷

시재금6,552원50전

● 분개 해설 ●

❶ 주물 구입대금으로 현금을 지급한 분개이다.

이 분개는 전액외상 분개 후, 현금지급 분개로 처리할 수도 있다.

❷ 정무경에게 주물 염색대금을 선급한 분개이다.

	송도부기	현행 부기
1	거하 주물질_토산주 1,140원	출금 상품 1,140원
2	거하 정무경_선급금 80원	출금 선급금 80원

11일

전일고6,552원50전 상

생저질 거 한산생저 150필가 합금589원 하❶

생저질 거 150필 거구급금8원 하 ❷

생저질 입 생저5필가 금20원(생저5필가 원가)❸

생저질 거 생저95필 연공급20원(생저95필에 대한 표백료 지급)

시재금5,955원50전

● 분개 해설 ●

❶ 생저를 현금으로 구입한 분개이다.

❷ 생저 매입 수수료를 생저 본가에 가산한 분개이다.

❸ 생저를 본가로 판매 후, 그 돈으로 생저 표백비를 지급한 분개이다.

"생저질 입"은 생저를 본가로 현금판매한 것으로 가정한 것이다.

"생저질 거"는 표백료를 생저본가에 가산한 것이다.

	송도부기	현행 부기
1	거하 생저질_한산생저 589원	출금 상품 589원
2	거하 생저질_구전 8원	출금 상품 8원
3	입 생저질_한산생저 20원 거 생저질_한산생저 20원	대변 상품 20원 차변 상품 20원

분개 3은 공업부기에 해당된다. 공업부기는 서양에서는 1887년에야 최초로 나타났고, 현재도 이때의 분개방법 그대로라고 한다. 송도상인들은 이때, 즉 1887년에 출현한 서양의 공업부기를 바로 수입하여 활용했다는 어불성설이 된다.

상기 '3'의 분개는 동액의 입출이므로 분개를 할 필요가 없다고 생각할 수도 있다. 그러나 반드시 실시해야 한다. 생저 5필이라는 현물재산을 염색비조로 타인에게 제공하였기 때문이다. 이에 따라 생저 재고는 95필로 감소하고, 동시에 생저 필당 본가(원가)는 증가하게 되므로, 반드시 분개해야 한다. 분개를 하지 않으면 생저 필당 단가가 실상과 달리 낮게 산출되기 때문이다. 그러면 판매단가가 낮게 책정되어 팔수록 밑지는 경우가 발생할 수도 있다.

12일

전일고 5,955원 50전 상

포속질 입 안동포 100필가 합 550원 ❶

잡화질 거 박기대 오방잡화 합금 550원

잡화질 입 잡화방가 금 305원 상(잡화방가: 잡화판매가) ❷

어음질 환급 권예득조 3첩지가금 305원 하 ❸

시재금 5,955원 50전

● 분개 해설 ●

❶ 포속을 내주고, 잡화를 취득한 교환 분개이다.

❷ 잡화를 현금으로 판매한 분개이다.

❸ 권예득에 대한 어음채무를 현금으로 지급한 분개이다.

	송도부기	현행 부기
1	입 포속질_안동포 550원 거 잡화질 550원	대변 상품 550원 차변 상품 550원
2	입상 잡화질 305원	입금 상품매출 305원
3	거하 어음질_권예득 305원	출금 지급어음 305원

13일

전일고5,955원50전 상

포속질 입 북포90필 대금180원 ❶

송경수 거 북포90필 대 방금180원(방금: 판매금)

공용질 거 냉면값3원 하❷

시재금5,952원50전

● 분개 해설 ●

❶ 포속을 송경수에게 외상판매한 분개이다.

❷ 냉면값을 현금으로 지급한 분개이다.

공용질은 포속, 생저 등 개별상품에 속하지 않는 일반경비를 담당하는 책임자이다.

	송도부기	현행 부기
1	입 포속질_북포 180원 거 송경수_봉차 180원	대변 상품매출 180원 차변 외상매출금 180원
2	거하 공용질_냉면값 3원	출금 식비 3원

14일

전일고5,952원50전 상

포속질 입 경포100필 대금115원 ❶

유신웅거 경포100필 대금115원

유신웅 입 경포대금 중 선상금57원50전 상(선상금: 총액 중 일부 현금수취액) ❷

시재금6,010원

● 분개 해설 ●

❶ 일부 현금, 일부 외상거래이지만, 전액 외상판매로 처리한 분개이다.

❷ 외상 분개 직후, 그 절반을 현금으로 수취한 것으로 처리한 분개이다.

	송도부기	현행 부기
1	입 포속질_경포 115원 거 유신웅_봉차 115원	대 상품매출 115원 차 외상매출금 115원
2	입상 유신웅_봉차 57원 50전	입금 외상매출금 57원 50전

15일

전일고6,010원

유신웅 채급3월30일 봉차금150원 하 ❶

이자질 입 유신웅조3삭변리 선상금13원50전 상 ❷

시재금5,873원50전

● 분개 해설 ●

❶ 유신웅에 대한 대여금 지급분개이다.

❷ 유신웅에게 선이자를 수취한 분개이다.

	송도부기	현행 부기
1	거하 유신웅_대여금 115원	출금 대여금 115원
2	입상 이자질_유신웅 13원 50전	입금 수입이자 13원 50전

상기의 분개에서 대여와 차입에 따른 이자는 이자질을 계정으로 분개한다. 즉, 지급이자는 이자질의 거변에, 수입이자는 이자질의 입변에 중기된다. 이 이자질 장책의 입거 차액이 당기분 순이자 수취액 또는 지급액이 된다. 현행 부기처럼 이자질을 지급이자와 수입이자로 계정을 분리하여 기록해도 된다.

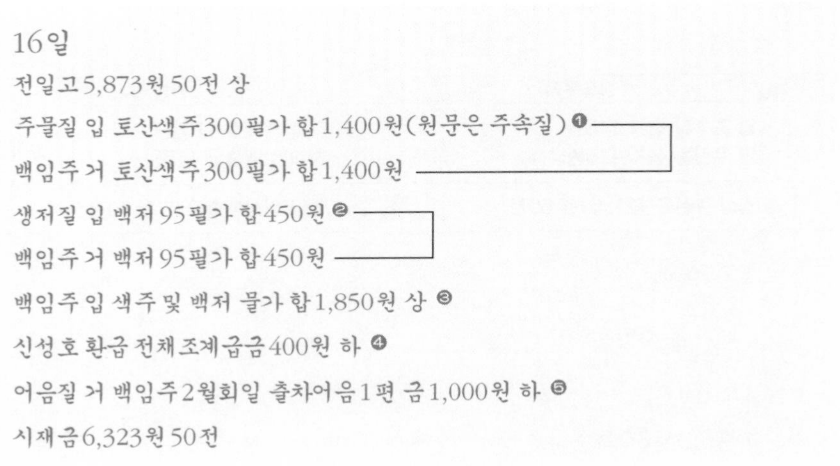
16일
전일고 5,873원 50전 상
주물질 입 토산색주 300필가 합 1,400원(원문은 주속질) ❶
백임주 거 토산색주 300필가 합 1,400원
생저질 입 백저 95필가 합 450원 ❷
백임주 거 백저 95필가 합 450원
백임주 입 색주 및 백저 물가 합 1,850원 상 ❸
신성호 환급 전채조계금금 400원 하 ❹
어음질 거 백임주 2월회일 출차어음 1편 금 1,000원 하 ❺
시재금 6,323원 50전

● 분개 해설 ●

❶ 주물을 백임주에게 외상판매한 분개이다.

❷ 생저를 백임주에게 외상판매한 분개이다.

❸ 백임주에게 상기의 외상대금을 전액 현금으로 수취한 분개이다.

❹ 신성호(출자자)에게 채무(출자금)를 상환한 분개이다.

❺ 백임주에게 2월 말일 회수조건의 어음을 받고 현금을 대여한 분개이다.

	송도부기	현행 부기
1	입 주물질_토산색주 1,400원 거 백임주_봉차 1,400원	대 상품매출 1,400원 차 외상매출금 1,400원
2	입 생저질_백저 450원 거 백임주_봉차 450원	대 상품매출 450원 차 외상매출금 450원
3	입상 백임주_봉차 1,850원	입금 외상매출금 1,850원
4	거하 신성호_자본금 400원	출금 자본금 400원
5	거하 어음질_백임주 1,000원	출금 받을어음 1,000원

17일

전일고 6,323원 50전 상

포속질 입 공춘 1,875자 대금 356원 25전 ❶

홍계화 거 공춘 1,875자 대금 356원 25전

홍계화 입 통영갓 20개가 합 80원 ❷

홍계화 입 제망 5죽가 합 38원 75전

입자질 거 통영갓 20개 대금 80원

망건질 거 제망 5죽 대금 38원 75전

피물질 거 3종피물 30장가 합 90원 하 ❸

피물질 입 3종피물 30장가 합 109원 상 ❹

시재금 6,342원 50전

● 분개 해설 ●

❶ 홍계화에게 포속을 외상판매한 분개이다.

❷ 홍계화에게 통영갓과 망건을 외상 구매한 분개이다.

즉, 거래 전체적으로는 보유하던 포속을, 홍계화의 통영갓 등과 교환한 분개이다.

교환차액은 자동적으로 홍계화에 대한 외상매출금 잔액이 된다.

(제공금액 356원 25전, 취득액 118원 75전, 차액 237원 50전)

❸ 피물, 즉 가죽제품을 현금으로 구매한 분개이다.

❹ 피물을 구매 즉시 현금으로 매도한 분개이다.

취득본가와 매도가액의 차액 19원은 결산시 이익질 계정으로 증기된다.

	송도부기	현행 부기
1	입 포속질_공춘 356원 25전 거 홍계화_봉차 356원 25전	대 상품매출 356원 25전 차 외상매출금 356원 25전
2	입 홍계화_봉차 80원 입 홍계화_봉차 38원 75전 거 입자질_통영갓 80원 거 망건질_제망 38원 75전	대 외상매출금 80원 대 외상매출금 38원 75전 차 상품 80원 차 상품 38원 75전
3	거하 피물질_3종피물 90원	출금 상품 90원
4	입상 피물질_3종피물 109원	입금 상품매출 109원

18일

전일고6,342원50전 상

어음질 환입 김을선 봉금140원 상❶

심지원 환급 금770원 하❷

정무경 환입 80원❸

주물질 거 토산주 염공80원(염공: 염색가공비)

시재금5,712원50전

● 분개 해설 ●

❶ 김을선에게 1월 7일자 어음대금을 현금으로 수취한 분개이다.

❷ 심지원에게 1월 3일자 외상대금을 현금으로 지급 상환한 분개이다.

❸ 정무경에게 1월 10일자로 지급한 선급금을 주물질 본가에 가산한 분개이다.

"정무경 환입"은 선급금 잔액의 제거를 위한 것이다.

"주물질 거"는 선급금, 즉 염색비를 주물질 본가에 가산한 것이다.

이 분개는 완벽한 공업부기 분개이고, 제조원가 분개이다.

	송도부기	현행 부기
1	입상 어음질_김을선 140원	입금 받을어음 140원
2	거하 심지원_급차 770원	출금 외상매입금 770원
3	입 정무경_선급금 80원 거 주물질_토산주 80원	대 선급금 80원 차 상품 80원

* 입금 총액 23,632원 50전, 출금 총액 24,141원 50전

* 현금 잔액: −509원 (실제 현금 잔액 5,712원 50전, 최종일 분개장 잔액)

상기의 입금 총액은 급차 총액이고, 출금 총액은 비현금봉차 총액이다. 그러나 입금에서 출금을 차감한 현금 잔액이 최종일 분개장 상의 시재금 5,712원 50전과 일치하지 않는다. 단순히 이것만 보면 송도부기는 앞뒤 또는 입출이 안 맞는 부기가 된다. 그러나 이러한 오류는 후술하는 회계책에서 모두 설명이 된다. 즉, 오류를 수정하면 총입출이 일치하게 된다. 따라서 상기의 오기는 단순한 오류라고 할 수 있다.

(1) 회계책

회계책	
급차	봉차
신성호 급차금 14,600원	제일은행 당좌예금 잔액 7,150원
방인준 급차금 9,000원	공용질 봉차금 4원 50전
채급(수입)이자질 급차금 13원 50전	가사질 180원
피물이익 19원	신의식 선급금 50원
	견양지(지물질) 705원
	포속질 2,568원 75전(매매차익: 171원 25전)
	백목질 1,353원
	백삼질 90원
	주물질 2,507원(매매차익: 27원 75전 5리)
	어음질 1,900원
	기장곽질 276원
	생저질 147원(매매차익: 33원)
	잡화질 245원(매매차익: 35원)
	송경수 180원
	유신웅 207원 50전
	홍계화 237원 50전
	입자질(통영갓질) 80원
	망건질 38원 75전
	(봉차합계) 17,920원 (A)
	시재현금 5,712원 50전 (B)
(급차 합계) 23,632원 50전	(총봉차 합계) 23,632원 50전 (A+B)

송도부기 회계책의 핵심은 상기의 급차/봉차 대조표이다. 각 잔액은 장책에서 중기한 것이고, 봉차부 상품질 우단의 숫자는 각 상품의 매매차익이다. 본 회계책은 급차와 총봉차가 모두 23,632원 50전이므로, 입출 또는 대차가 일치하는 완전한 회계표이자 시산표이다. 그리고 현금 잔액을 급차(입금) 합계에서 봉차(출금) 합계를 차감한 잔액으로 산출하고, 다시 이 금액을 분개장 최종일의 현금 잔액과 비교하여 장부의 전체적인 정확성을 검증하는, 세계 최초이고 유일한 결산방법이기도 하다. 송도부기에서는 봉차를 1차 봉차와 2차 봉차로 구분한다. 1차 봉차는 비현금 봉차이고, 2차 봉차는 비현금 봉차에 현금 잔액을 가산한 금액이다. 현금도 최종적으로는 봉차이다.

아울러 현금을 계정으로 정의하지 않고도 복식으로 대차 손익을 산출한 유일한 사례이다. 송도부기에서는 현행 부기와 달리 현금을 계정으로 간주하지 않는다. 현금을 계정으로 취급하지 않는 것이 정통 정법의 부기이다. 이러한 이유로 분개장에 현금이라는 계정이 출현하지 않고 따라서 현금장책도 개설되지 않는다. 그러면 현금 잔액과 현금출납 내역은 어떻게 파악할까. 앞에서 언급한 바와 같이 송도부기는 일기장, 즉 분개장이 현금출납장을 겸하므로 일기장에서 현금출납과 현금 잔액을 산출한다.

또한 현금 잔액은 일기장이 아닌 또 다른 방법으로 회계책에서 최종적으로 그 출납 내역과 잔액이 확인된다. 즉, 이중으로 현금 잔액의 정확성을 검증한다. 상기 회계책의 급차부는 각 인명별 입금 잔액이고, 봉차부는 각 인명별 출금 잔액이다. 급차 입금 총액에서 1차 봉차 출금 잔액을 차감하면 최종 현금 잔액이 산출되는데 이것이 회계책 봉차부 하단의 시재현금 금액이다. 이 시재현금은 일기장 최하단의 현금 잔액과 일치해야 한다. 시재현금과 1차 봉차를 합산하면 총봉차가 산출되고, 이는 급차 총액과 일치해야 한다. 그러면 총입출이 일치하게 되어 완전한 회계책으로 인정되므로, 손익 및 배당 의사결정의 자료가 된다.

그리고 상기의 회계책은 채급이자질(수입이자)과 피물매매이익이라는 이익(수익)을 급차, 즉 채무로 명백하게 정의한 세계 최초의 사례이다. 또한 공용질(일반관리비)을 봉차, 즉 채권으로 정의한 세계 최초이자 유일의 사례이다. 현행 부기 시산표에서 수입이자와 매매차익 및 각종 비용은 부채 또는 자산이 아니라 그 정의가 모호한 차변 또는 대변에 기록되는 것이지, 명백하게 부채 또는 자산으로 정의되는 것은 아니기 때문이다. 특히 "공용질 봉차금

4원 50전"이라는 기록은 비용을 봉차, 즉 채권으로 명백하게 정의한 것인 바, 이는 그 회계 이론이 완벽하다는 증거이기도 하다. 각종 비용도 일단은 채권이기 때문이다.

(2) 재물기 (기말상품 재고 조사표 해설)

> 재물의 가격은 시가가 저락된 물은 저락된 가격으로 계산하되, 그 외는 시가가 고등(상승)할지라도 본가(본액, 구입원가)로 계산하느니라.

상기의 재고자산 평가방법은 1916년 당시 이 세상 어느 나라 책에도 없는 내용이다. 당시의 미국의 회계는 랜덤 회계였다. 미국의 회계가 기준을 갖게 된 것은 1929년 대공황 이후 기업의 회계정보 공시를 표준화하여 투자자에게 신뢰성 있는 투자정보를 제공해야 한다는 반성이 일어나, 1934년에 미국 증권거래위원회(SEC)가 설립되면서부터이다. 그 전에는 기업 불간섭 정책에 따라 권유는 할 수 있었지만 규제는 할 수 없었고, 정립된 회계 이론도 기준도 미약했기에 미국의 기업 회계보고서는 그야말로 기업주 마음대로였다. 다른 유럽 국가 역시 크게 다르지 않았다. 통일된 회계기준이 없었기 때문이다.

재고자산 평가시 "재물의 가격은 시가가 저락된 물은 저락된 가격으로 계산하되, 그 외는 시가가 고등(상승)할지라도 본가(본액, 구입원가)로 계산하느니라" 하는 보수주의적 원칙은 현행 부기와 송도부기가 그야말로 거의 한 자도 틀리지 않고 똑같은데, 1900년대 초반부터 미국의 증권 관련 기관에서 각 기업이 보수주의를 채택해야 할 것을 권고한 적은 있으나, 미국에서 이러한 권고가 회계기준으로, 즉 문서로 정립된 것은 1934년 이후이므로 송도부기는 그보다 최소한 20여 년 전에 그들이 취할 회계기준을 상인마다 이미 그 훨씬 이전인 조선시대부터 실천하고 있었고, 또 저술로 이 사실을 확정하여 언급하였으니, 누가 누구를 베낀 것일까.

또한 "시가가 상승할지라도 본가(원가)로 기록하느니라"는 원문은 현행 부기의 역사적 원가주의와 같은 개념인데, 이 역시 미국보다 최소한 20여 년 전에 언급된 것이니, 역사적 원가주의를 최초로 주장한 분이 현병주라는 결론이 성립한다. 즉, 송도부기의 원칙이 분개 및 결산 정리시 시가나 감정가가 아니라 오직 본가(원가)로 기록하고 잔액을 집계하는 주의, 즉 역사적 원가인 바 이 역시 미국에서 회계기준이나 회계공준이 태동하기 20여 년 전에 이미 언급된 것이니 역시 누가 누구를 베낀 것이라는 말인가.

(주의) 아래 기사 좌단의 타점은 제2의 일기책으로 전서(중기)할 때 쓰는 것이니라.

■ 재고조사표

계정	품명	원	전	리
포속질	· 경포 600필 @1.1원	660		
	· 북포 500필 @2원	1,000		
	· 안동포 150필 @3원	450		
	· 공춘 3500척 @1.8원	630		
	(포속질 합계)	(2,740)		
지물질	· 견양지(지물질) 15괴	705		
	이하 생략	…		
	(재고자산 총계)	8,297	50	5

상기의 (주의) 원문은 기말재고액을 다음 기 분개장에 개시 분개방식으로 중기 후, 이를 확인하는 표시로 타점을 하라는 뜻이다. 즉, 이 재고조사표가 회계장부 바깥에 있는 것이 아니라, 이 표의 기록사항이 다음 기 분개장으로 연결된다는 뜻이다. 다시 말하면, 이 재고조사표가 다른 장부와 동떨어진 아무 관계가 없는 기록이 아니라, 다른 장부와 일관된 논리로 연결되는 시스템적 기록이라는 의미이다. 그리고 재고 기록에도 타점을 하여 중기 여부를 확인한 세계 최초이고 유일한 사례이다. 완벽한 이론 체계이다.

이렇게 재물조사표에서조차도 타점을 실시하여, 이 재물조사표의 기록이 다음 기 일기장에 실시하는 마감 및 기초 재수정 분개 여부를 확인대조하는 것이 송도부기이니, 어느 쪽이 더 정확한 이론에 의한 부기일까.

(3) 이익질과 손익질(손익계산서의 해설)

■ 손익계산서

(A. 이익질)	원	전	리
이익문(상품매매이익금)	287		5
피물이문(피물매매이익금)	19		
이자문(수입이자)	13	50	
	319	50	5
(B. 소비질)			
공용문(판매 및 일반관리비)	4	50	
(C. 순이익금)	315		5

상기의 손익계산서에서 이익부는 상품매매이익, 피물이익, 수입이자 3개 부문으로 구성되어 있다. 피물은 구입하자마자 바로 판매한 것이므로 이를 상품매매 이익으로 간주하지 않고, 중개수수료 이익으로 간주하였기 때문에 이를 별도의 이익 항목으로 분류한 것이다.

상품매매이익은 각 상품별로 기말재고를 실제 조사한 후, 각 상품별로 매매이익을 산출하여 합산한 것이다. 각 상품별 매매이익은 아래의 방식에 따라 산출한 것이고, 그 결과인 총매매이익을 상기 손익계산서 이익질란에 기록한 것이다.

■ **상품별 매매이익 산출 내역** 화폐 단위: 리

	A. 매출액	B. 매입액	C. 기말재고	D. 매출원가 (B−C)	매매이익 (A−B+C)
포속질	1,201,250	3,770,000	2,740,000	1,030,000	171,250
주물질	2,720,000	5,227,000	2,534,755	2,692,245	27,755
생저질	470,000	617,000	180,000	437,000	33,000
잡화질	305,000	550,000	300,000	250,000	55,000
(합계)	4,696,250	10,164,000	5,754,755	4,409,245	287,005

* 매출실적이 없는 상품은 이익이 없으므로 계산대상이 아니므로 제외하였다.
* 상품별 매출액은 각 상품장책의 입금 총액이고, 매입액은 출금 총액이다.
* 상기와 같이 산출된 매매이익은 회계책의 상품질 좌단에 중기된다.
* 매매이익은 ① A－D, ② A－B+C 등의 두 가지 방식으로 산출할 수 있다.

참고로 피물질 장책과 이자질 장책을 살펴보기로 한다.

외상장책: 피물질 거 90, 입 109 → 잔액 －19원
타급장책: 이자질 피물이익 입 19원 → 잔액 19원(매매차익 19원)

피물질 장책의 잔액은 －19원이다. 백삼질, 피물질 등의 상품은 외상장책, 즉 자산장책이므로 거에서 입을 차감해야 하기 때문이다. 이 마이너스 잔액을 피물이익이라는 명칭으로 이익질로 이체한 것이 타급장책의 이자질 기록이다.

‖ 제22장 결산시 합산의 실예(손익계산서의 검증) ‖

본 장은 결산시 가장 중요한 절차이니라. 입한 이익이 어느 질에 발생하였는지 계측하여 입과 거를 정리하고, 소비된 공용질은 환상(환입)시키어 모든 입과 거가 일목요연하게 부합하여야 치부, 즉 장부, 회계의 신용(신뢰도)이 성립하느니라.

■ 결산장

갑변				을변			
계정	원	전	리	계정	원	전	리
공용질 환상(환입)	4	50		포속질 매매이익	171	25	
신성호 입 18개일 회계이익(잔액)	315		5	주물질 매매이익	27	75	5
				생저질 매매이익	33		
				잡화질 매매이익	55		
				피물이자	19		
				채급(수입)이자질	13	50	
(합계)	319	50	5	(합계)	319	50	5

결산장은 현행 부기의 손익계산서와 그 구조와 내역이 같다. 회계책 하단의 손익질 내역이 약식 손익계산서라면 결산장은 정식 세부 손익계산서에 해당된다. 회계책의 손익질에는 총합으로 표시되어 숨어 있었던 각 상품별 매매이익이 결산장에는 모두 표시된 것으로 확인할 수 있다.

그러나 현행 손익계산서와는 작성방법이 약간 다르다. 현행에서는 우변에 이익을 나열하고, 좌변에 비용을 나열한 후 그 차액을 당기순이익이라는 명칭으로 기록한다. 즉, 손익계산서 상의 당기순이익 수치가 수익에서 비용을 차감한 수치라는 것이다. 반면에 결산장에서는 이러한 계산을 하지 않는다. 당기순이익을 포함한 모든 수치가 회계책에서 중기된 것이기 때문이다. 각 매매이익은 회계책 상품질 좌단의 호산 숫자를 중기한 것이고, 공용질은 회계책 잔액을 중기한 것이다. 당기순이익은 회계책 손익질의 최종 순이익을 중기한 것이다.

즉, 결산장은 회계책 수치를 중기한 것이고, 그 자체에는 계산이 없다는 의미이다. 계산이 있다면 입/거 양방의 총액을 산출하고 이를 비교한 것 그것뿐이라고 할 수 있다. 현행 부기, 서양부기와는 매우 다른 계산법이다. 서양부기를 도입한 것이라면 나올 수 없는 계산법이다.

이렇게 결산장에서 확정된 당기순이익은 후술하는 후록복부에서 출자 자본주에게 배당으로 이체해야 하는 금액이 된다. 즉, 상기의 내역은 분개라는 정식절차에 의하여 생성된 것이 아닌 별지에 계산된 금액이다. 결산장까지의 단계에서는 아직 당기순이익이 실제로 자본주계정에 이체된 것이 아니라는 뜻이다. 자본주 이체 분개라는 정식적인 절차는 후록복부에서 다른 손익계정의 마감 및 이월 분개와 함께 이루어진다.

요약하면, 상기의 결산장 내역은 회계책의 이익질, 소비질, 그리고 순이익 금액과 일치한다. 이제 손익계산까지 검증 내지는 검산이 완료된 것이고, 결산이 완료된 것이다. 이제 이 장부 및 결산서로 배당 의사결정도 가능하고, 경영분석 등에 의한 차년도 경영전략 수립 등도 가능하다는 의미이다.

|| 제23장 후록복부(마감 및 기초 재수정 분개)의 예(3칙) ||

대정 5년 정월 19일 일기 제2권

제1권 시재현금 5,712원 50전

(1) 입 분개	(2) 거 분개
포속질 환입 2,568원 75전 (기말잔액 0처리)	포속질 거 총합 2,740원 (기초 잔액 2,740원)
지물질 입 705원 (이하 상동)	지물질 거 705원 (이하 같은 개념)
백목질 환입 1,353원	백목질 거 1,353원
백삼질 환입 90원	백삼질 거 90원
주물질 환입 2,507원	주물질 거 총합 2,534원 75전 5리
(기장곽질 환입 276원: 원문누락분 추가)	기장곽질 거 276원
생저질 환입 147원	생저질 거 180원 (매매이익 33원)
잡화질 환입 245원	잡화질 거 300원 (매매이익 55원)
입자질 입 80원	입자질 거 80원
망건질 입 38원 75전	망건질 거 38원 75전
공용질 입 4원 50전	피물질 거 전조 19원 (기말 잔액 0처리)
신성호 입 회계이익금 315원 5리 (순이익의 신성호_자본금 가산 분개)	이익질 환급 13원 50전 (기말 잔액 0처리)
입 합계: 8,330원 5리	거 합계: 8,330원 5리

복부 또는 후록복부는 다음 기 분개장이다. 따라서 상기의 분개는 두 번째 일기장, 즉 제2기 일기장에 분개한 것이다. 이 분개는 전기의 장책 중 손익 관련 계정을 마감하고, 즉 손익 관련 계정 장책의 잔액을 0원으로 만듦과 동시에 각 상품별 장책의 제2기 기초 잔액을 전기의 기말재고액으로 기입하기 위한 분개이다.

상기의 분개는 입 → 거 순서로 행한다. 포속질, 지물질 등의 입 분개는 각 상품장책의 잔액을 제거하기 위한 분개이다. 이 분개로 각 상품장책의 잔액은 0원이 된다. 공용질 입 분개는 공용질 장책 잔액을 제거하는 분개이다.

우변 포속질, 지물질 등의 거 분개는 각 상품의 잔액을 기말재고액으로 계상하기 위한 분개이다. 즉, 상품 관련 거 분개금액은 재물기에 표시된 기말재고액이다. 이 분개로 각 상품 원장의 잔액은 기말재고액으로 반영된다. 피물질 거, 이익질 환급 분개는 피물매매이익과 수입이자 장책의 잔액을 제거하기 위한 분개이다. 좌우변 분개로 손익 관련 계정 장책은 0원으로 마감되고, 동시에 각 상품의 기초 잔액은 기말재고액으로 수정된 것이다.

마감 최종 분개는 좌하단의 "신성호 입" 분개이다. 이 분개로 신성호의 자본금계정 잔액은 이 금액만큼 증액되어 다음 기 회계에 반영되는 것이다. 물론 이 직후에 신성호가 자본금을 현금으로 인출하거나 배당하는 경우에는 "신성호 거 1,000원 하" 분개로 자본금 잔액이 조정될 것이다. 따라서 이 분개는 일종의 배당선언 및 확정 분개라고 할 수 있다.

마감 분개의 결과, 입/거 모두 8,330원 5리로 동액이므로, 현금 잔액은 전기 말 잔액이자 당기 기초시재 금액인 시재현금 5,712원 50전을 유지하게 된다. 마감 분개도 입거를 일치시킨다는 점에서 송도부기 분개가 완벽한 분개임을 다시 확인할 수 있다.

상기의 분개에서 매출실적이 있는 상품은 포속질, 주물질, 생저질, 잡화질이고, 지물질, 백목질 등은 매출실적이 없는 상품들이다. 매출실적이 없는 상품은 장책 잔액이 바로 기말재고액이므로 마감 및 수정 분개가 불필요하다. 따라서 매출실적이 없는 백삼질에 대하여 "백삼질 입 90", "백삼질 거 90" 등과 같이 양방 동액으로 분개를 하든 안 하든 백삼질 90원이므로 사실상 마감 분개를 할 필요가 없다는 것이다. 본서에서는 단지 원칙적으로는 이렇게 한다는 것을 보여주기 위하여 불필요한 것까지도 분개를 한 것으로 보인다.

■ 요약 후록복부

(1) 입 분개	(2) 거 분개	매매차익
포속질 환입 2,568원 75전	포속질 거 총합 2,740원	① 171원 25전
주물질 환입 2,507원	주물질 거 2,534원 75전 5리	② 27원 75전 5리
생저질 환입 147원	생저질 거 180원	③ 33원
잡화질 환입 245원	잡화질 거 300원	④ 55원
공용질 입 4원 50전	피물질 거 전조 19원	
신성호 입 회계이익금 315원 5리	이익질 환급 13원 50전	
(입 합계: 787원 75전 5리)	(거 합계: 787원 75전 5리)	

■ 결산장

입 분개				거 분개			
공용질 환상(환입)	4	50		① 포속질 매매이익	171	25	
신성호 입 18개일 회계이익(잔액)	315		5	② 주물질 매매이익	27	75	5
				③ 생저질 매매이익	33		
				④ 잡화질 매매이익	55		
				피물이자	19		
				채급(수입) 이자질	13	50	
(합계)	319	50	5	(합계)	319	50	5

상기의 요약 후록복부는 백목질 등과 같이 동액 양방으로 분개한 기록을 제거한 것이다. 제거 후, 이를 결산장과 비교하면 양자가 같은 표라는 것을 확인할 수 있을 것이다. 즉, 포속질 환입과 거 분개를 통합하면 포속질 매매이익이라는 한 건의 분개이기 때문이다. 따라서 요약 복부의 나머지 상품질도 한 건의 분개로 통합하면 결국은 결산장과 같게 된다. 따라서 결산장은 상세 손익계산서 겸 마감 및 이월을 위한 준비작업이라고 할 수 있는 것이다.

요약하면, 마감 분개는 기말에 행하여지는 것이 아니라 결산 직후 바로 다음 기 일기장에 분개하되, 다음 기 기초잔액 이월 분개와 동시에 실시하는 특징이 있다. 즉, 전기분 장부의 마감과 다음 기 이월 분개를 동시에 실시하는 것이 송도부기 마감의 특징이며, 이 분개 역시 입거가 일치한다. 원문에서는 기장곽질 마감 분개가 누락되었으나, 기장곽질 누락분을 분개하면 상기의 후록복부와 같이 입거가 일치하는 완전한 마감 분개, 개시 분개가 된다.

송도부기의 마감 분개는 손익계정 그리고 상품계정에 한하여 이루어지고 있다. 즉 차입금, 자본금, 외상매출금 인명계정 등에 대하여는 마감 분개 및 이월 분개를 실시하지 않고 있는데, 그 이유는 굳이 마감할 필요가 없기 때문이다. 마감할 필요가 없는 이유는 이미 각 장책과 이를 중기한 회계책에 계정별 잔액이 기록되어 있으므로 기말 현재 잔액이 이미 파악되어 있고, 대차가 균등하여 잔액이 없는 계정은 결산시점에 효주(△) 기호로 잔액이 0원이라는 것을 표시한 바가 있고, 잔액이 있는 계정의 장책은 권점(○)을 기록 후, 계속 그 장책에 다음 기 발생 분개를 이어서 중기해도 되기 때문이다. 전기에 사용한 장책을 폐기하고 새 장책에 기록하고자 하는 경우에는 헌 장책에서 새 장책으로 최종 잔액을 이월하는 방식으로 새 장책으로 이월하면 되므로, 비손익 또는 미결산계정의 마감은 필수적인 절차가 아니기 때문에 굳이 기말에 마감이라는 번거로운 절차를 행할 필요가 없다고 할 수 있다.

각 상품계정 마감시 각 상품의 매매이익은 고려사항이 아니다. 매매이익은 별도의 종이에서 즉, 부기 장부 바깥에서 별도로 산출하였기 때문이다. 아래의 잡화질 장책에서 일기 제2권 마감 분개 이전의 잔액은 "거 245원"이었다. 제2분개 1의 "잡화질 입 245" 분개로 잡화질 잔액은 일단 0원이 되고, 다시 "잡화질 거 300" 분개로 제2기 잡화질 기초 잔액은 제1기 기말재고액인 300원으로 수정된다. 잡화질의 매매이익은 55원이었고, 매출원가는 250원이었지만 이런 정보는 모두 일종의 부외 정보이므로 고려할 필요가 없다. 그냥 간단하게 기존 잔액을 반대 분개로 제거하고, 다시 기말 잔액만큼 거 분개를 해주면 된다.

■ 잡화질 장책

일자	적 요	거	입	잔액
12일	박기대로부터 매입	550원		
12일	현금판매		305	거 245
	마감 분개: 잡화질 환입		245	0
	기초 이월 분개: 잡화질 거	300		거 300

그리고 피물질의 경우에는 그 장책 잔액이 "입 19원"이므로 "거 19원"이라는 반대 분개로 피물질 장책 잔액을 0원으로 하였지만, 기말재고가 없으므로 또 다른 거 분개는 없다. 또한 이익질, 즉 이자질의 경우 기말 잔액이 "입 13원 50전"이므로 역시 "거 13원 50전" 하여 이 장책을 0원으로 마무리하고 있다.

공용질 역시 "거 4원 50전" 잔액이므로 "입 4원 50전" 분개로 잔액을 0원으로 만들었다. 즉, 마감하였다. 그리고 "신성호 입 회계이익금 315원 5리"는 회계책에서 산출된 순이익을 신성호 장책, 즉 신성호 계좌에 넣기 위한 분개이다. 만약 순손실이 발생하였다면 신성호 거로 분개될 것이다. 이 분개의 결과로 신성호 계좌의 잔액, 즉 신성호 지분금액은 14,600원에서 14,915원 5리로 증가하게 된다. 이 잔액은 신성호, 즉 출자자가 현재 시점에서 인출해갈 수 있는 금액이다. 신성호(자본금) 계좌의 잔액 변동상황은 다음과 같다.

■ 신성호_자본금 계좌

일	적요	입금(대변)	출금(차변)	잔액(입-출)
1	자본금 현금수취 15,000원	15,000,000리		15,000,000
16	인출액 차감		400,000	14,600,000
19	결산이익 대체입금 가산 315원 5리	315,005		14,915,005

복부에 대하여 요약하면, 복부는 별도의 장부가 아니라 새로운 일기장(분개장)을 의미하고, 이 일기장에 전기분 장책 마감 분개 및 기초 잔액 이월 분개를 실시하는 절차까지 포함된 것이라고 할 수 있다. 현행 부기는 마감 분개를 해당 연도 또는 해당 기수의 분개장에서 실시하나, 송도부기는 다음 기 분개장에서 실시한다는 차이가 있다. 이 절차 역시 송도부기의 독자성을 보여준다. 저자인 현병주 선생이 신식 부기를 어느 정도 이해하고 있음에도 불구하고, 마감 분개를 당해 기수 분개장에서 실시하지 않고, 다음 기 분개장에서 전기분 장책의 마감과 당기분 기초 이월 분개를 동시에 실시하는 전통적이고 독자적이고 전 세계 어디에도 없는 방법을 제시한 것과, 현행 부기의 복잡한 마감 분개와 달리 간편하고 단순한 마감 분개라는 독자적인 마감방법을 제시한 것으로 보아도, 송도부기가 서양부기의 아류가 아니라 원전이라는 것을 보여주는 또 다른 증거라고 할 수 있다.

현행 부기의 마감에는 영미식과 대륙식의 두 가지가 있다. 영미식은 영국과 미국에서 사용하는 방법이고, 대륙식은 프랑스, 독일 등의 유럽 대륙에서 사용하는 방식을 의미한다.

■ 서양부기와 송도부기의 마감 및 개시방법 비교

	영미식	대륙식	송도부기
순손익의 산출	손익계정에 중기하여, 순손익 산출	영미식과 같음	이익은 이익질, 손실은 소비질에 중기하여 순손익 산출
순이익의 처리	이체 분개 후, 자본금 원장에 중기하여 자본 가감	영미식과 같음	자본주 장책에 중기하나, 분개는 다음 기에 실시
마감 분개	분개하지 않고, 원장에서 직접 마감	분개 실시. 비손익 잔액을 잔액계정에 대체 분개	다음 기 개시 분개에서 실시
개시 분개 (전기 말 잔액의 개시 분개)	없음. 각 계정 잔액을 다음 기의 해당 계정 원장에 직접 이월	분개 실시. 다음 기 분개장에 잔액계정 기사를 대체 분개 후, 각 원장에 중기	마감 및 개시 분개를 다음 기 일기장에서 실시 후, 해당 장책에 중기
장단점	모든 잔액이 모든 원장에 이월되었는지 검증 불가. 각 잔액의 이월 여부를 일일이 계정별로 확인하는 업무가 추가됨	개시 분개분과 원장중기분의 대조가 가능한 합리적인 방법이나, 복잡하여 이해도가 낮음	서양부기와 결과는 같으나, 마감 및 개시 분개를 다음 기에 실시하고, 분개장과 원장의 중기 여부를 대조확인할 수 있는 가장 논리적이고 간편한 방법임

마감 및 개시와 관련하여 영미식은 손익의 자본금 대체 외에는 분개가 없고, 대륙식은 마감 분개는 당년도에, 개시 분개는 다음 기에 실시하지만, 송도부기는 마감 및 개시 분개를 모두 다음 기 일기장에서 실시하는 참으로 독자적이고 독특한 방식을 취하고 있다. 마감 및 개시 분개만 보아도, 이렇게 독자적이고 독특하며 논리적으로 우월한 부기를 어느 부기의 아류라고 할 수 있을까. 만일 아류였다면 아류적 논리가 있을 뿐, 초월적이고 독특한 방법은 나오기 어렵다는 점에서 오히려 복식부기의 아류는 대차 분개부터 마감까지 거의 아무런 논리가 없이 매뉴얼대로만 실시되는 서양부기라고 할 수 있다.

요약하면 송도부기는 당시 약 100여 년 전 또는 기독교 전래시기에 도입된 서양부기를 표절한 것이 아니라 조선왕조 초기에 완성된 전통 복식부기를 그대로 술이부작(선현의 말씀에 후인의 개인적 판단을 추가하여 전하지 않고, 선현의 말씀을 말씀 그대로 전달하는 것)한 부기이다.

는各其意見을做出하야千差萬別로記去하는文簿가有하나俾히自己의意思를表示한者으로自己만自覺하야記憶할뿐이오그文簿로他人의게引繼하야參考케할境遇를當하면引繼者이能히解釋치못하니엇지簿記라指稱할價値가有하리오朝鮮에도價値가有한簿記式은東洋商業에先發明者된松都商業家로서曾히使用하는四介治簿法이有하야遙遙히伊太利베니스府에서發明한卽新式簿記法과符合이되야其補助簿의區別과貸借一覽表의等幾種을記入法의方式關係로差別을生하나主要簿의綱領은毫釐도不差하니라그러나今日에相當한簿記式을公衆의게普及코저할진대寧히東西에傳播되야廣傳히輸用하는新式簿記式이勿論的當하다하겟스나도리혀此는文字가不同하고圖式이複雜함으로簿記專門家를除한外이면己의意思를表示한者으로自己만自覺하야記憶할뿐이오그文簿로他人의게引繼하야參考케할境遇를當하면引繼者이能히解釋치못하니엇지簿記라指稱할價値가有하리오朝鮮에도價値가有한簿記

‖ 송도부기의 장부체계 ‖

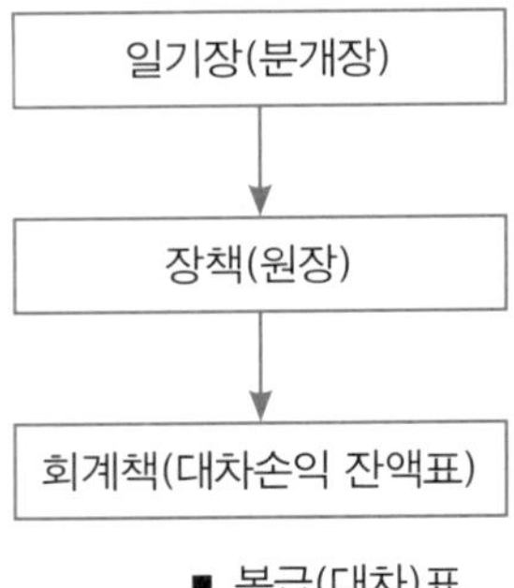

- 봉급(대차)표
- 손익계산서
- 재고조사표

송도부기의 장부체계는 상기와 같고, 각 단계별 기록 요령은 아래와 같다.

- 일기장에는 입거 방식으로 분개 기록한다.
- 일기장 기록을 각 인명별 장책의 입거란에 거듭하여 기록한다.
- 각 장책의 잔액으로 회계책을 작성하며, 회계책은 봉급손익 4개 부로 구성된다.
- 받을 돈은 봉차, 줄 돈은 급차, 손실은 손해, 이익은 이익란에 중기한다.
- 대차대조표는 회계책의 봉차/급차표로 갈음한다.
- 손익계산서는 회계책의 손해질과 이익질을 비교하여 작성한다.
- 결산장에서 순이익을 다시 한 번 세부적으로 검증하여 결산을 확정한다.
- 결산이 확정되면, 다음 기 분개장에 마감 및 이월분개를 실시한다.
- 마감 및 이월분개는 손익계정과 재고자산계정에 한하여 실시한다.

일기장과 분개

1. 현금거래의 분개방법

■ 분개예시

현금 입금: 입 현병주_차입금 1000 상

현금 지급: 거 한성전기_전기료 200 하

현금거래는 회사가 금액을 받으면 입, 주면 거로 기록한다. 금액을 주고받은 인명과 내역, 즉 인명과 과목은 상기와 같이 [현병주_차입금] 방식의 2명법으로 기록한다. 편의상 과목은 생략할 수 있으나, 인명은 생략하지 못한다. 분개기호 [입] 다음에 표시되는 인명은 입처(회사가 받은 곳)이고, 분개기호 [거] 다음에 표시되는 인명은 출처(회사가 준 곳)를 의미한다. 금액은 당연히 주고받은 금액이고, 기호 [상]과 [하]는 그 금액이 현찰임을 의미한다.

2. 이체거래의 입력방법

■ 분개예시

이체 수취: 입 현병주_차입금 2000 / 거 천일은행_보통예금 2000

이체 지급: 입 천일은행_보통예금 500 / 거 서울통신사_전화료 500

이체거래는 비현금 대체거래를 의미한다. 이체거래는 상기와 같이 그 주고받은 인명과 금액을 양방으로 나누어 기록하면 된다. 상기의 분개에서 '/'는 행 분리기호이다. 이체 분개는 반드시 입변과 거변 양방으로 기록해야 하고, 양방의 금액은 언제나 같아야 한다. 또한 양방의 금액이 같은 한 한 건의 거래를 다수의 입변과 거변으로 나누어 기록할 수 있다. 즉, 입변과 거변의 대응은 [일 대 일]뿐만 아니라 [다 대 다]로도 가능하다.

이체거래의 기록 개념은 기본적으로는 이쪽에서 받아 저쪽에 주는 방식이다. 상기의 이체 수취 분개는 회사가 현병주에게 금액을 받아, 이를 천일은행에 준 것으로 기록한 것이다. 그리고 이체지급 분개는 회사가 천일은행에서 금액을 받아, 이를 서울통신사에 전화료 조로 준 것으로 기록한 것이다. 이렇게 받아서 준 것으로 기록한 후, 이를 각 인명별 장책에 중기하면 인명별로 잔액이 산출된다. 이 인명별 잔액을 회계책에 봉급손익으로 나누어 중기하면 그것이 봉급표(대차대조표), 손익계산서가 되는 것이다.

3. 거래의 분개 총론

■ 일기장 작성 목적(분개 목적)

① 거래 사실의 원시 기록

② 장책에 중기하여 인명별 입출잔액의 산출

■ 분개 요소: 일자/입·거/입출처명칭_과목/금액/적요/상·하

① 기본 기호: 入去(入出과 동의어)

- 입: 금품을 받은 경우(현행 부기의 대변)
- 거: 금품을 준 경우(현행 부기의 차변)

② 부가기호: 上下

- 상: 현금을 수취한 경우 (현금잔액 가산)
- 하: 현금을 지급한 경우 (현금잔액 차감)

■ 분개 원칙

① 현금거래: 1행으로 분개완료

② 이체거래: 입거 양방 별행으로 분개(입·거 행의 기록순서는 임의이다.)

장책의 양식과 작성방법

1. 장책의 작성 목적: 인명별 입출잔액의 산출 후 회계책 중기

2. 장책의 양식: 입변과 거변으로 분할

- 종이를 입변과 거변으로 분할하여 기록하는 한 그 양식에는 제한이 없다.
- 즉, 입변과 거변을 좌우상하 임의의 위치에 배치해도 무방하다.
- 반드시 선을 그어야 하는 것도 아니다.
- 입변과 거변으로 나누어 기록 후, 잔액을 산출할 수 있으면 어느 방식이든 무방하다.

3. 장책의 개설: 일기장에 나타난 모든 인명에 대하여 개설

4. 장책의 작성방법

① 분개 입 → 장책의 입변에 중기

② 분개 거 → 장책의 거변에 중기

5. 장책의 잔액산출 방법

■ 계정 잔액 산출 수식

입출 구분	4개	잔액 산출 수식
출금 계정	봉차, 손실	거 – 입 (기초잔액이 있는 경우 그대로 가산)
입금 계정	급차, 이익	입 – 거 (기초잔액이 있는 경우 그대로 가산)

* 출금계정: 출금으로 잔액이 증가하는 계정
* 입금계정: 입금으로 잔액이 증가하는 계정

1. 계정

■ 계정의 분류

구분		
인명 계정	실제인명	현병주, 김두승, 송도상회, 천일은행, 탁지부 등
	의제인명	비단질, 인삼질, 가사질, 공용질, 어음질 등
과목 계정		차입금, 대여금, 지급이자, 수입이자, 여비, 식비 등

송도부기에서 계정은 인명계정과 과목계정으로 구분되지만, 인명계정이 필수 핵심계정이고, 과목계정은 그 표기를 생략해도 되는 부차적인 계정이다. 따라서 계정은 인명과 동의어이다. 그리고 인명계정은 현병주 등의 실제인명과 비단질, 홍삼질 등의 의제인명으로 구분된다.

비단질 등의 의제인명에는 원칙적으로 [질]이라는 문자를 부가해야 하지만, 실무적으로는 생략하기도 한다. 비단, 인삼뿐만 아니라 토지, 건물까지 인명으로 의제하는 이유는 회계는 인명과의 주고받음이라는 원칙에 따른 것이다. 인명이 아니면 돈을 주고받을 수 없기 때문이다.

2. 계정과 봉급손익 4괘

거래를 일기장에 분개하고, 이를 장책에 다시 옮겨 적는 이유는 계정, 즉 인명장책별로 잔액을 산출하기 위함이다. 장책에서 잔액이 산출되면, 아래의 논리에 따라 계정 또는 인명잔액을 4괘로 분리하여 회계책을 작성한다. 사실상 이것으로 회계는 거의 완료된 것이다.

- 봉급손익 판정대상: 각 장책의 잔액
- 봉급손익 판정논리: 회수 가능 여부, 상환 필수 여부

◇ 봉차(자산): 일거필입금, 회수가능액, 받을 돈

◇ 급차(부채): 일입필거금, 상환필요액. 줄 돈

◇ 손실(비용): 일거불입액, 회수불가능액

◇ 이익(수익): 일입불거액, 상환 불필요액

■ 수입/지출과 봉급손익 4개

수/지	4괘	해설
수입(입금)	급차(채무)	수입액 중 도로 줄 돈 = 급차(채무)
	이익(수익)	수입액 중 비반환액 = 이익(수익) * 수익 = 이익성 수입액(이익성 입금액)
지출(출금)	봉차(자산)	지출액 중 회수할 돈 = 봉차(채권, 자산)
	손실(비용)	지출액 중 회수불가능액 = 손실

봉급손익 4괘는 상기 표와 같이 입금과 출금이라는 양괘에서 파생된 것이다. 즉, 음양 양괘에서 봉급손익이라는 4괘가 파생된 것이다. 송도부기는 훈민정음처럼 주역의 논리에 따라 개발된 성물이다.

■ 4괘와 그 소속과목

4괘	계정과목	비고
급차(채무)	차입금, 자본금, 미지급금, 선수금 등	회사가 줄 돈
이익(수익)	상품매출액, 수입이자 등	자본 증식액
봉차(자산)	대여금, 각종 예금, 저축성보험, 미수금, 상품, 토지, 건물 등	회사가 받을 돈
손실(비용)	지급이자, 상품매출원가, 각종 경비 등	자본 감식액

* 순이익: 자본의 순증식액

봉급손익 4괘에 소속된 계정과목을 분류하면 상기의 표와 같다. 상기의 표가 보여주는 것은 자산이라는 것이 모두 받을 돈, 즉 봉차에 불과하고, 부채라는 것은 모두 줄 돈, 즉 급차에 불과하다는 것이다. 즉, 자산과 부채의 세목별 유형은 지극히 다양하지만, 이를 요약하면 봉차와 급차라는 용어로 정리된다. 따라서 자산과 부채라는 용어보다는 봉차와 급차라는 용어가 좀더 원천적이고 논리적인 용어라는 뜻이다.

즉, 보통예금 잔액이 이 과목의 배후인명인 은행에 대하여 회사가 받을 돈인 것처럼 토지질, 상품질, 건물질 잔액은 회사가 이들 항목의 배후인명인 각 질에게 받을 돈이다. 따라서 자산항목은 모두 회사가 각 질에게 받을 돈이라는 정의가 성립한다.

또한, 차입금 잔액은 그 배후인명에게 회사가 주어야 할 돈인 것처럼, 자본금은 회사가 그 배후인명에게 줄 돈이다. 자본금은 감자 또는 탈퇴시, 그리고 회사의 청산시 회사가 이들 주주, 즉 각 질에게 줄 돈이다. 자본잉여금 및 미처분이익잉여금 역시 회사가 각 과목의 배후인명에게 돌려주어야 할 돈이다. 따라서 모든 부채는 회사가 그 배후인명에게 줄 돈이라는 정의가 성립한다. 요약하면, 송도부기의 봉차 및 급차가 현행 부기의 자산 및 부채보다는 더 완벽한 용어이다.

요약하면, 우주 자연의 모든 현상이 음양 2분으로 귀결되듯이 모든 경제주체의 재무상태는 봉차와 급차, 즉 받을돈과 줄돈으로 귀결된다. 이 이상으로 완전한 분류는 없다. 송도부기의 봉차와 급차는 경제주체의 재무상태를 해명하는 가장 완전한 용어이다.

봉차와 급차라는 용어는 이 세상 그 어느 곳에도 없는 송도부기, 조선부기만의 독특하고 창의적인 용어이다. 주역·논어·맹자·묵자·사기·자치통감 등 그 어느 중국고전 문헌에도 없는 용어이다. 봉차와 급차 중 봉차라는 단어는 그 어느 나라의 사전에도 나오지 않는다. 또한, 한국 한자사전에는 급차라는 단어가 나오지만, 현행 중국어 사전이나 일본어 사전에는 나오지 않는다는 점에서 급차 역시 대손(貸損, 회수불능 채권액)이나 외상(外上)처럼 한국 고유의 단어라고 할 수 있다. 봉차와 급차라는 개념과 용어는 중국·일본뿐만 아니라 유규한 역사를 지닌 인도·이란·아랍·히브리·이집트·그리스·로마·수메르·바빌로니아 등에서도 사실상 없었던 용어이다. 물론 지금도 그 어느 나라에도 없는 용어이다. 이렇게 독창적인 논리와 개념을 지닌 송도부기가 차변과 대변 등 그 누구도 알 수 없는 암호적 용어만을 사용하는 서양부기의 아류일 수는 없다. 서양부기가 송도부기의 복사본일 뿐이다.

추가하면 숨마부기의 원장 기호인 Debitore와 Creditore는 송도부기의 봉차와 급차를 번역한 것이다. 따라서 현행부기의 원장기호인 Debtor와 Creditor 역시 송도부기에서 유래된 것이다. 그리고 숨마부기의 분개기호인 A·Per 는 송도부기의 입·거를 번역한 것이다. 단지 번역 및 전달 과정에서 그 용어의 정의가 제대로 전해지지 않아 아무도 몰랐던 것뿐이다.

회계책

■ 회계책 1부: 봉급표

2괘	계정 및 금액
급차질(입금잔액)	현병주_자본금 4,000 방인준_차입금 1,000 백신명_급차 1,000 (합계: 6,000)
봉차질(출금잔액)	공용질_관리비 700 토지질 3,100 비단질 200 (매매차익 1,600) (합계: 4,000)
현금잔액	2,000 (총봉차: 6,000)

* 비단 기말재고액: 1800
* 비단매매차익 1600 = 매출액 2800 − 매입액 3000 + 기말재고액 1800
* 비단 재고액, 매입매출액 등을 포함한 상기의 수치는 가상수치이다.

■ 회계책 2부: 손익계산서

비단질 매매차익	1,600
공용질_관리비	700
당기 순이익	900

송도부기의 회계책은 현행 부기의 시산표, 대차대조표, 손익계산서 역할을 한다. 회계책은 봉급표, 재고조사표, 손익계산서 등의 3부문으로 구성되어 있으나, 핵심은 봉급표이다. 봉급표는 봉차/급차 잔액 일람표이다. 상기와 같이 봉급표에 먼저 입금잔액인 급차를 표시한 후, 다음에 출금잔액인 봉차를 표시한다. 그리고 급차총액에서 봉차총액을 차감하여 현금 잔액을 산출하는 구조로 되어 있다. 여기서 산출된 현금잔액은 분개장 상의 결산 최종일 현금잔액과 일치해야 한다. 다르면 오류가 있는 것이므로 이를 일치시킨 후 다음 절차를 실시해야

한다.

또한, 봉차총액과 현금잔액을 합산한 총 봉차금액과 급차총액이 일치해야 한다. 일치하면 입출 또는 대차가 완전히 일치하므로 다음 단계의 작업을 실시할 수가 있다. 요약하면, 회계책에서의 입출일치 검증은 ①회계책의 현금잔액과 분개장 상의 현금잔액 비교, ②급차총액 = 봉차총액 + 현금잔액 이 두 가지 방식으로 확인된다.

입출이 일치하면 봉급표 다음 여백에 각 상품별 기말재고액을 조사 기입한다. 그 다음에는 각 상품별로 매매차익을 산출 후, 이를 봉급표 해당 상품잔액란 여백에 기록한다. 상기 예시에서는 매매차익이 1,600원으로 산출된 것으로 가정하였다. 각 상품멸 매매차익의 산출수식은 아래와 같다.

매매차익 = 상품매출액(입변금액) − 상품매입액(거변금액) + 기말재고액

손익계산서는 회계책의 부속서류에 해당된다. 재고조사 과정에서 산출된 매매차익과 공용질 등의 일반관리비를 기록 후, 이익총액에서 비용총액을 차감하여 당기순이익을 산출한다. 현행 부기와 달리 시산표를 대차대조표로 갈음하는 특징이 있으나, 회계책 봉급표 잔액 중 실상을 반영하지 않은 것은 상품관련 계정잔액뿐이고, 나머지 봉차, 급차 각 잔액은 사실상 대차대조표 금액이므로 현행 부기와 크게 다를 바가 없는 것이다.

즉, 봉급표 상의 상품계정 잔액은 각 장책의 입출차액이고 기말재고액이 아니라는 점에서 미흡한 점이 있으나, 이는 봉급표 부속명세서인 재고조사표로 바로 확인되므로 봉급표와 재고조사표를 합치면 현행 부기의 대차대조표와 큰 차이가 없게 된다. 다음에 제시하는 현행 부기방식의 재무제표와 비교하기 바란다. 다음의 표는 송도부기 회계책을 현행 부기 방식으로 변형한 것이다.

■ 현행 부기 방식의 봉급표

봉차		급차	
토지질	3,100	현병주_자본금	4,000
비단질	1,800	방인준_차입금	1,000
현금	2,000	백신명_급차	1,000
		당기순이익	900
(합계:	6,900)	(합계:	6,900)

■ 현행 부기 방식의 손익계산서

손실		이익	
공용질_관리비	700	비단매매차익	1,600
당기순이익	900		
(합계:	1,600)	(합계:	1,600)

결산장: 당기순이익의 자본주 계정이체

결산장은 회계책에서 산출된 당기순이익을 다시 한 번 수치적으로 검증하는 동시에, 이 순이익을 자본주 계정에 이체하기 위한 사전적인 절차이다. 개인사업장이든 법인사업장이든 당기순이익이 확정되면, 이를 출자 자본주의 계좌에 이체하는 분개를 실시해 주어야 한다. 자본주와 경영자가 동일인일지라도 이 분개를 실시해야 한다. 이것은 자본주와 경영자를 분리한 완벽한 회계 개념에 의한 것이다.

■ 결산장

거변	입변
③ 거 비단질_매매차익 1,600	① 입 현병주_자본금 900
	② 입 공용질_관리비 700
합계 1,600	합계 1,600

상기의 결산장에서 ②, ③의 기록은 [입 현병주_자본금 900] 분개의 내역에 해당된다. 현병주 지분을 900원 증액하는 바, 이는 매매차익 1,600원에서 관리비 700원을 차감한 금액이라는 뜻이다. 결산장에서도 입거는 동액이어야 한다. 결산장에서 출자 자본주인 현병주의 지분을 900원 증액시켜야 한다는 것이 확인된다. 결과적으로 자본주 계정총액은 결산전의 4,000원에서 900원이 증가된 4,900원으로 확정된다.

결산장은 현행 부기에는 없는 독특한 개념과 절차이다. 현행 부기에서는 개인상인의 부기든 법인기업의 부기든 모두 대차대조표와 손익계산서를 작성하는 것으로 결산이 완료된다. 그러나 이것은 99% 결산에 불과한 것이다. 실현 확정된 당기순이익을 개인상인이든 법인기업이든 각 주주의 계좌에 이체하여 이들이 회사에 갖는 지분을 증액시켜야 하기 때문이다. 만일 이 분개를 실시하지 않는다면 원칙적으로 각 주주의 지분잔액은 결산전의 잔액이므로 기말의 실상을 반영한 잔액이 아니기 때문이다.

상기의 방식은 송도부기 제1파에 해당되고, 제2파인 대한천일은행 부기에서는 확정된 당기순이익을 결산장이 아니라 각 주주에게 일일이 분개하는 방식으로 분개장에서 결산분개 방식으로 계좌이체를 실시하였다.

‖ 마감 및 이월분개 ‖

마감 및 이월은 손익계정 및 상품계정을 대상으로 실시하며, 이 작업은 결산기수의 분개장이 아니라 다음 기 분개장에 실시한다. 이는 하나의 분개장에서 마감과 이월, 개시분개 이 3가지를 한꺼번에 실시하는 효율적인 방법이 된다.

■ **마감 및 이월분개 내역**

각 계정 기말잔액 상태	처리 필요여부	분개
현병주_자본금 입 4,000	당기순이익 가산	입 현병주_회계순이익 900
방인준_차입금 입 1,000	처리 없음	
백신명_급차 입 1,000	처리 없음	
공용질_관리비 거 700	잔액제거 필요	입 공용질_관리비 700
토지질 거 3,100	처리 없음	
비단질 거 200	기말잔액 1,800으로 수정	입 비단질 200 거 비단질 1,800

■ **다음 기 일기장 분개**

① 입 현병주_회계순이익 900

② 입 공용질_관리비 700

③ 입 비단질 200

④ 거 비단질 1,800

(분개요약: 입 제좌 1,800 / 거 비단질 1,800)

상기의 분개는 다음 기 일기장에 실시한 내역이다. 분개 ①은 전년도 당기순이익을 자본주 계정에 이체한 것이다. 분개 ②는 공용질 잔액을 제거하는 분개이다. 분개 ③은 비단질 거 잔액 200을 제거하는 분개이다. 분개 ④는 비단질 잔액을 당기 초 재고액으로 계상하는 분개이다.

상기의 분개는 사실상 결산장의 내역을 일기장에 표시한 것이다. 결산장은 일종의 사전적인 절차이다. 즉, 당기순이익을 수치적으로 재확인하는 동시에, 자본주 계정에 이체할 금액과 마감 및 이월분개 항목을 사전에 파악하기 위한 절차라고 할 수 있다. 이는 결산장에 기록된 사항들이 후록복부라는 다음 기 일기장에서야 비로소 정식으로 분개되고, 그 분개 결과가 각 장책에 반영되는 것으로 확인할 수 있다.

마감 및 이월분개에서의 특징은 비손익의 순수한 채권, 채무계정에 대하여는 아무런 조치가 없다는 점인 바, 이는 이들 장책을 다음 기에도 계속 이어서 사용하기 때문이다. 그리고 손익 관련 계정에 대하여만 마감 및 이월을 하는 이유는 그렇게 하지 않으면 각 장책에 비현실적인 금액이 남아 차기의 결산에 영향을 주기 때문이다.

즉, [공용질 거 700] 잔액은 이미 소멸된 것이므로 반대분개로 제거되어야 하는 바, 이를 제거하지 않으면 다음 기에 이 잔액이 봉차질 잔액으로 처리되어 다음 기 순이익 등을 왜곡시키기 때문이다. [비단질 거 200] 잔액도 기말재고액 1,800과 일치하지 않으므로 [비단질 입 200]의 반대분개로 일단 잔액을 0원으로 만든 후, [비단질 거 1,800]으로 분개하면 정확한 잔액이 다음 기 잔액으로 계상된다. 다른 계정 역시 이와 같은 원리로 기말현재의 실상을 반영해 주는 것이 송도부기의 마감 및 이월분개 원리이다.

요약하면, 송도부기는 마감 및 이월분개를 하다 보면 저절로 당기순이익이 자본주의 계정으로 이체되어 자본주의 지분을 기말결산일 현재의 금액으로 반영해 주는 고도의 시스템이다. 그리고 동업가게와 같이 자본주가 다수인 경우에는 각 인명별 지분율에 비례하여 순이익을 이체하여 주면 된다.

당기순이익의 자본주 계정이체는 현행 부기에서는 보이지 않는 독특한 개념과 절차이다. 현행 부기에서는 개인상인의 부기든 법인기업의 부기든 모두 대차대조표와 손익계산서를 작성하는 것으로 결산이 완료된다. 그러나 이것은 99% 결산에 불과한 것이다. 실현 확정된 당기순이익을 개인상인이든 법인기업이든 각 주주의 계좌에 이체하여 이들이 회사에 갖는 지분을 증액시켜야 하기 때문이다. 만일 이 분개를 실시하지 않는다면 원칙적으로 각 주주 원장의 지분잔액은 결산전의 잔액이므로 기말결산에 따른 실상을 반영한 잔액이 아니기 때문이다. 즉, 현행부기의 결산은 불완전한 것이고, 송도부기의 결산은 완벽한 것이다.

1. 회계책의 작성

- 각 장책의 잔액을 별도의 종이에 봉급 2개로 분리하여 중기한다.
- 순수한 봉차 및 급차뿐만 아니라, 손익도 봉차 및 급차란에 중기한다.
- 즉, 손실은 봉차란에, 이익은 급차란에 중기한다.
- 현금잔액은 급차에서 봉차를 차감하여 봉차 하단에 기록한다.

2. 재물기의 작성

- 기말재고 실사 후 회계책의 하단부에 부록문서로 삽입한다.

3. 결산분개

- 송도사개치부법에서는 다음 기 기초에 실시한다.
- 천일부기에서는 당기 말에 실시한다.

4. 당기 순이익계산

- 각 상품별 장책에서 매매이익을 산출한 후 합산하여 총매매이익을 산출한다.
  ① 기말재고 없는 경우: 매매이익 = 매출액 − 매입액
  ② 기말재고 있는 경우: 매매이익 = 매출액 − 매입액 + 기말재고액

- 상품매매총이익과 수입이자 등을 회계책 하부 이익질란에 중기한다.
- 공용질 즉, 일반관리비를 회계책 하부 소비질란에 중기한다.
- 회계책의 이익질총액에서 소비질총액을 차감하여 당기순이익 총액을 산출한다.

5. 결산장의 작성

- 결산장에 각 상품별 매매차익 등의 이익과 공용질 잔액을 중기한다.
- 이익총액에서 공용질 등 소비총액을 차감하여 당기순이익을 산출한다.
- 이것은 회계책의 순이익을 검증하는 역할을 한다.

6. 대차의 확정

- 특별한 절차는 없다.
- 결산장에서 순이익이 확정되면 그것으로 손익 및 대차의 확정으로 본다.
- 회계책 잔액 중 줄돈이면 급차, 받을돈이면 봉차로 분류하는 것뿐이기 때문이다.

7. 장부의 마감

① 결산연도 일기장: 마감분개 없음

② 개시분개: 다음 기 일기장에 마감 및 개시분개 실시

- 분개장의 마감은 최종일의 현금잔액 기록으로 완료된다.
- 채권, 채무장책은 다음 기에도 계속 사용되므로 마감분개가 없다.
- 장책에는 권점(○)을 그린 후 다음 기 분개를 중기하여 사용한다.
- 장책을 바꾸는 경우에는 잔액을 새 장책의 첫 행에 중기 후에 사용한다.
- 개시분개는 마감분개를 겸한다.
- 재고자산의 분개는 마감 입금 분개로 해당 상품장책의 잔액을 0원으로 만든다.
- 이어서 기말재고액의 출금(거금)분개로 기말재고액을 다음 기 기초금액화 한다.
- 손익계정도 개시분개로 각 장책의 잔액을 0원으로 만들어 마감한다.
- 이 마감 및 이월분개시 당기순이익의 자본주 계정이체도 실시한다.

‖ 송도부기 회계원칙 ‖

1. 입거동액: 일기장 분개 및 회계책 및 결산장 등에서 적용
   - 이체거래: 반드시 입거 양방동액으로 분개 후, 등자기호로 연결하여 입거동액 확인
   - 현금거래: [입 수입이자 금액 상], [거 전기료 금액 하]등과 같이 분개 후, 현금잔액과 연동하여 사실상 입거 양방 동액으로 분개
2. 입출처 명시: 입처 또는 출처 인명이 주계정이고 과목은 2차 계정
3. 원금과 이자의 분리: 대차원금과 이자는 별도계정으로 분개 후 잔액산출
4. 역사적 원가주의: 분개시 입출금 본가(원가)로 기록
5. 보수주의(저가법): 자산평가시 가급적 저가를 선택하여 기록
6. 회계(통계)의 검증: 일기장 및 회계책에서 입거/봉급 일치로 중기의 정확성 검증
   - 회계책: 봉급합계의 일치여부 반드시 확인
   - 결산장: 역시 입거동액 확인
   - 마감 및 개시분개: 역시 입거동액으로 분개
7. 중기의 원칙: 일기장, 장책, 회계책으로 이어지는 연결 중기방식으로 결산
8. 본가 누적의 원칙: 운반비 등을 그 발생원인 상품에 가산하여 본가를 누적산출

‖ 일기장과 장책의 중기(연결) 관계 ‖

회계는 중기가 그 핵심이다. 일기장에서 장책으로, 장책에서 회계책으로, 회계책에서 손익계산서로 거듭거듭 기록하여 계정별 잔액을 산출 집계하는 것이 회계이기 때문이다. 그래서 조선왕조 실록에서는 회계 대신에 중기라는 용어도 꽤 많이 쓰였다.

다시 말해서, 이 장부에서 저 장부로 계속 옮겨 적는 것이 중기이고, 이 중기의 방법은 매우 단순하다. 그 출발 원본장부의 기록이 입이면, 목적장부의 입란에 기록하고, 거이면 거란에 기록하는 것뿐이다. 송도부기는 단순하면서도 완벽한 원칙에 따라 작성되는 봉급손익 4괘계산 시스템이다.

1. 일기장과 장책의 중기원칙

일기장의 입 → 장책의 입란에 중기

일기장의 거 → 장책의 거란에 중기

2. 일기장과 장책의 중기관계

1) 일기장

① 현금차입: 입상 방인준_차입금 10,000원 (현금잔액 +1만, 방인준 잔액 +1만)

② 현금상환: 거하 방인준_차입금 3,000원 (현금잔액 −3천, 방인준 잔액 −3천)

③ 현금 이자지급: 거하 지급이자질_방인준 1,000원 (현금잔액 −1천, 지급이자질 잔액 +1천)

2) 장책

■ 방인준_차입금 장책

입 현금 10,000원 → 일기장 분개 ①을 중기한 것이다.

거 현금 3,000원 → 일기장 분개 ②를 중기한 것이다.

잔액 7,000원 → 줄돈이므로 회계책 급차부에 중기한다.

* 장책에서 입변과 거변은 한 면의 문서를 좌우 또는 상하로 분할하여 여백을 확보한다.
* 한 면의 여백이 다 채워지면 다시 다음 면에 이월하여 기록한다. 이월시에는 새 면의 첫 행에 전면에서의 이월액을 기록한 후에 다음 거래를 기록한다.

■ **지급**이자질 장책

거 현금_방인준이자 1,000원 → 일기장 분개 ③을 중기한 것이다.

잔액 1,000원 → 회계책 봉차부 중기 후, 다시 소비질 부에 중기한다.

■ 현금 장책

원칙적으로 별도로 작성하지 않고, 일기장에서 바로 현금잔액을 산출(상액 – 하액)한다. 현금거래가 많은 은행 등에서는 별도의 현금출납장을 작성해도 된다는 뜻이다.

3. 분개장, 장책, 회계책의 중기(연결) 관계

■ 분개장

차입금 수취: 1일 입 현병주_차입금 2,000/ 거 천일은행_보통예금 2,000

차입금 상환: 2일 입 천일은행_보통예금 300 / 거 현병주_차입금 300

■ 현병주_차입금 장책

날짜	적요	입	거	잔액	기록 원천
1	회사가 차입금 수취	2,000		2,000	1일 분개의 입 중기
2	차입금 상환		300	1,700	2일 분개의 거 중기
		2,000	300		

■ 천일은행_보통예금 장책

날짜	적요	입	거	잔액	기록 원천
1	차입금 예치		2,000	2,000	1일 분개의 거 중기
2	상환용 입금	300		1,700	2일 분개의 입 중기
		300	2,000		

■ 회계책

급차	봉차
현병주_차입금 1,700 (현병주 장책잔액 중기)	천일은행_보통예금 1,700 (천일은행 장책잔액 중기)
합계 1,700	합계 1,700

‖ 거래유형별 분개방법 해설 ‖

총론

송도부기의 입/거는 현행 부기의 대/차와 완전히 일치하므로 여기에서 언급되지 않는 유형은 현행 부기 분개방법을 참고하면 된다.

거래의 유형	분개	해설
현금출자	입상 현병주_자본금	출자자 명칭으로 기록한다. HPJ 등과 같이 암호로 기록해도 된다.
(출자금 반환)	거하 현병주_자본금	앞의 분개와 방향만 달리하여 기록한다.
현금차입	입상 김두승_차입금	차입처 명칭과 과목을 기록한다. 과목은 때에 따라 생략할 수 있다.
(차입금 상환)	거하 김두승_차입금	앞의 분개와 방향만 달리하여 기록한다.
현금대여	거하 정무경_대여금	정무경은 출처다.
(대여금 회수)	입상 정무경_대여금	앞의 분개와 방향만 달리하여 기록한다.
현금경비	거하 사무용품질_서울문구	사무용 공책을 사더라도 출처를 기록하는 것이 정법이다. 그러나 소소한 금액이면 출처를 생략하고, 영수증 등의 증빙으로 갈음할 수 있다.
	거하 한국전력_전기료	출처와 과목을 기록하는 것이 정법이다.
	거하 건물주_임차료	임차료를 주더라도 건물주 명칭을 기록해야 한다.
	거하 탁지부_지급이자	탁지부는 출처다.
(경비의 환입)	입상 한국전력_전기료	전기료 초과 납부액 회수분개다.
현금이익	입상 최석조_수입이자	최석조는 입처다.
현금매입	거하 비단질_토산주	각 상품의 총명을 출처로 기록한다.
현금매출	입상 비단질_토산주	각 상품의 총명을 입처로 기록한다. 비단질이 총명이고, 토산주는 과목에 해당된다.
자산구입	거하 토지질_본점용지	토지질은 출처, 본점용지는 과목 또는 적요에 해당된다.
	거하 건물질_본점건물	건물질은 출처다.

현금예입	거하 송도은행_보통예금	송도은행은 출처이고, 보통예금은 과목이다.
현금인출	입상 송도은행_보통예금	송도은행은 입처이고, 보통예금은 과목이다.
이체수취	입 김두승_차입금 거 천일은행_보통예금	김두승에게 받아, 천일은행에 준(예치한) 분개이다.
	입 이태로_수입이자 거 천일은행_보통예금	이태로에게 받아, 천일은행에 준(예치한) 분개이다.
이체지급	입 천일은행_보통예금 거 한국전력_전기료	현금지급은 [거하 한국전력_전기료]이므로 이 분개는 현금의 입처를 추가한 분개이다.
외상매입	입 백신명_외상급차 거 비단질_토산주	백신명에게 차입하여, 비단질에게 준 분개다.
(외상대 현금지급)	거하 백신명_외상급차	백신명은 출처이다. 이 분개로 백신명 잔액은 차감되고, 현금잔액은 감소된다.
(외상대 어음지급)	입 어음질_백신명 거 백신명_외상급차	벡신명에 대한 외상채무는 제거되고, 어음채무가 증가한다.
(외상대 이체지급)	입 천일은행_보통예금 거 백신명_외상급차	천일은행은 외상대금 입처이고, 백신명은 출처다. 기호 하 대신에 입처를 기록한 것이 이체지급분개다.
외상매출	입 비단질_토산주 거 서울상회_외상봉차	비단질에게 받아, 서울상회에 (대여해) 준 것이다. 비단질은 입처이고, 서울상회는 출처다.
(외상대 현금회수)	입상 서울상회_외상봉차	서울상회는 입처다. 이 분개로 서울상회 미회수잔액 은 차감되고, 현금잔액은 가산된다.
(외상대 이체회수)	입 서울상회_외상봉차 거 천일은행_보통예금	서울상회는 입처다. 이 분개로 서울상회 미회수잔액 은 차감되고, 예금잔액은 가산된다.
(외상대 어음회수)	입 서울상회_외상봉차 거 어음질_서울상회	서울상회에 대한 외상채권은 제거되고, 어음채권이 증가한다.
카드매입	입 종로카드_카드급차 거 통영갓질_통영갓	종로카드사에서 차입하여, 통영갓질에게 준 분개다. 카드사에 대한 채무는 증가, 통영갓 잔액도 증가한다.
(카드대금 이체지급)	입 천일은행_보통예금 거 종로카드_카드급차	천일은행에서 인출입금하여, 종로카드사에 지급한 분개다. 이 분개로 예금잔액은 감소하고, 종로카드 잔액도 감소한다.
카드매출	입 포속질_안동포 거 팔달카드_카드봉차	포속질에게 매출대금을 받아, 이를 팔달카드사에 대여해준 것으로 처리한 분개다.

(카드대금 이체수취)	입 팔달카드_카드봉차 거 천일은행_보통예금	팔달카드사에서 받아, 이를 은행에 예치한 분개다. 이 분개로 팔달카드사에 대한 미회수잔액은 제거되고, 예금잔액은 증가한다.
대손상각	입 정무경_대여금 거 대손질_정무경	입변은 정무경에 대한 미회수 잔액을 회수처리한 것이고, 거변은 이를 대손이라는 비용으로 처리한 것이다.
감가상각	입 건물질-본사건물 거 감가상각질_본사건물	입변 분개로 건물질 잔액은 차감되고, 거변 분개로 당기 소모 감가상각비가 증가된다.
수수료 본가 가산	거하 비단질_구전	비단 매입 수수료를 비단질 본가에 가산하는 분개다.
염색비 본가가산	거하 비단질_염색공임	이 분개로 비단질 본가는 증가한다.
미수이자 계상	입 심지원_수입이자 거 미수이자질_심지원	입변은 당기 수익으로 가산되고, 거변은 미수이자라는 채권잔액을 증가시킨다.
(미수이자 회수)	입상 미수이자질_심지원	이 분개로 미수이자 채권잔액은 제거된다.
미지급이자 계상	입 미지급이자질_이갑술 거 지급이자질_이갑술	입변분개로 미지급이자라는 채무는 증가한다. 거변분개로 지급이자라는 당기비용은 증가한다.
선급금 계상	거하 송경수_선급금	안동포 구매를 위해 송경수에게 선급한 분개다. 이 분개로 송경수에 대한 채권은 증가한다.
(선급금의 해소)	입 송경수_선급금 거 포속질_안동포	입변 분개로 송경수에 대한 선급채권은 제거되고, 거변분개로 포속질 잔액은 증가한다.
(선급금의 손실처리)	입 송경수_선급금 거 대손질_선급금	선급금을 주었으나 이를 물품 또는 현금으로 회수하지 못하게 된 경우의 분개다.
선수금의 계상	입상 궁내부_선수금	궁내부로부터 홍삼 대금을 선수한 분개다.
(선수금의 해소)	입 홍삼질_홍삼 거 궁내부_선수금	입변 분개로 홍삼질 매출액은 증가하고, 거변 분개로 궁내부 선수금은 제거된다.
경비의 자산처리	입 건물주_임차료 거 건물주_선급임차료	이 분개의 선행분개는 [거하 임차료] 분개다. 임차료 지급액 중 기말현재 선급분이 있으면, 좌측의 입변분개로 미경과분을 제거하여, 당기 비용에서 차감하고, 동시에 미경과분을 선급임차료로 계상해야 한다.
자산의 등가교환	입 자동차질_소나타 거 비단질_토산주	입변은 매각입금분이고, 거변은 수취출금분이다. 자동차는 제공, 비단은 수취항목이다.
자산의 부등가 교환	입 자동차질_소나타 거 비단질_토산주 거하 비단질_토산주	제3행은 제공한 자동차가 더 저가인 경우, 차액을 현금으로 지급한 분개다.

는各其意見을做出하야千差萬別로記去하는文簿가有하나僅히自己의意思를表示한者으로自己만自覺하야記憶할뿐이오그文簿로他人의게引繼하야參考케할境遇를當하면引繼者이能히鮮釋치못하나엇지簿記라指稱할價値가有하리오朝鮮에도價値가有한簿記式은東洋商業에先發明者된松都商業家로서曾히使用하는四介治簿法이有하야遙遙히伊太利베니스府에서發明한即新式簿記法과符合이되야其補助簿의區別과貸借一覽表의等幾種은記入法의方式關係로差別을生하나主要簿의綱領은毫釐도不差하니라그러나今日에相當한簿記式을公衆의게普及코저할진대寧히東西에傳播되야廣博히輸用하는新式簿記式이勿論的當하다하겟스나도리혀此는文字가不同하고圖式이複雜함으로簿記專門家를除한外이면己의意思를表示한者으로自己만自覺하야記憶할뿐이오그文簿로他人의게引繼하야參考케할境遇를當하면引繼者이能히鮮釋치못하나엇지簿記라指稱할價値가有하리오朝鮮에도價値가有한簿記

주의사항

❶ 금액은 원/전/리 단위(1원=100전, 1전=10리)이다.
따라서 100.239원은 100원 23전 9리이다.

❷ 현금거래 분개기호인 입상/ 거하를 입금/ 출금으로 표기하고자 한다.

❸ 대체분개는 입변=대변, 거변=출변=차변이므로 이를 대차로 병기하고자 한다.

❹ 전표번호는 일자 단위이고, 번호가 같은 것은 대체거래다.

❺ 후술하는 장책, 회계책 등은 수작업으로 중기하여 작성한 것이다.

❻ 아래의 분개 내역 그대로 엑셀 또는 현행 부기 프로그램에 입력하되, 입금과 출금은 그대로 입력하고, 이체거래는 입을 대변에, 출을 차변에 입력하면 완전한 송도부기 장표를 작성할 수 있다.

‖ 일기장 ‖

■ 1916년 1월 1일부터 1월 18일까지

일	전표번호	구분	계정	입금액	출금액	적요
1	1	입금	신성호	15,000,000		자본금 15000원 현금수취
1	2	출금	제일은행		8,500,000	당좌예금 8500원 예치출금
1	3	출금	공용질		1,500	공책대 현금지급
1	4	출금	가사질		150,000	토지가 현금지급
1	5	출금	가사질		30,000	본점 수리비 현금지급
1	6	입금	방인준	2,000,000		방인준 차입금 현금수취
1	7	출금	신의식		50,000	물품대 선급금 현금지급
2	1	입(대)	권예득	705,000		권예득에게 지물_견양지 외상매입
2	1	출(차)	지물질		705,000	
2	2	출금	권예득		400,000	권예득에게 외상일부 현금지급
2	3	입(대)	어음질_권예득	305,000		권예득 외상을 어음으로 대체
2	3	출(차)	권예득		305,000	
3	1	입(대)	심지원	770,000		심지원에게 포속 외상매입
3	1	출(차)	포속질		770,000	
4	1	입(대)	백신명	1,350,000		백신명에게 백목 외상매입
4	1	출(차)	백목질		1,350,000	
4	2	입(대)	제일은행	1,350,000		백목대금을 수표로 이체지급
4	2	출(차)	백신명		1,350,000	
4	3	출금	백목질		3,000	백목 운반비 현금지급
5	1	출금	백삼질		90,000	백삼 현금매입
6	1	입(대)	이갑술	4,000,000		이갑술에게 주물 외상매입
6	1	출(차)	주물질		4,000,000	
6	2	입(대)	이갑술	3,000,000		이갑술에게 포속 외상매입
6	2	출(차)	포속질		3,000,000	
6	3	입(대)	방인준	7,000,000		방인준에게 차입하여 이갑술 외상대 지급
6	3	출(차)	이갑술		7,000,000	
7	1	입(대)	주물질	140,000		김을선에게 주물 외상판매
7	1	출(차)	김을선		140,000	

7	2	입(대)	김을선	140,000		김을선 외상을 받을어음으로 대체
7	2	출(차)	어음질		140,000	
8	1	입(대)	주물질	900,000		최병규에게 주물 외상판매
8	1	출(차)	최병규		900,000	
8	2	입(대)	최병규	900,000		최병규에게 외상대로 어음수취
8	2	출(차)	어음질		900,000	
8	3	출금	주물질		7,000	주물질 판매구전 현금지급
9	1	입(대)	주물질	280,000		안정옥에게 주물 외상판매
9	1	출(차)	안정옥		280,000	
9	2	입(대)	안정옥	273,000		안정옥에게 기장곽 외상매입
9	2	출(차)	기장곽질		273,000	
9	3	입금	안정옥	7,000		안정옥에게 교환차액 7원 현금수취
9	4	출금	기장곽질		3,000	기장곽 운반비 현금지급
10	1	출금	주물질		1,140,000	주물 현금매입
10	2	출금	정무경		80,000	정무경에게 염색공임 현금으로 선급
11	1	출금	생저질		589,000	생저 현금매입
11	2	출금	생저질		8,000	생저 매입구전 현금지급
11	3	입(대)	생저질	20,000		생저를 현물로 표백비로 지급
11	3	출(차)	생저질		20,000	
12	1	입(대)	포속질	550,000		포속을 잡화와 동가로 교환
12	1	출(차)	잡화질		550,000	
12	2	입금	잡화질	305,000		잡화 현금판매
12	3	출금	어음질_권예득		305,000	권예득 어음 현금상환 지급
13	1	입(대)	포속질	180,000		송경수에게 포속 외상판매
13	1	출(차)	송경수		180,000	
13	2	출금	공용질		3,000	냉면가 현금지급
14	1	입(대)	포속질	115,000		유신웅에게 포속 외상판매 (실제 일기장 150원은 오기)
14	1	출(차)	유신웅		115,000	
14	2	입금	유신웅	57,500		유신웅 외상대 일부 현금수취
15	1	출금	유신웅		150,000	유신웅에게 현금대여
15	2	입금	수입이자질	13,500		유신웅 대여이자 현금수취
16	1	입(대)	주물질	1,400,000		백임주에게 주물 외상판매
16	1	출(차)	백임주		1,400,000	

16	2	입(대)	생저질	450,000		백임주에게 생저 외상판매
16	2	출(차)	백임주		450,000	
16	3	입금	백임주	1,850,000		백임주 외상대 현금으로 수취
16	4	출금	신성호		400,000	출자자의 자본금 인출
16	5	출금	어음질		1,000,000	백임주에게 어음받고 대여지급
17	1	입(대)	포속질	356,250		홍계화에게 포속 외상판매
17	1	출(차)	홍계화		356,250	
17	2	입(대)	홍계화	80,000		홍계화에게 입자 외상매입
17	2	출(차)	입자질		80,000	
17	3	입(대)	홍계화	38,750		홍계화에게 망건 외상매입
17	3	출(차)	망건질		38,750	
17	4	출금	피물질		90,000	피물 현금매입
17	5	입금	피물질	90,000		피물 현금매도 본가제거
17	6	입금	피물이익	19,000		피물 매매이익
18	1	입금	어음질	140,000		김을선 어음 현금수취
18	2	출금	심지원		770,000	심지원 외상대금 현금지급
18	3	입(대)	정무경	80,000		정무경 선급급을 주물질로 대체
18	3	출(차)	주물질		80,000	
합계				43,865,000	38,152,500	현금잔액 5,712,500 (5,712원 50전)

급차장책 및 봉차장책

1. 급차 장책

■ 신성호

일	적 요	입금(대변)	출금(차변)	잔액
1	자본금 현금수취	15,000,000		15,000,000
16	자본금 인출		400,000	14,600,000

■ 방인준

일	적 요	입금(대변)	출금(차변)	잔액
1	현금수취	2,000,000		2,000,000
6	이갑술 외상대지급 위한 어음차입	7,000,000		9,000,000

■ 권예득

일	적 요	입금(대변)	출금(차변)	잔액
2	지물(견양지) 외상매입	705,000		705,000
2	현금지급		400,000	305,000
2	지급어음으로 대체		305,000	0

■ 심지원

일	적 요	입금(대변)	출금(차변)	잔액
3	포속 외상매입	770,000		770,000
18	포속 외상대 현금지급		770,000	0

■ 백신명

일	적 요	입금(대변)	출금(차변)	잔액
4	백목 외상매입	1,350,000		1,350,000
4	백목 외상대 수표로 지급		1,350,000	0

■ 어음질_권예득

일	적 요	입금(대변)	출금(차변)	잔액
2	외상매입금과 대체차입	305,000		305,000
12	현금지급		305,000	0

■ 이갑술

일	적 요	입금(대변)	출금(차변)	잔액
6	주물 외상매입	4,000,000		4,000,000
6	포속 외상매입	3,000,000		7,000,000
6	주물 및 포속가를 방인준 어음으로 지급		7,000,000	0

■ 수입이자질

일	적 요	입금(대변)	출금(차변)	잔액
15	현금수취, 유신웅 선이자	13,500		13,500

■ 피물이익

일	적 요	입금(대변)	출금(차변)	잔액
17	피물 매매차액 현금수취	19,000		19,000

2. 봉차 장책

■ 제일은행

일	적 요	입금(대변)	출금(차변)	잔액
1	현금으로 예치		8,500,000	8,500,000
4	백목대 이체지급 위한 인출입금	1,350,000		7,150,000

■ 공용질

일	적 요	입금(대변)	출금(차변)	잔액
1	현금지급, 공책대		1,500	1,500
13	현금지급, 냉면가		3,000	4,500

■ 가사질

일	적 요	입금(대변)	출금(차변)	잔액
1	용지대금 현금지급		150,000	150,000
1	본점 수리비 현금지급		30,000	180,000

■ 신의식

일	적 요	입금(대변)	출금(차변)	잔액
1	물품대 현금으로 선급		50,000	50,000

■ 백삼질

일	적 요	입금(대변)	출금(차변)	잔액
5	현금매입		90,000	90,000

■ 주물질

일	적 요	입금(대변)	출금(차변)	잔액
6	이갑술에게 외상매입		4,000,000	4,000,000
7	김을선에게 외상판매	140,000		3,860,000
8	최병규에게 외상판매	900,000		2,960,000
8	판매구전 현금지급		7,000	2,967,000
9	안정옥에게 외상판매	280,000		2,687,000
10	현금매입		1,140,000	3,827,000
16	백임주에게 외상판매	1,400,000		2,427,000
18	정무경에게 염색공임 현물지급 (원문 장책에서는 누락되었다.)		80,000	2,507,000

■ 김을선

일	적 요	입금(대변)	출금(차변)	잔액
7	주물 외상대금		140,000	140,000
7	주물 외상대금 어음으로 수취	140,000		0

■ (받을)어음질

일	적 요	입금(대변)	출금(차변)	잔액
7	김을선 외상대로 수취		140,000	140,000
8	최병규 외상대로 수취		900,000	1,040,000
16	백임주 외상대로 수취		1,000,000	2,040,000
18	김을선 어음 현금수취	140,000		1,900,000

■ 최병규

일	적 요	입금(대변)	출금(차변)	잔액
8	주물 외상대금		900,000	900,000
8	주물 외상대금 어음으로 수취	900,000		0

■ 안정옥

일	적 요	입금(대변)	출금(차변)	잔액
9	안정옥에게 외상판매		280,000	280,000
9	안정옥의 기장곽 대금과 상계	273,000		7,000
9	주물과 기장곽 교환차액 현금수취	7,000		0

■ 지물질

일	적 요	입금(대변)	출금(차변)	잔액
2	권예득에게 견양지 외상매입 (기말재고 반영 전의 잔액이며, 이하의 상품 역시 같다.)		705,000	705,000

■ 포속질

일	적 요	입금(대변)	출금(차변)	잔액
3	심지원에게 외상매입		770,000	770,000
6	이갑술에게 외상매입		3,000,000	3,770,000
12	잡화와 교환 환입	550,000		3,220,000
13	송경수에게 외상판매	180,000		3,040,000
14	유신웅에게 외상판매	115,000		2,925,000
17	홍계화에게 외상판매	356,250		2,568,750

■ 백목질

일	적 요	입금(대변)	출금(차변)	잔액
4	백신명에게 외상매입		1,350,000	1,350,000
4	백목 운반비 현금지급		3,000	1,353,000

■ 기장곽질

일	적 요	입금(대변)	출금(차변)	잔액
9	안정옥과 주물교환 매입		273,000	273,000
9	기장곽 운반비 현금지급		3,000	276,000

■ 정무경

일	적 요	입금(대변)	출금(차변)	잔액
10	염색공임 현금선급		80,000	80,000
18	선급금의 주물질 대체용 환입	80,000		0

■ 생저질

일	적 요	입금(대변)	출금(차변)	잔액
11	현금매입		589,000	589,000
11	매입구전 현금지급		8,000	597,000
11	생저 표백비 지급용 환입	20,000		577,000
11	생저 표백비 현물로 지급		20,000	597,000
16	백임주에게 외상판매	450,000		147,000

■ 잡화질

일	적 요	입금(대변)	출금(차변)	잔액
12	포속과 교환매입		550,000	550,000
12	현금판매	305,000		245,000

■ 송경수

일	적 요	입금(대변)	출금(차변)	잔액
13	포속 외상판매 대금		180,000	180,000

■ 유신웅

일	적 요	입금(대변)	출금(차변)	잔액
14	포속 외상판매 대금		115,000	115,000
14	포속 외상대 일부 현금수취	57,500		57,500
15	현금 대여		150,000	207,500

■ 백임주

일	적 요	입금(대변)	출금(차변)	잔액
16	주물 외상판매 대금		1,400,000	1,400,000
16	생저 외상판매 대금		450,000	1,850,000
16	주물 및 생저 외상대 회수	1,850,000		0

■ 홍계화

일	적 요	입금(대변)	출금(차변)	잔액
17	포속 외상판매 대금		356,250	356,250
17	입자 외상매입 대금과 상계	80,000		276,250
17	망건 외상매입 대금과 상계	38,750		237,500

■ 입자질-통영갓

일	적 요	입금(대변)	출금(차변)	잔액
17	포속과 교환매입		80,000	80,000

■ 망건질

일	적 요	입금(대변)	출금(차변)	잔액
17	포속과 교환매입		38,750	38,750

■ 피물질

일	적 요	입금(대변)	출금(차변)	잔액
17	현금매입		90,000	90,000
17	현금판매 본가 제거	90,000		0

1. 인명기준 회계책

(二) 봉차질 (출금, 차변)			(一) 급차질 (입금, 대변)		
계정	원	전	계정	원	전
제일은행 당좌예금	7,150		신성호 자본금	14,600	
공용질 봉차금	4	50	방인준 급차금	9,000	
가사질	180		수입이자질 급차금	13	50
신의식	50		피물이익	19	
지물질	705				
포속질 (이익 171.25원)	2,568	75			
백목질	1,353				
백삼질	90				
주물질 (이익 2777.5원)	2,507				
어음질	1,900				
기장곽	276				
생저질 (이익 33원)	147				
잡화질 (이익 55원)	245				
송경수	180				
유신웅	207	50			
홍계화	237	50			
입자질	80				
망건질	38	75			
시재현금	5,712	50			
(봉차 합계)	23,632	50	(급차 합계)	23,632	50

* 화폐단위: 1전 = 10리, 1원 = 100전

2. 회계책_과목+인명

봉차(거변, 출금변, 차변)				급차(입변, 입금변, 대변)			
과목	인명	원	전	과목	인명	원	전
당좌예금	제일은행	7,150		차입금	방인준	9,000	
선급금	신의식	50		출자금	신성호	14,600	
외상매출금	송경수	180		수입이자	이자질	13	50
	유신웅	207	50	매매이익	피물이익	19	
	홍계화	237	50				
받을어음	어음질	1,900					
상품	지물질	705					
	포속질	2,568	75				
	백목질	1,353					
	백삼질	90					
	주물질	2,507					
	기장곽질	276					
	생저질	147					
	잡화질	245					
	입자질	80					
	망건질	38	75				
건물	가사질	180					
일반경비	공용질	4	50				
시재현금	시재현금	5,712	50				
(합계)	23,632	50		(합계)		23,632	50

결산서

■ 손익계산서

소비질				이익질			
계정	**원**	**전**	**리**	**계정**	**원**	**전**	**리**
공용비	4	50		포속질 매매이익	171	25	
당기순이익	315		5	주물질 매매이익	27	75	5
				생저질 매매이익	33		
				잡화질 매매이익	55		
				피물이익	19		
				수입이자	13	50	
(합계)	319	50	5	(합계)	319	50	5

＊각 상품별 매매이익은 별지에서 상품별로 산출하였다. 자세한 내역은 제2편 심층해설을 참조하기 바란다.

■ 대차대조표_과목 기준

봉 차				급 차			
과목	**원**	**전**	**리**	**과목**	**원**	**전**	**리**
당좌예금	7,150			차입금	9,000		
선급금	50			자본금	14,600		
외상매출금	625			당기순이익	315		5
받을어음	1,900						
상품	8,297	50	5				
건물	180						
시재현금	5,712	50					
(합계)	23,915	00	5	(합계)	23,915	00	5

＊상품계정의 금액은 재고자산 총액이다.

■ 대차대조표_과목+인명

봉 차					급 차				
과목	인명	원	전	리	과목	인명	원	전	리
당좌예금	제일은행	7,150			차입금	방인준	9,000		
선급금	신의식	50			자본금	신성호	14,600		
외상매출금 (합계 625)	송경수	180			당기순이익	신성호	315		5
	유신웅	207	50						
	홍계화	237	50						
받을어음	어음질	1,900							
상품 (합계 8297.50.5)	지물질	705							
	포속질	2,740							
	백목질	1,353							
	백삼질	90							
	주물질	2,534	75	5					
	기장곽질	276							
	생저질	180							
	잡화질	300							
	입자질	80							
	망건질	38	75						
건물	가사질	180							
시재현금	시재현금	5,712	50						
	(봉차 합계)	23,915	00	5		(급차 합계)	23,915	00	5

제5편

회계 프로그램에 의한 송도부기의 증명

송도부기의 정통성과 정법성은 현행부기 프로그램에서도 충분히 증명 가능하다. 즉, 현행부기 차대변 방식의 프로그램에서도 송도 사개치부법의 예제를 수정 없이 그대로 입력하여 증명 가능하다. 현행부기 프로그램으로 송도부기 실습예제를 입력하는 절차는 다음과 같다.

❶ 계정과목 테이블의 과목 등록사항을 인명으로 바꾼다.

- 대부분의 현행부기 프로그램에는 대여금, 차입금 등의 과목이 미리 등록되어 있다.
- 기존에 등록된 과목을 지우거나 수정한다.
- 등록된 과목명칭을 신성호, 방인준, 백임주, 정무경 등의 인명으로 변경하여 등록한다.
- 제일은행, 가사질, 공용질, 지물질, 주물질, 백목질, 백삼질, 채급이자(수입이자), 피물이문(피물매매차익) 등도 인명이므로 이들도 인명으로 등록한다.
- 현행부기에서는 과목의 속성을 미리 대차손익으로 지정하여 등록한다.
  즉, 차입금은 부채, 토지·건물 등은 자산으로 미리 지정한다.
- 그러나 원칙적으로 송도부기에서는 계정의 봉급손익 속성을 미리 지정하지 않는다.
- 따라서 현행부기 프로그램에 맞추기 위해서는 상기의 인명에 대하여 대차손익 속성을 지정하여 계정으로 등록해야 한다.
  - 부채계정 : 신성호(출자자), 방인준, 권예득어음질, 권예득, 심지원, 백신명, 이갑술
  - 이익계정 : 채급이자, 피물이문, 포속질매매차익 등 각상품별 매매차익질
  - 자산계정 : 제일은행, 가사질, 어음질, 포속질 등의 상품질, 송경수, 유신옹, 홍계화
  - 비용계정 : 공용질
- 즉, 신성호·방인준·심지원 등의 차입인명은 부채로 등록하고, 제일은행·가사질·각 상품질·외상매출인명·대여인명 등은 자산으로 등록한다. 그리고 공용질은 비용으로 등록하고, 채급이자·피물이문 및 각상품별매매차익 등은 이익계정으로 등록하여야 한다.
- 각 상품별매매차익 계정은 송도부기 분개장에는 출현하지 않고, 결산장에만 출현하는 계정이다. 이 계정은 송도부기방식이든 현행부기 방식이든 수기장부에서는 굳이 사용

하지 않아도 되지만 컴퓨터 프로그램에서는 필요하므로 이들 계정은 이익으로 등록되어야 한다.

- 현금 계정은 현행부기 대부분의 프로그램에서 [101 현금]으로 등록되어 있다.
  - 송도부기 분개에서는 현금이라는 계정이 사용되지 않는다.
  - 즉, 사용하지 않는 계정이므로 현금이라는 명칭을 그대로 두어도 무방하다.
  - 또는 기존 프로그램의 현금계정을 X 라는 계정으로 변경하고, 이 X를 현금으로 간주해도 된다.
  - 입력 후 회계표, 현금출납장 등에서 X 계정잔액과 실제 현금잔액이 일치하는 것을 확인할 수 있을 것이다.
  - 상기의 원리에 대하여는 다음 권에서 설명하고자 한다.
- 예제에 출현하는 인명계정의 대차손익 분류 내역은 후술하는 회계표를 참조하기 바란다.

❷ 현금거래는 현행부기의 입금과 출금 코드를 그대로 사용한다.

- 현금수취 거래 [입 현병주_자본금 1000 상]은 [입금 현병주 1000]으로 입력한다.
- 현금지급 거래 [출 유신웅_대여금 500 하]는 [출금 유신웅 500]으로 입력한다.
- 그리고 자본금, 대여금 등의 과목은 거래처란에 입력하거나 적요란에 입력한다.
  - 거래처란에 입력하려면 자본금 등의 과목에 번호를 부여해야 한다.
  - 이렇게 과목을 거래처란에 입력하면 추후 인명별 과목별로 입출내역을 파악할 수 있다.
  - 과목을 적요란에 입력하는 경우에는 인명별 원장만 작성되므로, 과목별 입출내역까지 파악하려면, 별도로 수기작업을 해야 한다.

❸ 대체거래, 즉 이체거래는 입변과 거변 양방동액으로 입력한다.

- 현행부기 프로그램의 분개코드인 차변과 대변을 거변과 입변으로 바꾼다.
  - 프로그램 소스를 바꿀 수 없는 경우에는 차변과 대변을 거변과 입변으로 간주하면 송도부기와 같게 된다.
  - 즉, 차변=거변(출변), 대변=입변 이다.
- 필자가 개발한 태극회계 프로그램에서는 이해도 제고를 위하여 편의상 차변을 이체지출,

대변을 이체수입으로 정의하여 입력하였으나, 이체지출과 이체수입이라는 용어를 차변·대변, 입변·거변, 음변·양변, X변·Y변, 남편·여편, 반작용변·작용변, 천변·지변, 파치올리변·현병주변, △변·○변 등으로 바꾸어 입력해도 대차손익은 정확하게 산출된다.

· 이체지출은 비현금지출을, 이체수입은 비현금수입을 의미한다.

· 따라서 차변=거변=이체지출변, 대변=입변=이체수입변 이다.

❹ 송도부기 실습예제는 1월 18일까지만 일일 거래가 기록되어 있으므로, 결산분개 일자는 1월 19일로 정하여 입력한다.

❺ 입력 후 독자들이 확인해야 할 사항은 아래와 같다.

- 회계표(시산표)의 입출 또는 입거·대차 일치 여부
- 손익계산서 상의 순이익과 대차대조표 상의 순이익 동액여부
- 대차대조표의 대차 일치 여부
- 각 계정원장의 최종잔액과 손익계산서 및 대차대조표 계정잔액의 일치여부
- 수기로 산출한 현금잔액과 회계 프로그램에 의한 현금잔액의 일치여부

❻ 요약하면, 인명에 대한 계정분류 및 등록, 그리고 실습예제의 입력은 다음 페이지부터 제시하는 회계표와 분개장을 참조하여 실시하면 보다 편리할 것이다. 그리고 송도사개치부법 예제 입력 시에는 절대로 현금이라는 계정과목을 사용하지 않는데 유의하여야 한다. 현금이라는 계정은 정통, 정법의 부기에서는 쓸 수가 없는 계정이기 때문이다.

❼ 다음의 분개장 및 회계표 화면 등은 필자가 개발하여 농가에 보급 운영중인 태극회계 프로그램에 송도부기 실습예제를 입력 후 그 결과를 표시한 화면이다. 이미 설명한 바와 같이 현금거래는 입거가 아니라 현금입금과 현금출금이라는 기호를 사용하였고, 대체거래 분개 시에는 이체지출과 이체지출이라는 기호를 차변과 대변 대신에 사용하였다. 나머지는 현행 부기 입력방법과 모두 같다.

분개장 입력화면

태극회계 Ver 1.9.2 (작업회사 : 006-인명) - [분개장입력]

파일 분개장 통계출력표 경영진단 기초자료관리 연구소정보 영농일지 매입/매출관리 세금계산서 명함관리 일정관리 사용방법

종료 우편번호 분개장 회계표 월별손익 현금출납부 과목원장 거래처원장 결산서 거래처등록 자료관리 사용설명서

거래일자 2010년 10월 26일 화요일 작목, 계정과목, 거래처코드 조회시 해당칸에서 'F2'를 누르십시요. 입력예제 입력 도우미 계정 체계도 ?

C	월	일	거래구분	계정번호	입금	출금	거래처	적요
	01	01	2.현금입금	230 신성호	15,000,000			출자입금
	01	01	1.현금출금	104 제일은행		8,500,000		당좌예입 출금
	01	01	1.현금출금	401 공용질		1,500		공책값 출금
	01	01	1.현금출금	152 가사질		150,000		상점용지 출금
	01	01	1.현금출금	152 가사질		30,000		본점수리비 자산처리 출금
	01	01	2.현금입금	209 방인준	2,000,000			임치금(차입금) 입금
	01	01	1.현금출금	121 신의식		50,000		한양목 선급금 출금
	01	02	1.현금출금	210 권예득		400,000		견양지 현금지급
	01	02	4.이체수입	207 권예득어음	305,000			권예득 외상을 어음으로 변경
	01	02	3.이체지출	210 권예득		305,000		권예득 외상 해소
	01	02	4.이체수입	210 권예득	705,000			권예득에게 외상매입
	01	02	3.이체지출	131 지물질		705,000		견양지 외상 구매
	01	03	4.이체수입	211 심지원	770,000			심지원에게 포속 외상매입
	01	03	3.이체지출	132 포속질		770,000		포속 외상 구매
	01	04	4.이체수입	212 백신명	1,350,000			백신명에게 백목 외상매입
	01	04	3.이체지출	133 백목질		1,350,000		백목 외상구매
	01	04	4.이체수입	104 제일은행	1,350,000			백신명 외상 이체 지급
	01	04	3.이체지출	212 백신명		1,350,000		백신명 외상대지급
	01	04	1.현금출금	133 백목질		3,000		백목운반비 원가가산 출금
	01	05	1.현금출금	134 백삼질		90,000		백삼 현금매입 출금
	01	06	4.이체수입	214 이갑술	4,000,000			이갑술에게 주물 외상매입
	01	06	3.이체지출	135 주물질		4,000,000		주물 외상 구매
	01	06	4.이체수입	214 이갑술	3,000,000			포속 이갑술에게 외상매입
	01	06	3.이체지출	132 포속질		3,000,000		포속 외상 구매
	01	06	4.이체수입	209 방인준	7,000,000			방인준에게 어음차입
	01	06	3.이체지출	214 이갑술		7,000,000		이갑술에게 주물.포속가 지급
	01	07	4.이체수입	135 주물질	140,000			주물 외상매출
	01	07	3.이체지출	122 김을선		140,000		김을선에게 외상제공액
	01	07	4.이체수입	122 김을선	140,000			김을선 외상회수
	01	07	3.이체지출	112 받을어음		140,000		김을선 외상을 어음으로 변경
	01	08	4.이체수입	135 주물질	900,000			최병규에게 주물 외상판매
	01	08	3.이체지출	123 최병규		900,000		최병규 외상제공액
	01	08	4.이체수입	123 최병규	900,000			최병규 외상매출금 회수
	01	08	3.이체지출	112 받을어음		900,000		최병규 외상매출금 어음으로 변경
	01	08	1.현금출금	135 주물질		7,000		주물 구전 원가가산 출금
	01	09	4.이체수입	135 주물질	280,000			안정옥에게 주물 외상판매
	01	09	3.이체지출	124 안정옥		280,000		안정옥 외상제공액
	01	09	4.이체수입	124 안정옥	273,000			안정옥 외상회수
	01	09	3.이체지출	136 기장곽질		273,000		안정옥 외상 기장곽으로 회수
	01	09	1.현금출금	136 기장곽질		3,000		기장곽 운반비 원가가산 출금
	01	09	2.현금입금	124 안정옥	7,000			안정옥 교환차액 입금

전표조회 금액을 콤마 없이 입력하십시오. 복사(C) 삭제(D) 인쇄(P) Excel(E) 종료(X)

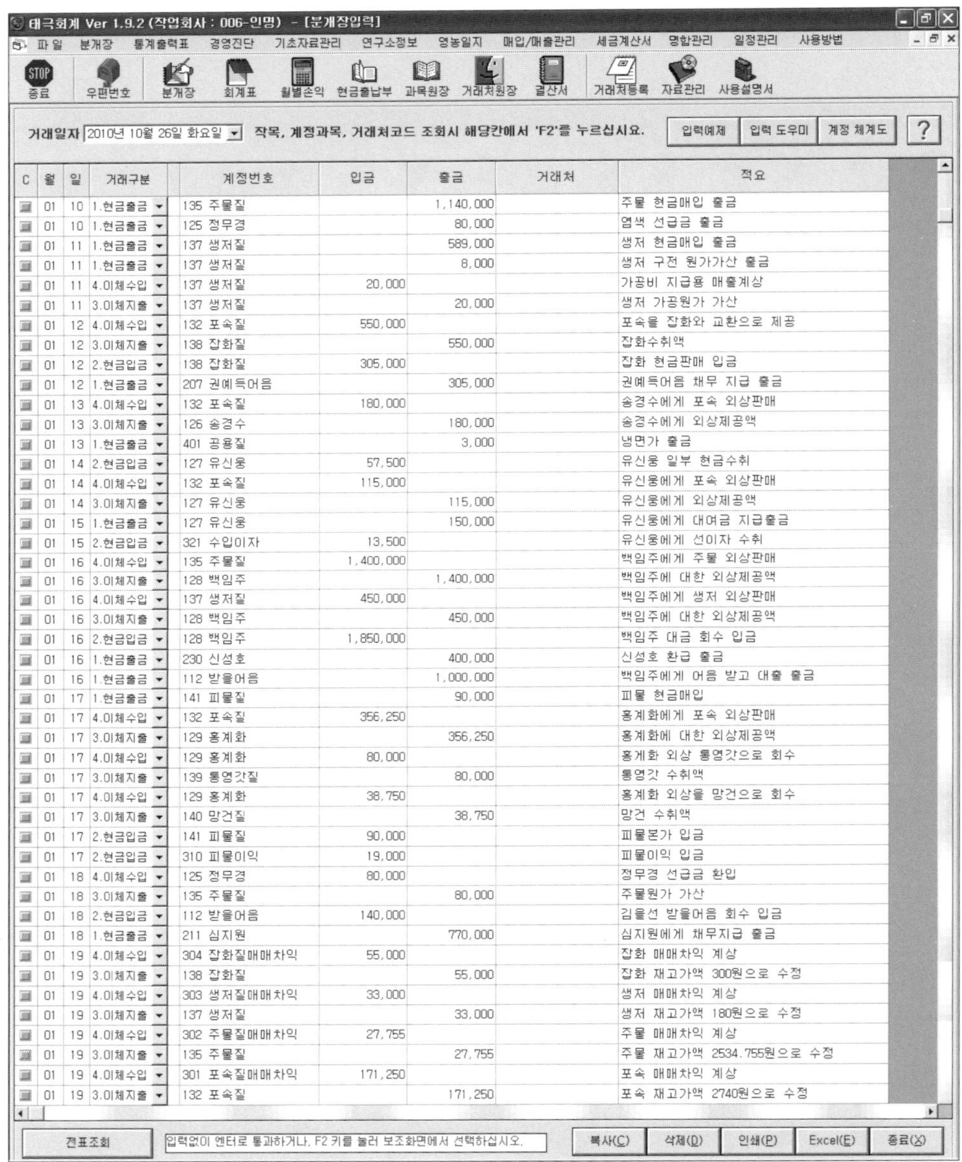

C	월	일	거래구분	계정번호	입금	출금	거래처	적요
	01	10	1.현금출금	135 주물질		1,140,000		주물 현금매입 출금
	01	10	1.현금출금	125 정무경		80,000		염색 선급금 출금
	01	11	1.현금출금	137 생저질		589,000		생저 현금매입 출금
	01	11	1.현금출금	137 생저질		8,000		생저 구전 원가가산 출금
	01	11	4.이체수입	137 생저질	20,000			가공비 지급용 매출계상
	01	11	3.이체지출	137 생저질		20,000		생저 가공원가 가산
	01	12	4.이체수입	132 포속질	550,000			포속을 잡화와 교환으로 제공
	01	12	3.이체지출	138 잡화질		550,000		잡화수취액
	01	12	2.현금입금	138 잡화질	305,000			잡화 현금판매 입금
	01	12	1.현금출금	207 권예득어음		305,000		권예득어음 채무 지급 출금
	01	13	4.이체수입	132 포속질	180,000			송경수에게 포속 외상판매
	01	13	3.이체지출	126 송경수		180,000		송경수에게 외상제공액
	01	13	1.현금출금	401 공용질		3,000		냉면가 출금
	01	14	2.현금입금	127 유신웅	57,500			유신웅 일부 현금수취
	01	14	4.이체수입	132 포속질	115,000			유신웅에게 포속 외상판매
	01	14	3.이체지출	127 유신웅		115,000		유신웅에게 외상제공액
	01	15	1.현금출금	127 유신웅		150,000		유신웅에게 대여금 지급출금
	01	15	2.현금입금	321 수입이자	13,500			유신웅에게 선이자 수취
	01	16	4.이체수입	135 주물질	1,400,000			백임주에게 주물 외상판매
	01	16	3.이체지출	128 백임주		1,400,000		백임주에 대한 외상제공액
	01	16	4.이체수입	137 생저질	450,000			백임주에게 생저 외상판매
	01	16	3.이체지출	128 백임주		450,000		백임주에 대한 외상제공액
	01	16	2.현금입금	128 백임주	1,850,000			백임주 대금 회수 입금
	01	16	1.현금출금	230 신성호		400,000		신성호 환급 출금
	01	16	1.현금출금	112 받을어음		1,000,000		백임주에게 어음 받고 대출 출금
	01	17	1.현금출금	141 피물질		90,000		피물 현금매입
	01	17	4.이체수입	132 포속질	356,250			홍계화에게 포속 외상판매
	01	17	3.이체지출	129 홍계화		356,250		홍계화에 대한 외상제공액
	01	17	4.이체수입	129 홍계화	80,000			홍계화 외상 통영갓으로 회수
	01	17	3.이체지출	139 통영갓질		80,000		통영갓 수취액
	01	17	4.이체수입	129 홍계화	38,750			홍계화 외상을 망건으로 회수
	01	17	3.이체지출	140 망건질		38,750		망건 수취액
	01	17	2.현금입금	141 피물질	90,000			피물본가 입금
	01	17	2.현금입금	310 피물이익	19,000			피물이익 입금
	01	18	4.이체수입	125 정무경	80,000			정무경 선급금 환입
	01	18	3.이체지출	135 주물질		80,000		주물원가 가산
	01	18	2.현금입금	112 받을어음	140,000			김을선 받을어음 회수 입금
	01	18	1.현금출금	211 심지원		770,000		심지원에게 채무지급 출금
	01	19	4.이체수입	304 잡화질매매차익	55,000			잡화 매매차익 계상
	01	19	3.이체지출	138 잡화질		55,000		잡화 재고가액 300원으로 수정
	01	19	4.이체수입	303 생저질매매차익	33,000			생저 매매차익 계상
	01	19	3.이체지출	137 생저질		33,000		생저 재고가액 180원으로 수정
	01	19	4.이체수입	302 주물질매매차익	27,755			주물 매매차익 계상
	01	19	3.이체지출	135 주물질		27,755		주물 재고가액 2534.755원으로 수정
	01	19	4.이체수입	301 포속질매매차익	171,250			포속 매매차익 계상
	01	19	3.이체지출	132 포속질		171,250		포속 재고가액 2740원으로 수정

회계표

태극회계 Ver 1.9.2 (작업회사 : 006-인명) - [회계표]

파 일 분개장 통계출력표 경영진단 기초자료관리 연구소정보 영농일지 매입/매출관리 세금계산서 명함관리 일정관리 사용방법

종료 우편번호 분개장 회계표 월별손익 현금출납부 과목원장 거래처원장 결산서 거래처등록 자료관리 사용설명서

조회일자 2010년 1 월 19일 화요일 조회(O) ?

계정과목	기초잔액	입금	출금	잔액
(자산)				23,915,005
(101) 현금	0	13,769,500	19,482,000	5,712,500
(104) 제일은행	0	1,350,000	8,500,000	7,150,000
(112) 받을어음	0	140,000	2,040,000	1,900,000
(121) 신의식	0	0	50,000	50,000
(122) 김을선	0	140,000	140,000	0
(123) 최병규	0	900,000	900,000	0
(124) 안정옥	0	280,000	280,000	0
(125) 정무경	0	80,000	80,000	0
(126) 송경수	0	0	180,000	180,000
(127) 유신웅	0	57,500	265,000	207,500
(128) 백임주	0	1,850,000	1,850,000	0
(129) 홍계화	0	118,750	356,250	237,500
(131) 지물질	0	0	705,000	705,000
(132) 포속질	0	1,201,250	3,941,250	2,740,000
(133) 백목질	0	0	1,353,000	1,353,000
(134) 백삼질	0	0	90,000	90,000
(135) 주물질	0	2,720,000	5,254,755	2,534,755
(136) 기장곽질	0	0	276,000	276,000
(137) 생저질	0	470,000	650,000	180,000
(138) 잡화질	0	305,000	605,000	300,000
(139) 통영갓질	0	0	80,000	80,000
(140) 망건질	0	0	38,750	38,750
(141) 피물질	0	90,000	90,000	0
(152) 가사질	0	0	180,000	180,000
(부채)				23,600,000
(207) 권예득어음	0	305,000	305,000	0
(209) 방인준	0	9,000,000	0	9,000,000
(210) 권예득	0	705,000	705,000	0
(211) 심지원	0	770,000	770,000	0
(212) 백신명	0	1,350,000	1,350,000	0
(214) 이갑술	0	7,000,000	7,000,000	0
(230) 신성호	0	15,000,000	400,000	14,600,000
(수익)				319,505
(301) 포속질매매차익	0	171,250	0	171,250
(302) 주물질매매차익	0	27,755	0	27,755
(303) 생저질매매차익	0	33,000	0	33,000
(304) 잡화질매매차익	0	55,000	0	55,000
(310) 피물이익	0	19,000	0	19,000
(321) 수입이자	0	13,500	0	13,500
(비용)				4,500
(401) 공용질	0	0	4,500	4,500
(입 출 합 계)		57,921,505	57,921,505	

원장조회(V) 인쇄(P) Excel(E) 종료(X)

* 230 신성호 계정은 자본금 계정이지만, 송도부기의 원칙에 따라 부채계정으로 분류하였다.

대차대조표(1기말 현재)

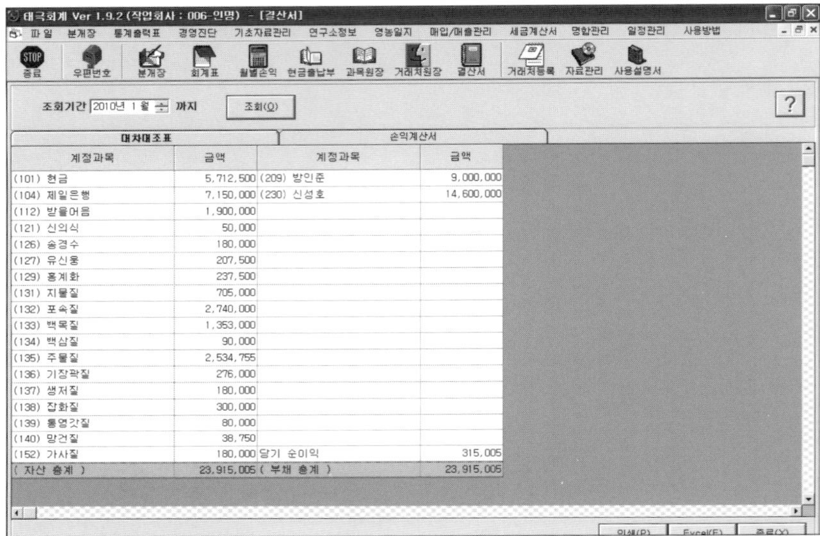

조회기간 2010년 1 월 까지

계정과목	금액	계정과목	금액
(101) 현금	5,712,500	(209) 방인준	9,000,000
(104) 제일은행	7,150,000	(230) 신성호	14,600,000
(112) 받을어음	1,900,000		
(121) 신의식	50,000		
(126) 송경수	180,000		
(127) 유신웅	207,500		
(129) 홍계화	237,500		
(131) 지물질	705,000		
(132) 포속질	2,740,000		
(133) 백목질	1,353,000		
(134) 백삼질	90,000		
(135) 주물질	2,534,755		
(136) 기장곽질	276,000		
(137) 생저질	180,000		
(138) 잡화질	300,000		
(139) 통영갓질	80,000		
(140) 망건질	38,750		
(152) 가사질	180,000	당기 순이익	315,005
(자산 총계)	23,915,005	(부채 총계)	23,915,005

손익계산서(제1기)

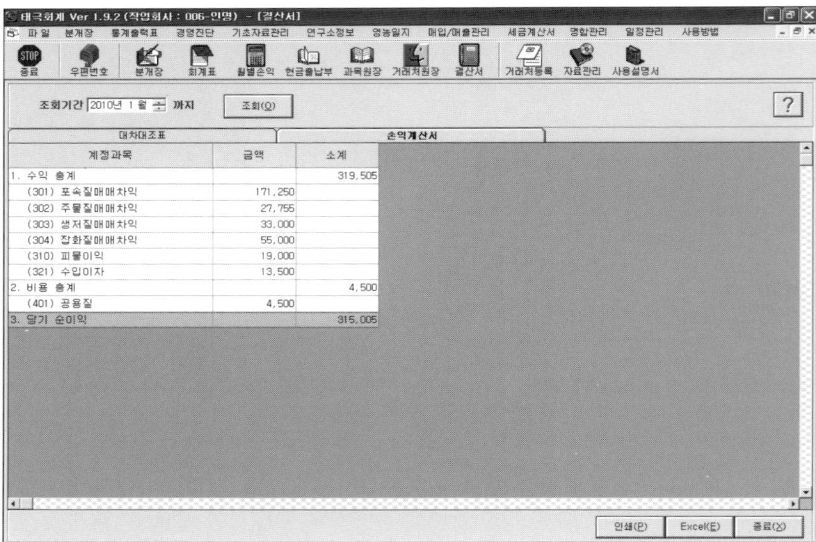

조회기간 2010년 1 월 까지

계정과목	금액	소계
1. 수익 총계		319,505
(301) 포속질매매차익	171,250	
(302) 주물질매매차익	27,755	
(303) 생저질매매차익	33,000	
(304) 잡화질매매차익	55,000	
(310) 피물이익	19,000	
(321) 수입이자	13,500	
2. 비용 총계		4,500
(401) 공용질	4,500	
3. 당기 순이익		315,005

는各其意見을做出하야千差萬別로記去하는文簿가有하나惟히自己의意思를表示한者으로自己만自覺하야記憶할뿐이오그文簿로他人의게引繼하야參考케할境遇를當하면引繼者이能히鮮釋치못하니엇지簿記라指稱할價値가有하리오朝鮮에도價値가有한簿記式은東洋商業에先發明者된松都商業家로서暫히使用하는四介治簿法이有하야遙遙히伊太利베니스府에서發明한即新式簿記法과符合이되야其補助簿의區別과貸借一覽表의等幾種은記入法의方式關係로差別을生하나主要簿의綱領은毫釐도不差하니라그러나今日에相當한簿記式을公衆의게普及코저할진대寧히東西에傳播되야廣博히輪用하는新式簿記式이勿論的當하다하겟스나도리혀此는文字가不同하고圖式이複雜함으로簿記專門家를除한外이면己의意思를表示한者으로自己만自覺하야記憶할뿐이오그文簿로他人의게引繼하야參考케할境遇를當하면引繼者이能히鮮釋치못하니엇지簿記라指稱할價値가有하리오朝鮮에도價値가有한簿記

송도부기는 입변과 거변, 즉 대변과 차변을 별행으로 분개하였다. 이러한 분개는 지금도 그 어느 나라의 수기 장부에서 볼 수 없는 독창적이고 완전한 분개기록이다. 분개를 별행으로 하는 것은 현재도 디지털 분개인 전산회계에서만 실시할 뿐, 수기 장부에서는 실시하거나 예시로 드는 경우가 없기 때문이다. 즉, 송도부기가 입거 별행으로 분개한 것은 현행 부기의 전산회계와 일치하는 것인 바, 이는 송도부기가 처음부터 완전한 음양 디지털 부기방식으로 만들어졌다는 것을 의미한다. 이는 세계 최초이고, 지금도 수기 장부에서는 그 사례가 없는 독창적이고 독존적인 것이다.

송도부기에는 현금계정이 없다. 현금계정이 없어도 현금잔액을 매 일자별로 완벽하게 산출했다. 송도부기는 현금계정 없이 현금잔액을 산출하는 세계 유일의 복식부기 시스템이다. 현금계정이 없어도 현금잔액뿐만 아니라 대차손익 모두 정확하게 산출하는 이 세상 유일의 완전한 복식부기 시스템이다. 현금계정 없이 현금잔액과 대차손익을 산출한다는 것은 그 회계이론이 완전하다는 것이다. 즉, 도의 경지에 이른 것이다. 이것은 종이 없는 책에 글을 쓰는 격이고, 다리 없는 강을 걸어서 건너 가는 격이라고 할 수 있다. 또한 소리 없는 소리를 듣는 격이고, 모양 없는 모양을 보는 격에 해당된다.

별행분개 및 현금계정의 부존재뿐만 아니라 회계의 정의, 봉급손익의 정의, 입거상하 분개 기호, 인명으로 의제하는 질 기호, 열기 및 효주 기호, 증가 변의 상부 고정 방식의 장책(원장) 등 다수의 사례에서 송도부기의 독창성, 독존성을 확인할 수 있다. 다음의 표에 열거된 거의 대부분의 사례는 현재 이 지구상에 없는 방식이거나 세계 최초의 방식들이다.

지금도 이 세상에 없고, 또 다른 나라에 있는 것보다 송도부기가 더 먼저인데, 그럼에도 불구하고 송도부기가 서양부기의 아류이거나 기독교 전래시기에 도입된 것이라고 할 수 있을까. 현재에도 없고, 현재보다 먼저 나온 것이 후발된 것을 모방했다고 주장하는 것은 할아버지를 보고 손자 닮았다고 말하는 것만큼이나 어리석은 일이다.

복식부기는 준 돈과 받은 돈을 분개 단계에서부터 양방으로 일치시켜 기록하면, 분개를 집계한 회계책에서도 입거, 즉 봉차와 급차가 일치하게 된다. 분개에서 입거 일치가 회계책에서는 봉급일치가 된다. 입거일치와 봉급일치는 같은 말이다. 분개를 누적 집계한 표인 회계책에서 봉급이 일치하지 않으면 과거의 기록은 잘못된 것이다. 즉, 어느 한 곳 또는 그 이상의 곳에서 준 돈과 받은 돈이 일치하지 않게 기록했다는 뜻이다. 따라서 사실상 최종 집계표인 회계책에서 봉급의 일치를 확인해야 한다. 확인 후에 그 다음 단계로서 기업에 가장 중요한 업무단계인 손익계산으로 진행한다. 손익계산 내역을 요약하여 회계책 하부에 표시하고 다시 결산장에서 1차로 산출된 순이익의 정확성을 검증한다. 이것이 송도부기의 기록 및 집계 시스템이다.

다시 말해서 송도부기는 분개 단계에서 입출을 일치시키고, 다시 집계단계인 회계책에서 입거 또는 봉급일치를 확인한 후에야 손익을 계산하는 완벽한 복식부기 시스템이라는 것이다. 순이익을 두 번에 걸쳐 검증해가면서 산출할 정도로 정밀하고 치밀한 계산 시스템이다.

물론 봉차, 급차, 즉 자산과 채무는 회계책 잔액으로 더 이상의 조치 없이 파악한다. 회계책 잔액 중 손익에 영향을 미치는 계정만을 추출하여 손익계산을 실시하고, 산출된 순이익을 정확히 지분비례 또는 계약대로 각 출자자에게 입금시켜 주는 것이 송도부기이다.

지금으로부터 1,300여 년 전인 서기 7세기 후반에 원효 성사(聖師)는 백고좌회에 실계승이라는 이유로 초청을 받지 못한 적이 있었다. 그 얼마 후 황룡사에서 원효대사가 불법에 대하여 강연을 하자, 강연장에 모인 왕후장상을 비롯한 서라벌의 대중들은 모두가 선재善哉!, 선재善哉!(좋아! 좋아! 최고야! 최고야!)라고 외치며 열광했다고 한다. 그러자 대사는 이렇게 읊으셨다고 한다.

> 昔日採百椽時 雖不預會 今朝橫一棟處 惟我獨能
> 석일채백연시 수불예회 금조횡일동처 유아독능
>
> 지난날 서까래를 백 개 구할 때에는 내 비록 끼지 못했지만,
> 오늘 아침 한 개의 대들보를 놓는 데에는 나만 홀로 가능할 뿐이로다.

송도부기는 원효 성사의 말씀처럼 유아독능, 유아독존한 회계 시스템이다. 송도부기는 단순히 먼저 것, 원본 부기라 하여 중요한 것이 아니다. 천지지도(天地之道)가 음양오행(陰陽

五行), 즉 음양 4괘의 조화일 뿐이라는 훈민정음 해례본의 말씀처럼, 음양 4괘라는 완전한 이론적 기반 위에서 이루어진 진정한 복식계산 시스템이라는 데에 그 중요성이 있는 것이다.

송도부기는 기업뿐만 아니라 가정, 국가 등 모든 경제주체의 경제상태, 즉 재무상태를 완벽하게 표현할 수 있는 유일한 계산 시스템이다. 가정이든 국가든 이들 경제주체의 재무상태 역시 2분하면 봉급, 4분하면 봉급손익을 벗어나지 않기 때문이다. 즉, 가계부도 국가회계도 모두 송도부기에 의하여 복식으로 결산할 수 있다는 뜻이다.

현행 회계 이론은 기업회계에 적용하기에도 부족한 것이지만, 세금수입이라는 강제성 수입을 주수입으로 하는 국가회계에는 더더욱 적용하기 곤란한 저차원의 회계이론이다. 즉, 현행 회계 이론으로는 국가의 조세수입이 수익인지 무엇인지에 대한 정의가 없다. 이러한 정의가 없다는 것은 현행 회계 이론으로는 국가회계 업무를 할 수 없다는 뜻이기도 하다. 그러나 송도부기 이론을 적용하면 쉽고도 간단하게 해결된다.

- 조세수입액: 일입불거액, 따라서 국가의 이익 또는 수익
- 국고보조금 지급액: 일거불입액, 따라서 국가의 손실 또는 비용
- 결손처분액: 조세채권의 회수불가 확정액, 따라서 국가의 손실 또는 비용

국가 역시 기업이나 가계와 마찬가지로 봉급손익이 발생하는 경제주체의 하나에 불과하다. 따라서 국가 역시 일반 경제주체의 회계이론이 적용된다. 다만, 일반 경제주체와 달리 조세수입이라는 강제성 수입을 주수입원으로 하는 단체라는 차이만이 존재한다. 이 조세수입 또는 세금수입은 송도부기의 원리에 따르면 일입불거액이므로 이익 또는 수익에 해당된다. 또한 국가가 저소득층 및 농가 등에 비회수 조건으로 지급하는 각종 보조금은 일거불입이므로 손실 또는 비용에 해당된다. 결손처분액은 국가가 받을 세금의 회수 불가능액이므로 국가의 손실로 처리되어야 한다. 그리고 국가의 채권, 채무, 손익거래 등은 일반 경제주체와 그 속성이 같은 것이므로 여태까지 설명한 입거 분개와 집계방법이 그대로 적용된다.

반대로 세금을 납부하는 일반 경제주체의 경우, 세금납부액은 일거불입액이므로 손실로 처리되어야 하고, 국고보조금을 수취하는 경우에는 일입불거액이므로 이익 또는 수익으로

처리되어야 한다. 그러면 두 경제주체간에 준 돈과 받은 돈이 일치하고, 이는 작용과 반작용의 값이 일치하는 경우와 같다.

가계 역시 국가나 기업과 다를 바가 없는 경제주체이므로, 가계부도 얼마든지 복식부기 방식으로 기록하고 봉급손익을 집계하여 재무제표를 작성할 수 있다. 요약하면 가계, 기업, 국가 그 어느 경제주체의 회계든 근거이론을 송도부기로 할 때에 모든 것이 쉽게 해결된다. 송도부기의 독창성, 독존성에 대한 사례와 근거를 요약하면 아래와 같다.

■ **송도부기의 독창성과 독존성 사례**

사례	해설
1. 회계의 정의	회계는 봉급합산이다. 회계는 회사(경제주체)의 줄돈, 받을돈을 계산하는 것이다. 이렇게 회계를 간단하고도 완전하게 정의한 것은 세계 최초이다.
2. 봉급손익의 정의	봉차: 입거필입액, 급차: 일입필거액 손실: 일거불입액, 이익: 일입불거액 역시 대차손익을 간단하고도 완전하게 정의한 것은 세계 최초이다. 경제주체의 재무상태를 봉차와 급차, 즉 내가 받을돈과 내가 줄돈으로 2분한 것 역시 그 어느 나라에도 없는 독특하고도 초월적인 분류법이다.
3. 별행분개	입 현병주_차입금 1,000 거 천일은행_당좌예금 1,000 (서양식: 차변 천일은행_당좌예금 1,000/ 대변 현병주 차입금 1,000) 송도식 입거 별행 분개는 수기 장부에서는 지금도 그 어느 나라 회계교재에 없는 독창적인 것이다. 1960년대에 전산 프로그램 회계가 개발되기 전까지는 유일무이한 것이었다.
4. 현금계정의 부존재	송도부기는 현금계정 없이도 현금잔액을 정확히 산출하는 유일한 복식부기이다. 현금계정 없이도 대차손익을 완전히 결산하는 복식부기는 이 세상에 없다. 그야말로 완전한 회계 시스템이다.
5. 분개장의 현금출납장 겸용	송도부기의 일기장(분개장)은 현금출납장을 겸한다. 즉, 일기장에서 현금잔액을 산출한다. 송도부기는 이렇게 분개장이 현금출납장을 겸용해도 대차손익이 완벽하게 파악되는 세계 최초, 유일의 부기 시스템이다. 이러한 부기는 과거에도 없었고, 지금도 없다.

6. 현금잔액의 다중확인	현금잔액을 일자별로 분개장에서 산출 확인하고, 최종적으로는 회계책에서 급차총액에서 봉차총액을 차감하는 방식으로 최종일 분개장의 현금잔액과 다시 한 번 산출 및 확인대조하였다. 이 역시 세계 유일이고, 최초의 방법이다.
7. 입거 기호	분개기호 입/거 역시 그 어느 나라에도 없는 것이다. 지금도 없고, 이 세상에 있는 분개기호 중 가장 명백하고, 논리적이고 이해가 쉬운 완전한 기호이다.
8. 상하 기호	분개 보조 기호인 상하 역시 상기와 같다. 입거, 상하 기호 모두 그 어느 나라 용어보다 이해가 쉽고, 논리가 완벽하다.. 입: 회사가 받은 경우 거: 회사가 준 경우 상: 회사가 현금으로 받은 경우, 현금잔액 가산 하: 회사가 현금으로 준 경우, 현금잔액 차감 현행 부기는 입금거래는 [입금 차입금 1,000]으로 완료된다. 그러나 송도부기는 [입금 차입금 1,000 상]으로 완료된다. 즉, 상이라는 기호는 현금잔액을 가산하라는 신호이다. 하는 차감 신호이다. 이 상하 신호에 의하여 현금잔액이 증감된다. 그러나 현행 부기는 이런 연결 신호 없이 그냥 현금잔액을 가감한다. 즉, [입금 차입금] 분개는 차입금 원장 대변과 현금원장 차변에 중기되지만, 그 중기에 대한 논리적 근거가 보이지 않는다. 그러나 [입 차입금 상] 분개는 차입금 원장의 입변에 중기됨과 동시에 현금잔액은 증가되는 논리적 연결관계를 갖는다.
9. 분개 용어의 다양성	기본 용어인 입거 외에, 환입/대입, 채급/환급/방/직방/급 등의 다양한 용어를 사용하였다. 어떤 경우에는 입거가 아니라 아예 급차, 봉차 등으로 분개하기도 하였다. 분개 기호가 다양하다는 것은 분개 그리고 회계의 본질을 알기 때문이다. 이렇게 회계 용어가 다양한 부기는 오직 송도부기뿐이다. 그 어느 나라의 부기에서 분개용어는 오직 차변/대변 2개뿐이다. 서양부기를 그대로 도입한 일본과 중국에서 차변과 대변이라는 틀에 박힌 용어만 사용하는 것과는 극명한 대조를 이룬다.
10. 등자 기호	한 건의 거래를 입행과 거행으로 별행 분개 후, 이를 연결한 등자기호 역시 세계 그 어느 나라에도 없는 것이다.
11. 질 기호	인삼질 등과 같이 상품, 토지, 건물 등 비인명을 인명으로 간주하는 기호이다. 이러한 기호는 전 세계 그 어디에도 없다. 회계의 본질을 인명간의 거래로 정의한 완벽한 이론체계 하에서 도출된 용어이다.
12. 열기(才) 기호	분개장에서 대차관계가 소멸된 분개기록에 표시하는 기호이다. 역시 그 어느 나라에도 없는 기호이다.

13. 효주(△) 기호	장책(원장)에서 대차관계가 소멸된 계정에 표시하는 기호이다. 역시 그 어느 나라에도 없는 기호이다.
14. 장책의 입거 위치자유	원장에서 입변과 거변을 반대로도 배치하였다. 즉, 계정 속성에 따라 증가변이 입변이면 입변을 상부에, 증가변이 거변이면 거변을 상부에 배치하여 누구라도 상에서 하를 차감하여 계정잔액을 할 수 있게 하였다. 이 방식 역시 그 어느 나라에도 없는 독창적인 방법이다.
15. 인명과 과목 2명 계정 표기	입 현병주_자본금, 입 방인준_임치금 등과 같이 계정을 린네의 2명법 방식으로 기록하는 것을 원칙으로 하였다. 역시 지금도 그 어느 나라에도 없는 방법이다.
16. 공업부기(제조원가) 분개	입 정무경_염색공임 20 거 비단질_토산주 20 상기의 분개는 정무경에게 선급한 염색비를 비단질 원가에 가산한 분개이다. 서양에서 공업부기는 1887년에 출현하였다. 송도부기는 사실상 완벽한 원가계산 분개를 세계최초로 실시한 것이다.
17. 자본금의 급차(채무) 정의	자본금 잔액을 회계책 급차부에 기록하여, 자본금이 채무라는 것을 명백히 표시하였다. 이는 현재에도 그 어느 나라에도 없는 방법이다. 현행 부기 시산표에서 자본금은 채무변이 아니라 그 정의가 모호한 대변에 기록되는 것이지 그 정의가 명백한 채무변에 기록되는 것이 아니기 때문이다.
18. 현금 및 가사질의 봉차(자산, 채권) 정의	현금 및 가사질(토지 및 건물계정) 등을 회계책의 봉차부, 즉 자산부에 기록한 것도 세계 최초이다. 현행 부기 시산표에서는 이들 계정이 그 정의가 모호한 차변에 계상되는 것이지, 그 정의가 명백한 자산부에 기록되는 것이 아니기 때문이다.
19. 공용질의 봉차(자산, 채권) 정의	공용질을 회계책의 봉차부에 기록하였다. 공용질은 일반관리비 계정인바, 비용을 그 정의가 명백한 봉차, 즉 채권으로 기록한 것은 역시 세계 최초의 사례이다. 현행 부기 시산표에서는 비용 계정잔액이 그 정의가 모호한 차변에 계상되는 것이지, 그 정의가 명백한 자산부에 기록되는 것이 아니기 때문이다.
20. 수입이자의 급차(채무) 정의	수입이자, 상품매매이익 등을 회계책 급차부에 기록하였다. 이는 현재에도 그 어느 나라에도 없는 방법이다. 현행 부기 시산표에서 수입이자 등은 채무변이 아니라 그 정의가 모호한 대변에 기록되는 것이지 그 정의가 명백한 채무변에 기록되는 것이 아니기 때문이다. 수입이자, 상품매매이익 등은 채무이다. 다만, 현행 부기 논자들이 모를 뿐이다.

21. 입거와 봉급일치 원칙	분개 단계에서는 입거를 일치시키고, 회계책에서는 봉급을 일치시키는 것이 송도부기의 원칙이다. 현행 부기에서는 분개에서도 차대를 일치시키고, 시산표에서도 차대를 일치시키므로, 송도부기는 현행 부기와는 다르다. 즉, 세계 유일의 회계원칙이다. 분개 단계에서는 채권, 채무 개념이 아니라 단순한 입거이므로, 분개 단계에서는 입거일치, 분개를 누적시킨 회계책에서는 봉급일치로 검증하는 것이 원칙이다.
22. 재고자산의 평가와 물품거래장 기록	자산을 저가적 시가로 평가하는 방법 역시 세계 최초의 사례이다. 그 이전에는 그러한 원칙이 없었다. 또한, 물품거래장, 조사부 등을 정식장부로 언급한 것도 세계 최초의 사례이다.
23. 본가 기록의 원칙	자산의 시가가 고등(상승)할지라도 본가(원가)로 계산하라는 것은, 세계 최초로 언급된 역사적 원가주의의 원칙이다.
24. 재고기록부의 타점	재고자산 각각의 잔액을 산출한 재물기에도 그것을 회계책 등으로 중기하였다는 표시, 즉 타점을 하였다. 이는 세계 최초이고 지금도 다른 나라에는 없는 완전한 방법이다.
25. 분개의 양방타점	분개 기록의 좌측에는 일기장 중기완료 타점을 하였고, 분개 기록의 우측에는 장책과 분개를 다시 대조 확인하였다는 타점을 하였다. 역시 세계에 없는 타점법이다. 그리고 회계책 잔액에 대하여도 필요한 경우 타점을 하였다. 회계책에 타점을 하는 예도 다른 나라에는 없는 것이다.
26. 권점의 표시	권점(圈點)이란 동그란 원을 뜻한다. 권점은 장책에 사용되며, 이는 이 권점 좌측은 전기분이고, 그 우측은 차기분 기록이라는 구분기호이다. 즉, 장책을 다년 간에 걸쳐 사용하는 경우에 쓰이는 기호이다. 역시 다른 나라에는 전혀 없는 기호이다.
27. 순이익의 2차 검증	송도부기는 회계책 손익부에서 1차로 총손익을 산출한 후, 다시 결산장에서 세목별로 순이익을 산출하였다. 즉, 순이익 산출을 두 번 실시하여 산출된 순이익의 정확성을 재차 확인하였다. 복잡하다고 할 수 있겠으나 순이익이 기업에 갖는 의미가 중요하기 때문에 거듭 확인 한 것이라고 할 수 있다. 이 역시 지금도 세상에는 없는 방법이다.

28. 마감 및 이월분개	마감 분개를 서양부기와 달리 결산 시점이 아니라, 개시분개 시점에 실시하였다. 즉, 마감분개와 개시분개를 동시에 실시하였다. 마감 역시 손익계정 장책의 잔액은 0원으로 만들고, 재고자산 가액은 기말 실사가액으로 기록하는 방식이었다. 손익계정은 이월되어서는 안 되는 계정이기에 잔액을 0원으로 만든 것이고, 재고가액은 당연히 다음 기 기초가액으로 기록되어야 하기 때문에 그렇게 한 것이다. 완전한 회계이론 위에서 실시한 것이다. 이렇게 마감과 개시분개를 동시에 실시한 경우는 다른 나라에는 없는 송도부기만의 유일한 방법이다.
29. 일부현금, 일부 외상거래의 전액외상 분개처리	입 송도상회_외상급차 1,000 거 인삼질_홍삼 1,000 거 송도상회_외상급차 200 하 상기의 분개는 송도상회에서 홍삼을 현금 200원과 외상 800원으로 구입한 분개이다. 입/거는 전액 외상으로 가정하여 분개한 것이고, 거하는 외상 전액 중 200원을 현금으로 지급하였다는 분개이다. 이 분개로 외상잔액은 800원이 되어 거래의 실상과 일치하게 된다. 이러한 분개방법은 이보다 400여 년 전에 쓰인 숨마부기와 일치한다. 그러나 그 이후의 근대 서양부기에서는 보이지 않는다. 그렇다면 송도부기는 그 보다 400여 년 전에 출판된 숨마부기를 복사한 것일까?
30. 현금 4괘, 5행분류	현금, 4괘에서 4괘는 봉급손익을 말한다. 사개치부법에서는 현금과 봉급손익질을 동격으로 보았다. 즉, 계정을 4괘가 아니라 현금을 포함한 5괘로 분류한 것이다. 이것은 천지지도는 음양오행의 작용에 불과하다는 훈민정음 해례본의 말씀을 그대로 적용한 것이다. 따라서 송도부기는 입거, 5괘 즉, 음양오행부기라는 뜻이다. 이러한 부기는 그 전에도 없었고, 지금도 없는 부기 시스템이다.
31. 순이익의 자본주 계정이체	송도부기는 당기순이익을 자본주 계정에 이체함으로써 그 회계결산이 완료된다. 이에 비하여 현행부기는 당기순이익의 산출로 결산이 완료된다. 그러나 이것은 2% 부족한 결산이다. 동업기업처럼 출자 자본주가 다수인 경우에는 당기순이익을 지분비례로 쪼개어 각 출자 인명에게 이체해주어야 각 인명별 지분액이 확정되기 때문이다. 이렇게 하는 것이 완전한 결산이다.
32. 기타	상기 외에도 중요한 것이 더 있지만, 이는 본 서의 범위를 넘으므로 다음 권에서 언급하고자 한다.

송도부기와 숨마부기의 비교

송도부기와 숨마부기는 같은 것이다. 사소한 차이는 있으나, 인명을 핵심계정으로 하는 점이 같고, 분개기호, 분개방법, 분개의 중기방법, 장부명칭, 장부체계, 타점, 상품매매 거래의 분개방법, 상품별 손익계산 방법, 당기순이익의 자본주 계정이체, 장부의 계속 사용 가능, 외상거래의 분개방법, 물물교환 거래의 분개방법, 오류분개의 반대분개 수정방법, 회계수치의 대차 일치 검증방법 등 모든 면에서 다른 바가 없다. 선생이 제1장 통론에서 밝힌 바와 같이 다를 것이 없다.

> 조선에도 가치가 있는 부기로서, 동양 상업계에서 먼저 발명된 것으로서 송도 상인이 그전부터 사용하던 사개치부법이 있어, 아득히 멀리 이탈리아 베니스에 발명한 신식 부기법과 부합되어, 그 보조부의 구별과 대차일람표 등은 기입방식에 차이가 있으나, 주요부의 강령은 조금도 차이가 없느니라. (제1장 통론)

■ 숨마부기와 송도부기 비교

	숨마부기	송도부기
장부체계	분개장 → 원장 → 균형표	일기장 → 장책 → 회계책
재무상태 표시	채무자와 채권자 (Debtor and Creditor) (파치올리는 asset-자산이라는 용어는 사용하지 않았다. Debtor가 자산이었고, Creditor가 부채·자본이었다)	봉차와 급차 (양자는 쌍둥이 부기이고, Debtor와 Creditor는 봉차와 급차의 번역어이다)
경영성과 표시	손실과 이익	손실과 이익
핵심계정	인명	인명 (양자 모두 인명계정 부기이다)
과목계정	없음 (과목은 계정이 아니다)	있음 (과목은 인명의 보조계정이다)
분개장 이름	Journal	일기장 (양자 모두 일일 기록 개념이다)
원장 이름	Quaderno (Book, 연습장, 공책)	장책 (양자 모두 원장을 책으로 본다)
분개기호	Per / A	거/입 (상하는 부가기호)

원장기호	Dr / Cr (채무자/채권자)	거/입
회계기호	Per / A, Dr / Cr	거/입, 봉차/급차 (양자 모두 음양, 4괘 부기이다)
회계책 기호	회계책 없음 (즉, 계정잔액표는 없음)	봉차/급차 (받을 돈/줄 돈) (송도부기는 회계책이 잔액표)
분개와 원장	Per → Dr, A → Cr (Per는 Dr, A는 Cr로 전기)	거 → 거, 입 → 입 (거는 거, 입은 입으로 전기)
원장과 회계책의 연결	원장의 Dr → 균형표 Dr 원장의 Cr → 균형표 Cr로 중기	원장의 거 → 회계책 봉차 원장의 입 → 회계책 급차 변으로 중기
분개원리	Per / A 동액	입/거 동액
원장의 양식	반드시 좌측 Dr, 우측 Cr	편의에 따라 입거변의 좌우상하 위치 임의
전기필 표시	분개장에 체크 표시, 원장에는 페이지 번호로 타점하여 갈음	분개장, 원장, 회계책, 재물기 등에 타점하여 전기필 표시
장부 계속사용	가능	가능 (○점 표시 후 다음 기 기사 기록)
순이익 산출	손익계정에서 산출	회계책 손익부, 결산장에서 산출
순이익 처분	자본주 계정에 이체	자본주 계정에 이체
원장의 마감	1. 손익관련 계정은 손익계정 이체로 마감 2. 대차계정은 대차 동액처리 후 차기 이월하거나, 계속 사용하다가 여백 부족시 새 원장에 이월	1. 손익관련 계정은 개시분개 시 반대분개로 입거 동액처리로 마감 2. 봉급계정은 결산 후 차기 이월하거나 여백 부족시 수시로 새 원장에 이월
마감분개	언급 없음	마감 및 개시분개 실시
기간손익 개념	있음	있음
재고평가	가급적 고가로 평가기록	가급적 저가로 평가기록
원가 계산	있음 (상품 운반비를 상품원가에 가산)	있음 (상품 운반비를 상품원가에 가산)
제조원가 계산	언급 없음	있음 (상품 염색비를 상품원가에 가산)
공통경비 처리	영업비 계정으로 기록 (임차료, 인건비 등의 공통경비)	공용질(공통비) 계정으로 기록 (영업비와 공용질은 같은 개념이다)

현금잔액 산출	현금원장	분개장(송도부기), 현금출납장(천일부기)
회계검증	균형표 차대 일치	회계책 봉급 일치
계정분류	대차손익	봉급손익
자본금의 속성	채무	채무
상품매입계정	없음 (상품명 원장의 차변에 매입기록)	없음 (상품명 원장의 거변에 매입기록)
상품매출계정	없음 (상품명 원장의 대변에 매출 기록)	없음 (상품명 원장의 입변에 매출기록)
분개의 수정	반대분개로 수정	언급 없음 (천일부기에서는 반대분개로 수정하였음)
분개 방법	차대 1행 분개 (반드시 차변은 좌, 대변은 우측)	입거 별행 분개 (입거 고정된 위치에 관한 언급 없음)
원장의 차대	반드시 차변은 좌, 대변은 우측	입거 위치 임의
외상 분개	전액외상 처리 후 현금거래 분개	좌동
분개 개념	Per · A 2분 Dr · Cr 2분	입거 2분, 봉급 2분 (양자 모두 음양 2진 4괘 부기이다)
음수 잔액	존재 불가능	존재 가능 (피물질 장책의 잔액은 음수였지만, 피물이익질로 이체하여 완전한 결산을 실시하였다)

1. 四介松都治簿法 前史 비평

四介松都治簿法 前史 (사개송도치부법 전사)

- 우리나라 고유부기의 발자취 -

조익순 저, 도서출판 해남, 1999년

(1) 머리말

머리말

저자는 1968년에 대한천일은행의 회계문부를 천신만고하여 실증분석한 것과 같이 이번에는 현존하는 다른 옛 회계문서를 실증분석한 논문을 작성할 약속을 '한국경영학회'가 주는 경영학자상 수상식에서 하였다. 이 약속을 지키고 한국회계학회에서 발표하였던바, 더 보완하여 책으로 출판할 것을 권고받고 당초의 논문을 수정·보완하였을 뿐만 아니라 새로운 자료도 발견되어 분석대상을 확대하기도 하였다.

당초에는 사개송도치부법의 기원론 같은 것은 고려의 대상으로 삼을 생각 없이 오직 현병주 선생의 『사개송도치부법』 이전의 우리나라 고유부기 사정만 살펴보려 하였으나, 그간 일본 구주대학의 등전창야(藤田昌也) 선생 그의 저서에서 현병주 선생의 『사개송도치부법』이 복식부기가 아니라 단식부기라는 결론에 접하게 되었다. (중략)

사개송도치부법을 새로운 시각에서 추적한 일본 구주대학의 등전창야 교수의 자료지원 및 격려에 감사하고 또 일본 용곡대학의 삼본덕영(杉本德營)교수의 자료지원에도 감사한다. (중략)

다만, 이와 같은 여러분의 도움을 받았음에도 불구하고 결과가 보잘것없는 것에 대하여 송구하게 생각하며, 아울러 많은 비판을 주었으면 하는 마음 간절하고, 그러면 더욱 감사하게 생각할 것이다.

1999년 11월 1일 저자 씀

(2) 제2장 전사연구의 기준이 될 현병주, 『사개송도치부법』의 전부 (P 32 ~ 33)

■ 후록복부

거		입	
피물	19.00원	신성호	315.005원
이자	13.50	공용	4.50
포속	2,740.00	포속	2,568.75
지물	705.00	지물	705.00
백목	1,353.00	백목	1,353.00
백삼	90.00	백삼	90.00
주물	2,534.755	주물	2,507.00
기장곽	276.00	생저	147.00
생저	180.00	잡화	245.00
잡화	300.00	입자	80.00
입자	300.00	망건	38.75
망건	80.00	합계	8,054.005
	38.75	차액	279.00
합계	8,333.005	합계	8,333.005

위의 시산에 의하면 앞의 입·거 일기는 그 양합계가 일치하지 않을 뿐만 아니라, 현금시재를 고려할 여지도 남겨 놓고 있지 않다. 현병주, 『사개송도치부법』 중 위의 후록복부를 보면 그 일기가 전술한 바와 같이 타급장책과 외상장책에 전기되고 있음을 볼 수 있는데, 거기서도 입은 입대로, 거는 거대로 또 입합계와 거합계도 평균되어 있지 않다.

이상의 결산절차와 방법은 한 마디로 앞뒤도 안 맞고, 위아래도 안 맞는 혼란상태라 할 수 있다.

(3) 제2장 전사연구의 기준이 될 현병주, 『사개송도치부법』의 전부 (P 39)

이상은 편야일랑 교수의 『Littleton 회계발달사』에서 발췌한 것이다. 다음에는 등전창야 교수의 『회계이윤의 인식』에서 복식부기에 관련한 중요지적을 발췌하여 다음의 논의에서 참고로 하기로 한다.

③ 개성부기(송도부기)에는 Flow 비교계산은 있지만 Stock 비교계산은 없다.

④ 개성부기는 복식부기라기보다는 Flow 비교계산만 있는 단식부기라고 이해할 수 있다.

[평자 왈]

1. 위의 저자는 머리말에서 많은 비판을 바라고, 그러면 더욱 감사하게 생각하겠다고 했다.
2. 그는 숨마부기 원문이든 가이스빅의 영역문이든 읽은 바가 없을 것이다.
3. 그는 사개송도치부법을 읽기는 하였으나, 주마간산 격으로 읽었다. 필자는 이 위대한 책을 한 글자 한 글자 단위로 읽고 번역하였다. 또한 모든 수치 자료는 엑셀과 회계 프로그램에 입력하여 입출, 대차 일치 여부를 2중, 3중으로 확인하였다.
4. 그는 일본의 등전창야 교수와 삼본덕영 교수의 자료와 의견을 거의 그대로 따랐다. 그러면 이들 일본인 교수들이 원효, 의상, 문열공(김부식), 일연, 화담, 남명, 퇴계, 서산, 사명, 율곡, 충무공쯤 된다는 이야기인가? 그 위대한 성인들의 말씀도 의심하고 또 의심하여 그 의심을 푼 다음에 따라야 하거늘…
5. 그가 쓴 제2장 후록복부 계산표는 오류와 오기, 오타로 얼룩져 있다.

■ 상기 책자에서 보이는 후록복부의 오기·오타·오류 내역

거		입	
피물	19.00원	신성호	315.005원
이자	13.50	공용	4.50
포속	2,740.00	포속	2,568.75
지물	705.00	지물	705.00
백목	1,353.00	백목	1,353.00
백삼	90.00	백삼	90.00
주물	2,534.755	주물	2,507.00
기장곽	276.00	생저	147.00
생저	180.00	잡화	245.00
잡화	300.00	입자	80.00
입자	300.00 (원문은 80원)	망건	38.75
망건	80.00 (원문에 없는 것)	합계	8,054.005
누락	38.75 (계정명칭 누락)	차액	279.00
합계 (실제합계:	8,333.005 8,630.005)	합계	8,333.005

상기의 계산표에서 오기, 오타는 좌변 거 분개 하단의 입자질, 망건질, 누락분 등 3 행의 내역과 합계이다. 즉, 입자질 300원은 입자질 80원으로 고쳐져야 하고, 망건질 80원은 아예 지워져야 한다. 또한 계정명칭 없이 표기한 38.75원은 망건질 38.75원으로 고쳐져야 한다.

상기의 오류를 수정하지 않고 그대로 합산하면 8,333.005원이 아니라 8,630.005원이 산출된다. 즉, 상기의 저자가 산출한 합계는 사개송도치부법 원문과는 전혀 다른 얼토당토 않은 수치이다. 그는 계산결과를 검산하지도 않았고, 교정도 보지 않았다. 또한 원문에는 없는 망건질 80원이 추가로 계상되었고, 최하단에는 아예 계정명칭인 망건질조차 기록하지 않은 채 빈 칸으로 두었다. 계산도 엉터리이지만, 계정명칭도 기록하지 않은 것은 그야말로 엉터리의 극치이다.

상기의 저자는 송도부기의 후록복부에 대하여,

『위의 시산에 의하면 앞의 입·거 일기는 그 양합계가 일치하지 않을 뿐만 아니라, 현금시재를 고려할 여지도 남겨 놓고 있지 않다. 현병주, 『사개송도치부법』 중 위의 후록복부를 보면 그 일기가 전술한 바와 같이 타급장책과 외상장책에 전기되고 있음을 볼 수 있는데, 거기서도 입은 입대로, 거는 거대로 또 입합계와 거합계도 평균되어 있지 않다. 이상의 결산절차와 방법은 한 마디로 앞뒤도 안 맞고, 위아래도 안 맞는 혼란상태라 할 수 있다.』

라고 비판하였으나, 실제로 진짜로 앞뒤가 안 맞고 위아래도 안 맞는 혼란상태인 것은 송도부기가 아니라 비판자 그 자신이라고 할 수 있다. 이러한 오류는 그가 추종하는 일본교수의 자료를 그대로 복사하였기 때문으로 보인다.

■ 사개송도치부법 원문의 후록복부

대정 5년 정월 19일 일기 제2권

제1권 시재현금 5712원50전

(2) 거 분개	(1) 입 분개
피물질 거 전조 19원	
이익질 환급 13원50전	
포속질 거 총합 2740원	포속질 환입 2568원75전
지물질 거 705원	지물질 입 705원
백목질 거 1353원	백목질 환입 1353원
백삼질 거 90원	백삼질 환입 90원
주물질 거 총합 2534원75전5리	주물질 환입 2507원
기장곽질 거 276원	(기장곽질 환입 276원) 누락분 추가
생저질 거 180원	생저질 환입 147원
잡화질 거 300원	잡화질 환입 245원
입자질 거 80원	입자질 입 80원
망건질 거 38원75전	망건질 입 38원75전
	공용질 입 4원50전
	신성호 입 회계이익금 315원5리
(거 합계 8330원 5리)	(입 합계 8330원 5리)

위의 표는 사개송도치부법의 원문을 편집하여 제시한 것이고, 원문을 스캔한 것은 본 서의 후반부에 있으므로 독자들이 이 원문을 보고 수치를 직접 엑셀에 입력하여 합계를 산출하여 주기를 바란다. 상기의 저자처럼 남이 한 것을 그대로 믿고 판단하는 우를 범하지 않기를 바란다.

위의 원문에서 거변의 합계는 8,330.005원(8,330원 5리)이다. 상기의 저자가 제시한 합계는 8,333.005원이므로 양자의 수치는 3원의 차이가 난다. 어느 쪽 수치가 맞는가는 직접 입력하여 확인하여 주기를 바란다. 그리고 우측 입변의 합계는 상기의 저자가 제시한 8,054.005원이 맞는 수치이다. 그러나 상기의 저자는 거변과 입변의 차액을 279원으로 산출하였는바, 이는 오류이다. 즉, 실제보다 3원이 과대계상 된 것이다. 그가 신봉하는 현행부기는 단 1원의 오차도 발생하지 않는 것인데 어찌하여 3원씩이나 오차가 발생하는 것일까.

상기의 후록복부는 기초 재수정 분개에 해당된다. 재수정 분개는 주로 상품계정의 잔액 수정에 그 목적이 있다. 재수정 분개를 하지 않으면, 기초 현재 각 상품의 잔액이 기말재고 가액과 일치하지 않는다. 즉, 후록복부 작성 이전의 상품계정 잔액은 실제 재고가액이 아니다. 상품계정 잔액을 실제재고 가액으로 일치시키기 위해서는 후록복부에 수정 분개를 실시해야 한다. 잡화질을 예를 들어 설명하면 아래와 같다.

■ 잡화질 내역 : 후록복부 작성 전후 비교

	A. 구매 출금액	B. 판매 입금액	C. 장책 잔액	D. 기말 재고액	E.매매차익
작성 전의 상태	550원	305원	245원 (A−B)	300원	55원
작성 후의 상태	③ 300	① 245	300		

* 매매차익 산출 내역 : 매출액 305원 − 매입액 550원 + 기말재고액 300원 = 55원

| 잡화질 수정 내역 |

■ 수정목표

- 현 잔액 245원을 실제 기말재고액 300원으로 수정
- 잡화질 매매차익의 계상

■ 수정 분개

① 잡화질 환입 245원 : 현재의 장부상 잔액 245원 제거, 잡화질 잔액 0원

② 잡화질 과입 55원 : 잡화질 매매차익 55원 → 신성호 회계이익 315원 5리에 포함 분개

③ 잡화질 거 300원 : 잡화질 장책의 기초잔액이 실제 기말재고액 300원으로 수정됨

| 수정 분개 해설 |

- 분개 ①②③은 모두 1건의 분개이고, 이는 입거 각 합계가 300원이라는 것으로 증명된다.

- 분개 ①로 잡화질 잔액은 0원이 된다.
- 분개 ③으로 잡화질 기초 잔액은 실제 기말재고액인 300원으로 정확하게 수정된다.
- 분개 ②는 후록복부에서 출현하지 않는다. 잡화질, 생저질, 포속질, 주물질 등 4개 상품의 매매차익 총액 315원 5리 분개로 이미 반영되었기 때문이다. 그리고 이 매매차익 55원은 각 상품별 매매차익을 모두 나열한 결산장에서 확인할 수 있다.
- 후록복부의 분개는 그야말로 완벽한 재수정 분개이다. 잡화질 등의 매매차익을 건별로 재수정 분개하지 않고, 매매차익 총액을 일괄하여 계상한 것으로 갈음한 것은 참으로 대단히 초월적인 방법이다. 그러면서도 후록복부 분개 전체적으로는 완벽하게 입거 즉, 대차가 일치한다.

그러나 사실상 아직은 대차가 일치한 것은 아니다. 사개치부법 원문에는 이미 언급한 바와 같이 상당한 숫자의 오타, 오기가 있기 때문이다. 후록복부 원문의 입변 분개에는 1 건의 오기 또는 누락분개가 있다. 상기의 후록복부 표에서 ( )로 표시한 부분이다. 즉, [기장곽질 환입 276원] 분개가 누락된 것이다. 따라서 원문 그대로 입변 분개 금액을 합산하면 상기의 저자가 합산한 금액인 8,054.005원이 산출된다. 여기까지는 맞다. 그러나 거변과 입변의 차액을 279원이라고 주장한 것은 틀린 것이다. 입변 분개에서 누락된 금액이 276원이기 때문에 정확히 그 금액이 누락금액으로 판정되어야 하기 때문이다.

■ 후록복부 입거 합계 및 차액 비교

	거변 합계	입변 합계	차액
상기의 저자	8,333.005원 (실제합계 8,630.005원)	8,054.005원	279원 (실제차액 576원)
필자	8330.005원	8,054.005원	276원

후록복부에서 입거 오차가 279원이 아니라 276원인 이유는 [기장곽질 환입 276원] 분개가 누락된 데에 있는바, 이 분개는 이론적 오류가 아닌 누락이라고 확신할 수 있다. 후록복부는 주로 손익과 관련된 계정잔액의 수정에 있으므로, 원칙적으로는 손익이 발생한 계정만

재수정 분개를 실시하여야 한다. 그러나 사개송도치부법 원문에서는 손익이 발생하지 않은 상품에 대하여도 입거 양방으로 재수정 분개를 실시하였다.

■ 후록복부 분개 중 상품관련 양방분개

(2) 거 분개	(1) 입 분개
포속질 거 총합 2740원	포속질 환입 2568원75전
지물질 거 705원	지물질 입 705원
백목질 거 1353원	백목질 환입 1353원
백삼질 거 90원	백삼질 환입 90원
주물질 거 총합 2534원75전5리	주물질 환입 2507원
기장곽질 거 276원	(기장곽질 환입 276원) 누락분 추가
생저질 거 180원	생저질 환입 147원
잡화질 거 300원	잡화질 환입 245원
입자질 거 80원	입자질 입 80원
망건질 거 38원75전	망건질 입 38원75전

상기의 표는 후록복부 중 상품관련 분개만 추출한 것이다. 여기서 중요한 것은 네모로 표시한 분개이다. 이 분개들은 입거 양방 동액 분개이므로 사실상 분개를 할 필요가 없는 것이다. 재수정 분개는 원칙적으로 포속질, 주물질, 생저질, 잡화질과 등과 같이 판매 실적이 존재하여 매매차익이 발생한 상품에 대하여만 실시하는 것이다. 즉, 판매실적이 없는 상품의 경우에는 장책상의 거변 잔액이 바로 기말재고액이므로 굳이 수정분개를 실시할 필요가 없기 때문이다.

그러나 현병주 선생은 분개할 필요가 없는 것도 분개를 하였는바, 이는 모든 상품에 대하여 수정분개를 실시하여, 각 상품의 기말재고를 분개장에서 다시 한번 확인하고, 이를 새로이 만들어진 각 상품장책에 중기하여 그 기초 잔액을 기록하기 위한 것으로 보인다. 즉, 하지 않아도 될 분개를 한 것이지만 그것이 굳이 틀린 절차는 아니라는 뜻이다. 확인과 검산 또한 회계 그리고 경영업무의 중요영역이기 때문이다.

다시 말해서 송도부기 원문에서는 판매실적이 없는 상품도 양방 분개를 통하여 기말잔액을 다음 기 기초잔액으로 넘겼음을 확인할 수 있다. 하지만, 기장곽의 경우에는 거변 분개만 있고, 입변 분개는 없는 것이 확인된다. 즉, [기장곽질 환입 276원]분개가 누락된 것이다. 지물질·백목질·백삼질·입자질·망건질·기장곽질 모두 판매실적이 없는 상품들이다. 그러나 기장곽질만 제외하고, 나머지 상품에 대하여는 상기의 표와 같이 입거 양방분개를 하였다.

따라서 [기장곽질 환입 276원] 분개는 인쇄 과정에서 누락된 것이라는 것을 알 수 있다. 또 이 분개를 추가하면 입거 각 변의 합계가 8330.005원으로 일치하게 된다. 대체분개와 회계책, 결산장 등에서 보듯이 입거 일치는 송도부기의 대원칙인바, 이러한 누락은 인쇄과정에서의 실수이지 논리적 오류가 아니다.

요약하면, 상기의 저자가 송도부기 후록복부에 대하여 주장한 수치 즉, ① 거변 합계 8,333.005원(실제합계 8,630.005원), ② 입거변 차액 279원(실제차액 576원)은 모두 오류이고 오산이다. 이것은 그에게 자료를 제공한 일본교수들의 주장 역시 같을 것이다. 물론 송도부기 전반에 대한 상기 저자의 논리 역시 앞뒤도 위아래도 안 맞는다.

6. 또한 상기의 저자는 아래와 같이 송도부기를 평가했다.

③ 개성부기(송도부기)에는 Flow 비교계산은 있지만 Stock 비교계산은 없다.

④ 개성부기는 복식부기라기보다는 Flow 비교계산만 있는 단식부기라고 이해할 수 있다.

상기의 저자는 단식과 복식의 차이도 모르면서 성물을 단식부기라고 하고 있다. 복식부기는 입출 대차, 즉, 작용과 반작용·음양 양방의 값이 일치하는 수치적 계산 시스템이므로 단 1원, 1전, 1 나노 원의 오차도 절대로 나서는 안 되는 시스템이다. 그는 후록복부의 입출도 맞추지 못했다.

송도부기는 세종대왕의 한글처럼, 음악처럼, 천문 수학처럼, 인격처럼 입출 봉급손익에서 한 치의 오차도 없는 완벽한 성물이라는 것을 그 누가 알리요. 또한 충무공의 병법처럼, 인격처럼 완전한 것이라는 것을 그 누가 알리요.

2. 어느 신문의 송도부기 기사

한국의 책쟁이들 ⑦

한겨레 생활/문화 2006.08.18 (금)

(중략) 그가 가장 관심을 두는 분야는 개화기. "1890년대 서구문화의 유입은 4~5세기 불교의 도래보다 더 큰 변화입니다." 한국사를 근본부터 뒤흔든, 역사상의 일대 장관이라는 거다. 쓰려고 하는 부기, 연애 분야에서 그 파노라마를 보여줄 수 있다고 본다. 70년대 초부터 심혈로 모아온 자료는 그쪽이 가장 많다.

부기는 자본주의의 바탕에서 그 시스템을 움직여 왔으면서도 크게 주목받지 못하는 부문. 아무래도 다루기 어렵고 전문적이기 때문이다.

서양 부기가 처음 들어오기는 19세기 말 천일은행(상업은행 전신)을 통해서라고 추정된다. 부기 단행본이 첫선을 보인 것은 1908년(융희2년). 〈신편 은행부기법〉(임경재, 휘문관), 〈실용 가계부기〉(민천식, 휘문관), 〈실용 상업부기〉(임경재, 휘문관)가 그것. 일본 것을 그대로 들여와 편역했다. 이어서 나온 것이 1908년 〈사개송도치부법〉(현병주, 덕흥서림). 송도 상인들의 용어를 빌어와 복식부기를 설명하고 있다.

부기를 국내에 정착시킨 사람으로 윤정하를 꼽는다. 한국의 첫 회계사(당시 명칭 계리사)다. 1938년에 낸 〈조선세무요람〉이 그의 저서. 학문적으로 정착시킨 이는 김순식(메이지대 상업부 졸업, 고려대 교수 역임). 〈상업부기요람〉(엄송당서점, 1937)을 냈고 해방 뒤 〈부기요강〉(동지사, 1948)을 썼다.

"개성(송도)부기는 복식부기가 아닙니다." 그의 어투는 단호했다. 개성부기가 복식부기라는 오류를 빚어낸 장본인으로 현병주와 윤근호를 꼽았다. 1908년 현병주가 서양 복식부기를 부연하면서 송도치부법의 용어를 차용한 것이 빌미가 되었고 1984년 윤근호가 〈한국회계사 연구〉(한국연구원)에서 '용어의 차용'을 '사실의 부합'으로 해석했다는 것이다.

그는 그 증거로 〈장책〉을 제시했다. 80년대 청계천 경안서림에서 구입한 이 장부는 어느 개성 상인이 작성한 1887~89년 3년치 외상장부. 여기에는 복식부기의 기본이 되는 단위의 통일이 구현돼 있지 않다. 물량은 물량대로, 화폐는 화폐대로, 따로 기술돼 있어 아퀴를 맞출 수 없다. "단위가 일관되지 않으면 장부의 객관성이 없거든요. 1원 단위까지 정확히 맞출 수 있어야 하는데 송도치부법은 그렇지 않아요."

이러한 학문적 오류는 실제 자료를 바탕으로 연구되지 않는 탓이다. 80년대 이전까지는 장책 자료가 많이 유통되지 않았다고 말했다. 그리고 그 무렵 민족주의 사관이 득세하면서 국수주의로 흐른 영향도 없지 않다고 본다.

[평자 왈]

1. 그는 숨마부기 원문, 사개송도치부법 원문을 본 적도 읽은 적도 없을 것이다.
2. 그는 조선왕조 관청부기 등의 실제자료를 바탕으로 연구하지도 않았을 것이다.
3. 그는 그 증거로 〈장책〉을 제시했다. 80년대 청계천 경안서림에서 구입한 이 장부는 어느 개성상인이 작성한 1887~89년 3년치 외상장부. 여기에는 복식부기의 기본이 되는 단위의 통일이 구현돼 있지 않다. 물량은 물량대로, 화폐는 화폐대로, 따로 기술돼 있어 아퀴를 맞출 수 없다. "단위가 일관되지 않으면 장부의 객관성이 없거든요. 1원 단위까지 정확히 맞출 수 있어야 하는데 송도치부법은 그렇지 않아요."

현병주 선생은 사개치부법에서 화폐단위로만 분개하고 결산하는 방법을 제시하였다. 하지만, 이것은 송도부기 아니 조선부기의 정통이 아니다. 단지 하나의 경우에 불과한 것이다. 다른 송도부기 장부에서뿐만 아니라 조선왕조 관청부기 장부에서도 물량과 금액을 혼합하여 기록한 사례가 보이기 때문이다.

회계를 모르는 사람에게는 이렇게 물량단위와 화폐단위를 혼합하여, 단위의 일관성이 없이 기록하는 것이 원시적인 것 즉, 엉터리 부기로 보인다. 그러나 수 많은 재료를 함께 버무려 익히는 김치, 그리고 역시 여러 재료를 넣어 비비는 비빔밥 등이 맛에 관한 최고의 경지라는 것을 아는 사람은 안다. 이는 수 많은 악기가 동시에 연주되는 교향곡이 소리의 향연이라는 것과 그 논리가 같다. 상기의 언자는 도대체 그 무엇을 보았길래 송도부기가 복식부기가 아니라고 강변을 하는 것일까?

송도부기, 조선부기는 일종의 김치 부기·비빔밥 부기라고 할 수 있다. 경우궁 회계책 등의 구한말 관청부기 장부를 보면, 화폐는 냥, 쌀은 석(섬), 꿀과 팥은 두(되), 참기름은 승 등과 같이 약 2 페이지 정도 밖에 되지 않는 어느 달의 간략한 장부에 그야말로 다종다양한 단위로 거래가 기록되어 있다. 또 다른 송도부기 장부에는 화폐단위인 원과 함께 비단을 세는 단위인 필이 버젓이 분개장에 기록되어 있다. 이렇게 단위가 혼합되어 있으면, 상기 언자의 말처럼 『물량은 물량대로, 화폐는 화폐대로, 따로 기술돼 있어 아퀴를 맞출 수 없다. "단위가 일관되지 않으면 장부의 객관성이 없거든요. 1원 단위까지 정확히 맞출 수 있어야 하는데 송도치부법은 그렇지 않아요."』하는 강변이 나올 수 있다.

하지만, 이렇게 단위를 혼합하여 분개 기록하는 사례는 온 세상 그 어느 곳에도 없었고, 지금도 없다는 점에서 이 방법이야말로 송도부기가 서양부기의 아류가 아니라 완전히 독창적이고, 아울러 독존의 경지에 이른 부기라는 완벽한 증거가 된다. 이 방법은 송도부기의 독자성에 대한 여러 증거 중 압권에 해당되는 요소라고 할 수 있다. 이러한 혼합기록에 대하여 상기의 언자처럼 혹평을 가하는 것은 충무공의 병법이 잘 못된 것이라고 우겨대는 것에 해당된다. 회계적 거래의 분개에서 각종단위의 혼합분개는 세종대왕의 훈민정음처럼, 충무공의 병법처럼 초월적인 것이다. 이에 대하여는 다음 권에서 설명하고자 한다.

송도부기, 조선부기는 세종대왕, 충무공 등의 이 나라 열성조께서 보여준 계산처럼 한 치의 오차도 없는 완벽한 성물임을 그 누가 알리요.

神策究天文이요 妙算窮地理라
戰勝功旣高하니 知足願云止니라 (서기612년 작)

을지문덕 장군의 이 시를 제대로 해석한다면, 이 나라 이 땅에 사셨던 성인들이 완전한 분들이었다는 것을 알 수 있을 것이다. 또한 송도부기, 조선부기가 이러한 경지의 성인에 의하여 만들어진 성물이라는 것을 체득할 수 있을 것이다.

4. 但知不知 是即見性(단지부지 시즉견성)

이 세상 모든 것에 대하여 누구나 비판할 자유는 있다. 그러나,

(소크라테스, 숭산 선사처럼)

자신이 아무 것도 모른다는 것을 알 때, 그때야 비로소 제대로 아는 것이리라.

번역 후기

汝讀 順馬簿記乎? 汝讀 四介松都治簿法乎?
여독 슌마부기호? 여독 사개송도치부법호?

네가 숨마부기를 읽어 보았느냐? 네가 사개송도치부법을 읽어 보았느냐?

숨마부기를 알게 된 것처럼 송도부기에 관한 원문이 있다는 것 역시 참으로 우연히 알게 되어, 국립중앙도서관에서 이 위대한 책을 대면하게 되었다. 그리고 바로 독파를 시작했다. 처음부터 현병주 선생의 논리를 이해한 것은 아니었다. 몇 번을 통독하고, 그리고 서울부기(대한천일은행 부기) 장부와 조선왕조 관청부기 자료 등과 대조하다 보니 왜 그렇게 분개하고 집계하는 하는가에 대하여 그 논리가 조금씩 보이기 시작했다.

그리고 책에 있는 예제 분개를 필자가 만든 회계 프로그램에 입력해 보았다. 처음에는 컴퓨터에 의한 결산내역이 원문의 회계책과 맞지 않았다. 검토에 검토를 거듭한 결과 원문에 오류가 있음을 발견하였다. 원문의 오류, 오기, 오타를 찾아 수치를 수정하여 입력한 후에야 비로소 입출/대차가 일치하는 완벽한 복식부기라는 것을 확인할 수 있었다. 송도부기는 현병주 선생의 전문이라 할 수 있는 주역 2진법과 4개 맞춤에 의한 부기이므로 중간과정 상에는 오류가 있어도, 최종 집계단계에서 입출 음양일치라는 대원칙에 의하여 수기작업으로 인하여 중간에 발생한 오류를 찾아 교정할 수 있는 시스템이다. 그렇기에 궁극적으로는 수치의 오류가 없는 완전한 계산 시스템이라는 것을 컴퓨터 프로그램으로 확인할 수 있었다.

이제 남은 것은 이론 부분이었다. 즉, 선생이 제시한 방법 그대로 분개하고 집계하면 완전한 결산이 가능하다는 것은 확인하였지만, 그 결산의 논리적 근거는 아직 확보하지 못한 상태였다. 계속 읽고 또 읽다 보니 무언가 간추려지는 것이 있었다. 그러다가 제8장의 손실에 대한 선생의 정의가 눈에 들어 왔다. 약간은 복잡하게 설명되었지만, 요약하면 손실은 일거불반금(一去不返金)이라는 정의였다. 한 번 나가서 돌아오지 않는 돈이 손실이고 손해라는 설명에 한순간에 넋을 잃었다.

손실이 일거불반, 즉 일거불입금(一去不入金)이면, 이익은 일입불거금(一入不去金), 봉차는 일거필입금(一去必入金), 부채는 일입필거금(一入必去金) 등으로 유추가 되었다. 이로써 대차손익에 대한 정의를 얻을 수 있었다. 숨마부기 이래 이 세상 그 어느 회계 서적에도 없는 구경각 수준의 설명을 본 것이었다. 대차손익에 대한 정의를 명쾌하게 이해하면서부터 현병주 선생의 글에 대하여 더욱 신뢰와 존경이 갔고, 동시에 나머지는 쉽게 이해할 수 있었다.

이후 송도부기를 숨마부기와 대조해 보면서 송도부기가 숨마부기의 원본임을 직감할 수 있었다. 양자 모두 인명계정 부기이고, 손익계산, 상품매매 거래의 분개, 타점, 순이익의 자본주 계정이체 등 거의 모든 면에서 송도부기와 숨마부기는 거울에 비춘 것처럼 같았다. 단지 그 표기가 알파벳이냐 국한혼용이냐 하는 지엽적 수준의 차이만 있다는 것을 확신하게 되었다.

그러나 100% 일치하는 것은 아니었다. 핵심적인 것에서 2% 정도는 차이가 있었다. 다행히 그 차이는 구한말 대한천일은행의 서울부기 회계기록에서 찾아 메울 수 있었다. 필자가 번역한《1494 베니스 회계》는 현행 회계 방식과 개념으로 번역한 것이다. 그러다 보니 한글을 아는 누구나 읽을 수는 있으나, 요령부득하고 애매모호하여 이해가 어려운 글이 되었음은 이미 그 책의 후기에서 밝힌 바 있다. 애매모호함은 한국사의 부록인 일본서기, 고사기 그리고 현행 회계가 가장 대표적인 사례이다 보니, 현행 회계 개념으로 번역한《1494 베니스 회계》 역시 그 한계를 벗어날 수가 없었다.

요약하면,《사개송도치부법》은 조선부기의 정통을 다 보여준 것은 아니다. 조선부기는 관청부기, 송도부기 그리고 서울부기 등으로 대별된다. 송도부기는 조선부기의 정통을 충분히 보여주는 부기이기는 하지만, 이 3가지 부기 중의 하나로서 주로 송도상인들이 사용하던 방법 중의 하나에 불과하다. 조선부기 그리고 복식부기의 정통은 서울부기에서 찾을 수 있다. 송도부기는 서울부기에 비하면 일종의 편법부기에 해당된다.

서울부기는 이론적인 설명은 없고 오직 대한천일은행의 분개장, 원장, 회계책 등의 실제

장부 기록으로만 존재하지만, 그 안에는 송도부기에서 2% 미흡한 부분, 즉 편법으로 처리한 부분이 회계원칙 그대로 완전하게 보전되어 있다. 송도부기에서 선생이 제시한 이론에 대한 천일은행의 실제장부를 합치면 음양, 4개 맞춤처럼 이론과 실제에 걸쳐 완전한 복식부기 시스템이 된다. 서울부기를 이해한 후, 그 기저에 깔린 이론에 따라 숨마부기를 해석해 나가면, 그때서야 비로소 '숨마부기'는 난해한 암호문이 아니라 누구나 이해할 수 있는 평어문이 된다. 즉, '숨마부기'의 암호를 푸는 궁극적인 열쇠는 서울부기에 있다.

송도부기는 선생이 제시한 대로 분개하고 원장에 중기하고, 원장잔액을 회계책에 봉차와 급차로 분해하여 표시하고, 봉차와 급차 잔액 중에서 손익을 추출하면 그것이 손익계산서가 되고, 남는 것은 그대로 대차대조표가 되는 회계로서 지금도 바로 실용이 가능하다. 하지만, 송도부기 역시 서울부기를 이해한 후에야 간이요 정이통 전환무궁의 부기라는 것을 더욱 더 체감할 수 있을 것이다. 즉, 선생이 서문에서 밝힌 바대로,

> 垂意精涉(수의정섭)하면 應用實例(응용실례)에 其則不遠(기즉불원)하리라
> 정신을 집중하여 읽으면 실제생활에 곧바로 활용 가능하리라

이 말씀이 과장이 아니라 훈민정음 해례본의 말씀처럼 사실이라는 것을 확인할 수 있을 것이다.

> 二十八字而 轉換無窮, 簡而要, 精而通. 故智者 不終朝而會, 愚者 可浹旬而學.
> (이십팔자이 전환무궁, 간이요, 정이통, 고지자 부종조이회, 우자 가협순이학)
>
> 훈민정음의 글자 수는 28 자에 불과하지만,
> 전환무궁하고, 간이요, 정이통하므로,
> 슬기로운 사람이면 아침이 끝나기도 전에 깨우치고,
> 어리석은 사람일지라도 열흘이면 배운다.
>
> 훈민정음 해례본, 예조판서 겸 집현전 대제학 정인지 서, 1446년 9월

송도부기, 조선부기, 서울부기 역시

> 入去上下 四卦而 轉換無窮, 簡而要, 精而通. 故智者 不終朝而會, 愚者 可浹旬而學.
> (입거상하 사괘이 전환무궁, 간이요, 정이통, 고지자 부종조이회, 우자 가협순이학)
>
> (분개기호가) 입거상하 4개에 불과하지만,
> 전환무궁하고, 간이요, 정이통하므로,
> (그 어렵다고 하는 복식부기를)
> 슬기로운 사람이면 아침이 끝나기도 전에 깨우치고,
> 어리석은 사람일지라도 열흘이면 배운다.

1444년 2월 20일, 절운, 광운, 고금운회거요, 황극경세서 등의 운서를 읽어 보지도 않은 최만리가 훈민정음의 반포를 반대하며 어불성설의 논리를 전개하자, 후손들에게 만년(萬年)의 생존과 번영을 보장하는 초월적인 무기(武器)인 훈민정음을 만들어주신 세종대왕께서는 그 답답한 마음에 이렇게 물으셨다.

> 汝知韻書乎(여지운서호)
> 네가 운서를 아느냐?
> 四聲七音, 字母有幾乎(사성칠음 자모유기호)
> 사성칠음에 자모가 몇이나 있는지 아느냐?
> 若非予正其韻書(약비여정운서)
> 만일 내가 운서를 바로잡지 않는다면,
> 則伊誰正之乎(즉이수정지호)
> 이를 누가 바로 잡겠는가?

이 세상 모든 문자와 성음의 진리가 훈민정음에 다 들어 있듯이, 회계의 진리는 송도부기, 서울부기, 조선부기에 다 들어 있다. 만일 누군가 최만리처럼 숨마부기, 송도부기 등을 읽어보지도 않은 채, 불멸의 송도부기, 조선부기, 서울부기를 폄하하는 발언을 한다면, 회계에 대하여도 세종대왕께서는 같은 말씀을 하셨을 것이다.

汝知 會計乎(여지 회계호)
네가 회계를 아느냐?
汝精讀 順馬簿記與松都簿記 原文乎(여정독 숨마부기여송도부기 원문호)
네가 숨마부기, 송도부기 원문을 제대로 정독은 해 보았느냐?
汝知 大韓天一銀行簿記乎(여지 대한천일은행부기호)
네가 대한천일은행 부기를 아느냐?
汝知 借邊與貸邊之定義乎(여지 차변여대변지정의호)
네가 차변과 대변의 정의를 아느냐?
汝知 計定之定義乎(여지 계정지정의호)
네가 계정의 정의를 아느냐?
汝知 入去上下 四卦乎(여지 입거상하사괘호)
네가 입거상하 4괘를 아느냐?
汝知 捧給損益 四卦乎(여지 봉급손익사괘호)
네가 봉급손익 4괘를 아느냐?
汝知 入去 二氣之妙, 日記帳 · 帳冊 · 會計冊 三極之義乎(여지 입거 2기지묘, 일기장 · 장책 · 회계책 3극지의호)
네가 입거라는 분개기호 2기의 오묘함과, 일기장 · 장책 · 회계책으로 이어지는 장부체계 3극지의를 아는가?
若非予正其會計(약비여정기회계)
만약 내가 회계를 바로 잡지 않는다면,
則伊誰正之乎(즉이수정지호)
누가 회계를 바로 잡겠는가?

2011년 1월 이원로

부록

사개송도치부법 원문

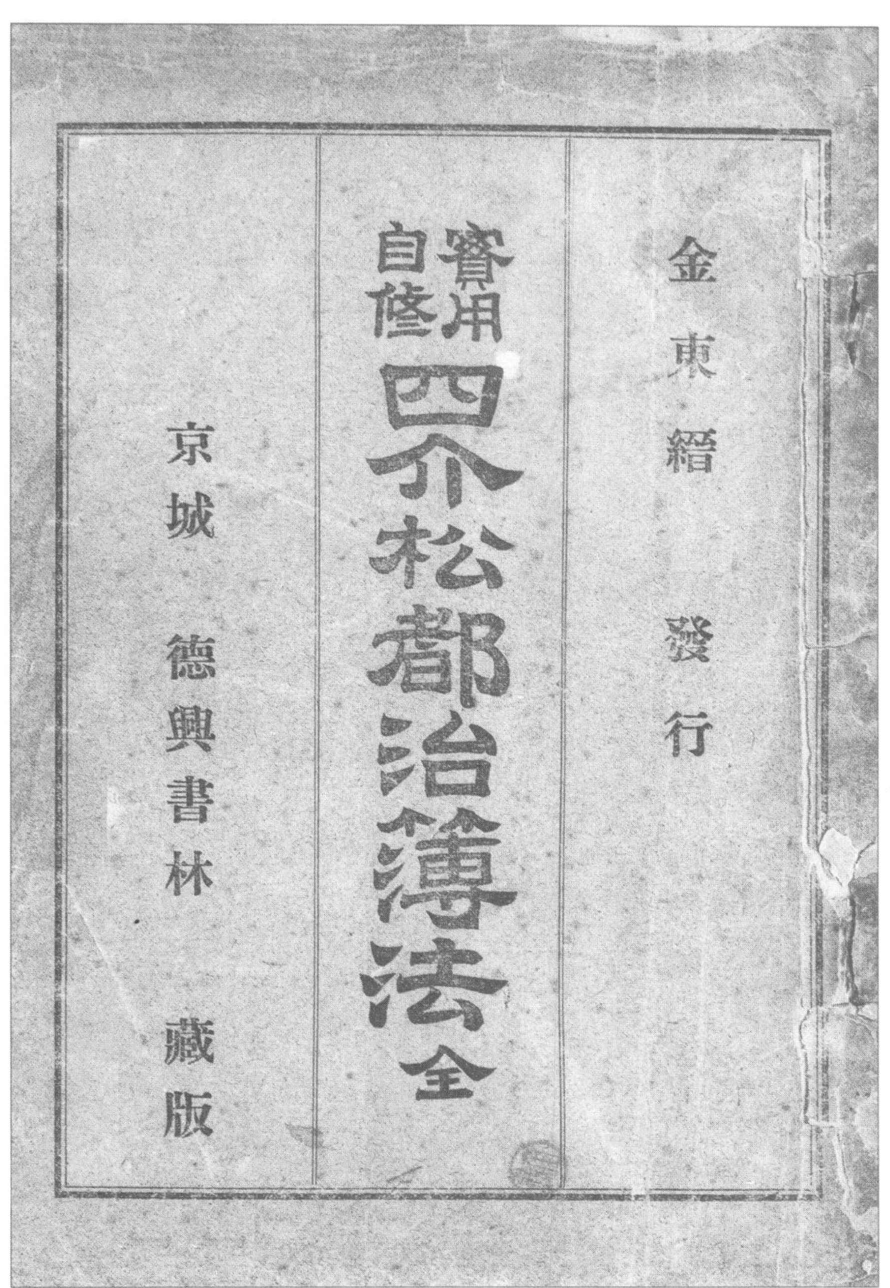
金東縉 發行

實用自修 四介松都治簿法 全

京城 德興書林 藏版

通知識之不及에何오商業簿記는終不改轍하고依舊不範일새余谷
因勢而導令하야略涉簿記者로輯此一編하니須不用新式하고依倣
習例이라一以供普通自修之便宜하고一以俟他日大家之加功焉하
노니是可謂朝鮮簿記法之嚆矢也라覽此諸家는垂意精涉하면應用
實例에其則不遠하리라

歲在山曆丙辰之流火節 著者識

序

余ㅣ往年에飄游江湖하야週觀市巷之細情일새其交涉也에必有商業家이오其關係也ㅣ亦有商業家이라第觀商業之規範에不有不病者하니何其不規之甚也오商業諸家는不知簿記之爲重要하고凡執文簿에各其自家所料로臨時治去하니記法이荒雜無律하야甲家之簿를乙不能解하고乙家之記를丙莫知焉이라雖然이나此是非不以簿記爲必要이라實由於治法之不得聞焉이로다東方에初無學術的簿記로以爲傳授之例也에何오噫라朝鮮松都에曾有一種商業簿記이나此亦未嘗以學術傳授하야用度不博에深爲識者之所恨이러니風潮一變以來로革新諸君이覺悟時務하고於是乎飜之譯之하야各種簿記가別設學術上一世界이나其圖式及文字가概是西人之式也ㅣ라不有專門之工者이면反不能釋하니不云簿記之不是라亦如左

目次

된商業家가簿記를捨하면何로能히自己業의端緒를領會하야眞狀
을考據하리오此와如히必要함으로知하는同時朝鮮在來의商業家
는各其意見을做出하야千差萬別로記去하는文簿가有하나僅히自
己의意思를表示한者으로自己만自覺하야記憶할뿐이오그文簿로
他人의게引繼하야叅考케할境遇를當하면引繼者이能히解釋치못
하니엇지簿記라指稱할價値가有하리오朝鮮에도價値가有한簿記
式은東洋商業에先發明者된松都商業家로서曾히使用하는四介治
簿法이有하야遙遙히伊太利뻬니스府에서發明한即新式簿記法과
符合이되야其補助簿의區別과貸借一覽表의等幾種은記入法의方
式關係로差別을生하나主要簿의綱領은毫釐도不差하니라그러나
今日에相當한簿記式을公衆의게普及코저할진대寧히東西에傳播
되야廣博히輪用하는新式簿記式이勿論的當하다하겟스나도리혀
此는文字가不同하고圖式이複雜함으로簿記專門家를除한外이면

實用自修

四介松都治簿法 全

德興書林 藏板

錦江漁父 玄丙周 編輯
開城 金璟植 裴俊汝 幷閱

第一章 通論

治簿法이라云한者는卽今之簿記式이니自來로朝鮮의簿記는各官廳文簿를除한外에는各社會에一定한定式簿記가無하얏나니何로由함인고此는簿記를學術에付치아니한事實이라社會上에一日이라도不可缺할簿記로서最히親切히酬用하는곳은商業家이니人民社會의交際家이오金錢貸借와物品去來하는間에選定된機關手으로金錢과物品이移動하는機會이면必竟紹介者이되고恒常主務者

지며打給으로밧난것도有할것이오갑흘것을數三朔에淸帳치못하기도할지며밧을것을一二年을連拖하야幾個年後에整理하는細音도未嘗不만흔中千葉萬枝로小한者에는幾十幾百圓의去來와大한者에는幾千幾萬圓의損益이有할지니簿記를捨하면已久한去來를何로써記憶하며數多한損益을何로써分析하리오簿記의原因이於是乎發生된者이니簿記는其人의一種歷史에付한者이니라

第三章　貸借에權利와義務를屬하야論함

簿記의組織은恒常貸借가發生됨으로브터起点되나니簿를治코저하는時는不得不貸借가如何함을先히硏究하야볼일이라貸는「남을주는것」借는「내가밧을것」이라하면足하겟스나此等單純한說明으로는複雜한要点을到底히解釋지못할지라貸라하면勿論나의權利를貸하야준것이오借라하면勿論남의게義務를진것갓흐되是를反하

簿記에素養이有한松都商業家의眼目에도生疎함을免키難한지라此編은優先吾人、眼目의慣習된治簿法으로商業文簿의導火線을作하야急히朝鮮商業家의文簿를整理코저함이니新式簿記式의普及期는商業이發達된後日을俟하리라

第二章 簿記의原因

一物品을左手로十錢에買得하야右手로十一錢에直放하얏다던지或午正末分에二十錢現金으로買收한物件을午後零時初分에十九錢五厘로直放하는것갓흐면一錢의利益과五厘의損害가登時發覺되고賣渡者와買受者雙方의關係가直席에消滅될지라일이모다이러한것만갓흐면簿記가업서도足하다할지나매양吾人의平生은物品과金錢을依賴하야生活하는者인즉各기生活의程度를따라어物品去來와金錢貸借間에關係가頻繁할지라外上으로주는것도有할

의게對하야貸下할金錢을支拂할義務가有함으로觀하며自己난中立으로金櫃의金錢貸借를紹介周旋하난居間이될지니同一하實例를擧하면曾往에松都日簿記에난當日時在(卽殘高)를金櫃還去라記하얏다가次日同帳初行에金櫃借入이라更히轉記하니라

第五章 商品을人으로認定ᄒᆞ난例

上에述한바와갓치金櫃가金錢을自然人의게貸下한境遇면勿論金櫃난自然人의債權者이되고自然人은金櫃의債務者가되려니와金櫃가金錢으로物品을買取한時난金櫃가物品의債權者이되야何時라도物品이借用한金錢을收入한權利가有하고商品은金櫃의債務者이되야何時라도自己價値를金錢으로變하야金櫃의게返還할義務가有하니物品이金櫃에對한義務가卽自然人과同一하니라次下治簿法에買得한物品이準木이면準木秩이라江布이면江布秩이라

야貸에도나의義務를履行할時가有하고借에도나의權利를恢復할時가有하니此와如한種類난남의게借用하얏던것을支拂하난貸方과남의게貸下하야던것을返濟하난借方이곳是라此等種別의貸借가輪轉不息하야相勝相負를競爭하난同時에權利義務가一高一低하며金錢上損益의變化가生하나니라

第四章 金櫃가主體되는例

一法이有하야簿를治하난人으로貸借上權利義務를容易히辨析할道利가有하니貸借를主務하난其人은權利義務가自身에屬한것으로觀치말고一切權利義務를金錢을容收하난金櫃의게讓與하고自己의地位싸지辭免하야金櫃도主務代表者를叙任한後、金錢을借用한人이有하며金櫃가金錢借用人의게對하야借用한金錢을收入할權利가有하고反是하야他人의金錢을借入한時난金櫃가貸下한人

恒常相對方이平均을主張함으로相生相殺이互相等一하나니是한故로簿記上에交換貸借난兩方이齊等數로幷進하니라假如粉紬一疋과麻布一疋이交換할時면價格을比較하야粉紬評價난七圓인대麻布評價난一圓이라麻布가自己의價値一圓以外에六圓을準備하여노아야七圓粉紬가交換하여갈것이니此一例만擧하야도交換의如何함을可知할지나次行을借하야更히交換上奧妙하고複雜한眞理를贅論코져하노라

附論

天下萬理가同歸一轍로出한者이有하면반다시入하난者이有하고損한者이有하면반다시益하난者이有하니此난恒常反對方向이有하야單獨孤立치못하난元理元則이라

一、本例난消耗品의交換狀態이니、假如貧者一人이金錢十圓을辦

한것은自然人의姓名과同一히示할지니實例난下圖를叅觀하라

圖式

上은金櫃가債用自然人의게百圓을貸下ᄒᆞ엿더니自然人이一定ᄒᆞᆫ期限에利殖二十圓을幷ᄒᆞ야返償ᄒᆞ는圖이오

下는金櫃가買得物品의게千圓을貸下ᄒᆞ엿더니物品은半年三個月만에利殖七百圓을幷ᄒᆞ야返償ᄒᆞ는圖이라

自然人 百圓 → 金櫃 → 一千七百圓 物品

自然人 ← 一百二十圓 金櫃 ← 千圓 物品

第六章 交換의範圍와狀態

簿記帳에記載되난材料난無非交換範圍內로서生한者이라交換은

一한物이로대使用하난性質이以外物과差異하니通貨以外의物은破傷汚穢의層折을生하난者인故로貸借間에其物貰로相當한貰金을定하야通用하난例가有하나通貨난不然하니特約이無한時난金을貸下한者ㅣ銀이入하든지白銅을借入한者ㅣ赤銅이出할지라도貸借者間에拒絶이업시融通하난者이라此質屋主人의게入한者五十圓高난原金百圓錢의錢貰로入한者이아니요質屋主人의百圓金、融通權을三個月停止한故로三個月時間障碍로生한損害와純利益이交換한者이오

一、本例난實力과酬勞金의交換이니、又如一勞働子가日給一圓五十錢으로定하고兵庫廠建築에雇傭한時난勞働子의實力과日給一圓五十錢이交換한者이오

一、本例난智識力과勤苦物의交換이니、又如壟斷丈夫가一笑之間에農民의半年勤苦한穀物品을買得하야一握千金의利益을生

出하야自己의冬服을購入한지라初也에는金錢과冬服이交換하야冬服이入하난代에比等한金錢이出하얏거니와冬服은一消耗品에屬한者인즉消耗品된冬服이所有金錢十圓을消耗한代에增益者十圓은何何方面에在하냐하면卽其人의防寒費가增益을生한者이라人은天然保護를受치못함으로冬期에衣服을備치아니하면畢竟은衣服代에煖爐이나温突이라도其人自己를爲하야增을生한者이有하여야其人의生命을保存할지니此冬服은其人의冬期生活한幾分의價値와交換한者이오

一、本例는純利益의交換狀態及區別이니、又如質屋主人이高利貸金으로一債務者의게百圓을貸下한時、債務者가契約을履行하야返還期三個月만에一百五十圓을報償한지라質屋主人은一百圓이出하고一百五十圓이入한즉領受中五十圓高나何를交換한者이냐하면卽主人의時間과相殺이될지라大抵通貨난同

有形物
△現金
△資産（不動産、動産）
△物品（買賣品）

無形物
△商標
△屋號
△板權
△專賣特許狀
△魚驗（即小切手의類）나、借用証、領受證의類幷
△動産及不動産證明狀
△貸金利殖
△損害賠償 約條金幷
△酬勞의係한類（雇價及手數料의類）
△仲介料及公私의係한稅納

第八章 利益部와損害部의說明

何如한者를利益이라謂하며如何한者를損害라稱할가此난畢竟一方의關係가完結된後에在하다함이明白하도다交換上利益이라할것은其人資本以上에仍作己物로借方에入한者이니例如貸金의邊

한時난商業上投機智識力과農民의半年勤苦物이交換한者이니

△上에陳한바附論은簿記初學者의게對하야有形物과無形物의交換貸借를解釋케하기爲하야其範圍와狀態가如何함을略論한者이라簿記學上實例의材料난아니니기로更히實例될有形物과無形物을區分하야次에臚列하노라

第七章 有形物及無形物의種別

形體ㅣ有한者를有形物이라하고形體ㅣ無한者를無形物이라하나니此二種의區別이簿記學上最要한關係가有한지라簿를治할時난先히此를分解할지니其種類를區別하면下圖와如하니라

萬口一談으로松都治簿난(四介라四介라)하되名稱이如何한定義로由함이냐問하면自家物로用하난松都商業家도答辯이一定치못하도다此에就하야編輯者의解釋한定義로簡略히一例를擧하야論할

圖式

捧次秩九千圓

利益秩九千圓

金櫃

時在萬圓

消費秩二百圓

給次秩二千圓

진대假令一商人의初에萬圓資本으로開業한지一年만에九千圓의利益을生하고自己의費用으로消耗된金額이二百圓이오他人의金額을借用한것이二千圓이라年終會計當時에金櫃中現金時在난萬圓일것갓흐면九千圓利益은何何利益秩이生한것이며生한利益金九千圓은捧次帳何何座目이借用한것이며二百圓消費金額은何何種類秩의게貸下한것이며借用金二千圓은給次

利와賣品의利益이是라此에屬한者난一次入한時면何日何時라도返還을請求할權利者이無함으로自己의利益資産이될지오損害라할것은其人資産金額에셔一去不返으로貸方에出한者이니此에屬한者이種類甚多하나次下에更히區別할必要가有함으로此章에난最히顯著한者數種을擧하건대例如自己身體에對한服裝費와口腹에對한食料費가是라此에屬한者난一次出한時이면何年何月이라도返還을履行할義務者이無함으로損害負債가될지니라

第九章 新式簿記와舊式簿記의種別

西洋學者의發明한簿記式을新式이라稱하고此를編한松都治簿를舊式이라稱함이니此를特히種別함은次下記載法에新舊式例를對照할必要가種種함을因함이라

第十章 四介의定義

補助簿에屬한者

△現金出納帳

△物品去來帳

△委托物處理帳

△魚驗收支帳

△會計帳（一部分의去來를決算한者）

△損益計算帳（全部交換貸借를試算한者）

第十二章　日記ᄂᆞᆫ治簿의元料

日記난主要簿에屬한者일뿐더러各項帳簿가日記의起點으로브터組織되나니假使主要簿에도第一大한者元帳(帳册)을譬諸官廳或會

帳何何座目으로履行할것이上圖와如한것을帳簿上一覽表로零落업시組織된것이니이것이捧次가一介、給次가一介、利益이一介、損害가一介、合四介라自稱하노라

第十一章 主要簿及補助簿의區別

主要簿라함은比諸官廳或會社에主任과如한者이오補助簿라함은當局官廳及會社內分掌ᄒᆞᆫ事務一部에就하야勤務하난者이라

主要簿에屬한者

△日記帳

△分介帳 （捧次帳（資産帳） 給次帳（負債帳）） 元帳（帳冊） 決筭表 附掌記

△貯金通帳

△通帳（外上物品借入을記한者）

新式簿記는日記帳에金額貸借의區分이無히記入하고更히分介帳에轉記할時、貸借를區別하되松都簿記는日記帳에셔貸借를區別하야記入하나니下에記入法을叅觀하면自然히解釋하리라

第十五章　松都日記와帳冊에特用字及符號置하는例

一、◎上과下◎이니

右二字는現金出納에만標準한者이니現金이出한行이면末端에下字를置하고現金이入한行이면末端에上字를置하나니此는現金時在計算時에最히必要하니라

二、◎入과去◎이니

右二字는物品出納을標準한者이니物品이入한行이면初頭에

社에主任이라假定하면日記帳은發起人이되야會社를組織한者이오民勸領首가되야官廳에叙任한主任을選擧한者이니日記가各帳簿의機礎됨을推此可知함이라

第十三章 次捧帙(他給長冊)(資産部)次給帙(外上長冊)(負債部)의注意

次에日記例題를擧할새日記帳을記去할時는不可不捧次帙과給次帙에十分注意할지니捧次는恒常내가밧을權利가잇서出하는者이니新式簿記資産部에屬한者이오給次帙은恒常내가갚흘義務가잇서入한者이니新式簿記負債部에屬한者이니라

第十四章 松都日記帳은新式簿記에日記帳과分介帳을合하야幷進하는所以

三、**秩**。字의**例**

右字의用例는其義가二條로分하니左에區別한바(가)의順序에屬한者는本書第五章에釋意와如히帳簿上關係를生한者는自然人으로認定하드시秩字는卽人의姓名을代位함이오(나)의順序에屬한類는無形物을有形物의代位로定함이니各其性質을分하야次第로說明하건대

(가)**物品秩**。。。

入한物이든지出한物이든지物品의名稱을隨하야麻布이면麻布秩、白木이면白木秩이라하나니白木帙去라할時는白木帙을自己債務者의姓名으로標準하고麻布帙入이라할時는麻布帙을自己債權者의姓名으로標準한것이니라

(나)**一、魚驗秩**(或於音이라함)

入字를置하고物品이出한行이면初頭에去字를置하되物品이人으로부터入한行이면人의姓名을記한次에入字를置하나니出한行에도此例와同히하나니라

又、還入과還給의例가有하니

還入이라함은例如貸下하엿든金이入함의類와 還給이라함은例如借入하얏든金을支拂함의類이니라

又、過入과過去의例

過入이라함은本額以上에利益을入하는者이오過去라함은入例의反比例이니라

又、會計의義

會計라함은捧給을合算하는例이라

直錢(現金의義로同)으로賣渡한者이면直放이라記하고現金으로買收한者를買得이라記하나니此를記하는行에는本章第二例의入去標와及第一例의上下標를必히記하나니라

五、標算(一名은胡算이라)

此는物의價格을標示함에用하나니其義는卽、珠算을象形한者이라用例는賣買及交換物을勿論하고同種의物品이一個로브터數個以上이記入되더라도物品을記한次에其物品의單個價格을此로標示하고其次에는全部物品의價格을合算한總數를記載함이必要하니라

〡	〢	〣	〤	〥	〦	〧	〨	〩
(一)	(二)	(三)	(四)	(五)	(六)	(七)	(八)	(九)

二、利益秩

三、公用秩

又、文○字의例

右字는卽(錢)字의代表로用하나니라

又、餘○字의例

右字는卽(殘)字와同하니라

又、次○字의例

右字는卽(方)字와同하니라

四、直○放○과買◎得◎의定義

此는其形容이旗를立하니와如함으로名稱함이니日記帳記事行叙頭에朱筆或墨筆로叙頭中心을向하야縱線劃을直立하고次에는縱線劃의中心을橫貫하야기역(ㄱ)劃을添加하니用例는日記에記入된者이捧次이더지給次이더지關係가消滅될時에必히以上關係된書行을次第로爻周하는것이라

才

八、打點法

此例는日記와帳冊의最히多用하나니日記의打點은日記의記事를帳冊으로傳書할時傳、書된行은卽時行頭에黑點을加하고、帳冊의打點은日記로서轉記한後다시日記와對照할時考準되는대로本行金額右側으로朱點을加하나니라

九、行劃의例(一云爻周라함)

六、鐙子法

此는日記帳記事의單行以上에用하는者이니其形容이鐙子와如함으로名稱함이라

用例는新式簿記分介帳에記入하는條項에酬用되나니恒常現金去來以外으로一方에對하야反對方을記한後此를劃할지라松都日記中前行에記載된額數가入한者이더지去한者이더지第次行에는前行의額數를反對로記하야前後行額數가平均히된境遇에前後行의末端을括하야本法을用하니日記帳現金時在計算時와及後日叅考時에一覽上便宜를與한者이라

七、列旗法(方言에괴불니인다홈)

하니라

十二、時在의義

時在라함은卽(殘高)의義이니라

十三、合字와實字의例

合이라함은一方의計算을總括함이오實이라함은捧給의相殺한
殘高를指稱함이라

△ 此例는帳册에用하나니他給帳册이던지外上帳册이던지捧給의關係가消滅될時에用하나니라

十。又○字의用例

此는必히第次行에用하나니人과物을勿論하고人의次行에記入되면前行의記한人의姓名이되고物의次行에記入되면前行에記한物名이되나니라

十一、內○字의用例

此는捧給을區別하기爲하야間挿으로用하나니例如帳册과如한種類에册製을上下兩段으로分하고上段은捧次만記入하고下段은給次만記入하는時는此字를中間에必히置하되記事가重複한時이면上에示한字樣과如히橫滿하게합도有

(習

又去本店修理費三十圓下(此行又字는卽家舍秩을再記함이니以下는同함)

方仁準入任置金二千圓上

申義植去漢陽木百疋價預給金五十圓下

(注意)此는個人營業을標準한者어니와數人以上이資本을幷하야業開한時라도信成號와如한屋號를定하면그定한屋號를個人營業者로示할지니同業者數人間에는特別한區分이有할지라도營業全體에對하야는少毫도差等이無하니라

(說明)第一行은信成號(卽自己)로브터資本金一萬五千圓을入하는同時第二行으로第一銀行當座預金을記下하고第三行은公用秩로空册代金을支拂하고第四行及第五行은家舍秩로地段價幷修理費를支拂하고第六行은資本金以上으로方仁準의任置金二千圓을領受하고第七行은申義植의

第十六章日記의例題及實習과幷說明

(例題) 屋號를信成號라稱하는人이開業第一日에資本金一萬五千圓을積立하니金櫃中現金時在가六千五百圓이오○第一銀行에任置(定期든지無定期든지)한當座豫金이八千五百圓이라○當日에治簿에用할空册十部를每部十五錢式買入하고◎本商店建築所地段價一百五十圓을出給(支拂의義)하고又에本店修理費三十圓을出給하고○次에方仁準의任置金二千圓을領受하고○次에申義植의게漢陽木預給으로五十圓을先下하다

(實)

信成號入資本金一萬五千圓上
第一銀行去當座預金八千五百圓下
公用秩去空册十部代金一圓五十錢下
家舍秩去本商店用地段價一百五十圓下

圓은現金으로支拂하고第四行은於音秩로三百五圓을入하야第五行에權禮得의紙價零條를計給하니라

(例題)

第三日은沈智元으로브터慶布七百疋을每疋一圓十錢式에買入하고全部價額을五個日後에出給하기로口頭契約을成立하다

(實習)

沈智元入慶布七百疋代卜限五日給次金七百七十圓

布屬秩去慶布七百疋代卜正月六日捧金七百七十圓

(說明) 第一行에沈智元으로브터慶布七百疋을買入하야第次行에布屬秩로代金을代下하니라

(例題)

第四日은白信明으로브터準木一千五百疋을每疋九十錢式으로

게漢陽木預金으로支拂하니라

(例題)

第二日은權禮得으로붓터見樣紙十五塊를每塊에四十七圓式買入하고價額으로四百圓은現金을給하고殘額은一朔後에出次ᄒᆞᆯ魚驗으로給ᄒᆞ다

(實　習)

權禮得入見樣紙十五塊代金七百〇五圓
紙物秩去同物十五塊代金七百〇五圓

權禮得去見樣紙價中即錢給金四百圓下

於音秩入二月一日給次金三百五圓
權禮得去紙價零條二月一日給次本於音給三百五圓

(說明) 第一行은權禮得으로브터見樣紙를買入하야第二行에紙物秩로同物의代金을支拂하고第三行은見樣紙代金四百

第五日은買得(即直錢쥬고사는것)으로白蔘十斤을每斤九圓式에
買入하다

白蔘秩去同物三十片十斤代金九十圓下

(實習)

(說明) 此는即單式例이니直錢으로買得한物은直席에一方에關係가消滅된故로單式例가便利하나此를複式으로記入하면三行이되나니例는初行에買得處를記入하야第二行에白蔘秩로下한後다시次行(第三行)을本例와同히記入하는例가正式이니라

(例題)

第六日은李甲述에게各項紬屬四千圓價値와○各種布屬三千圓價値를買入하고全部價額은方仁準이申義植의게推尋(領收의義)할魚

買入하고全部價額은第一銀行에서即時出給할小切手(魚驗)로劃給하고同物의運來費三圓을現金으로給下하다

(實　習)

白信明入準木一千五百疋文代金一千三百五十圓
白木秩去準木一千五百疋文代金一千三百五十圓
第一銀行入小切手第一號金一千三百五十圓
白信明給白木價第一銀行票給一千三百五十圓
白木秩去準木三十隻運來卜價三圓下

(說明) 第一行에白信明으로브터買入한準木을第二行白木秩로下하고第三行은第一銀行小切手를領受하야第四行白信明의準木價를計給하고第五行은準木의三十隻運來費를支拂하니라

(例題)

第七日은金乙先의게安州亢羅二十疋을每疋七圓式으로賣下하고全部價額은十日後推尋할魚驗으로領受하다

紬物秩入安亢羅二十疋上代一百四十圓
金乙先放安亢羅二十疋上代一百四十圓
又入安亢羅條正月十九日推次自己於音一百四十圓
於音秩去金乙先正月十九日出次一百四十圓

(實習)

(說明) 第一行은紬物秩로서安亢羅를入하야第三行의金乙先의게賣渡하고다시金乙先의게同物의代金을於音으로領受하야第四行에於音秩로下하니라

(例題)

第八日은崔丙奎의게鐵原紬一百五十疋을每疋六圓式에放賣하고○價額은二十日後에捧次할魚驗으로領受하고○同物居口로

驗을借入한그魚驗으로給하다

(實習)

李甲述入各項紬物價合四千圓

又入各種布屬價合三千圓

紬物秩去各項紬物價合四千圓

布屬秩去各種布屬價合三千圓

方仁準貸八申義植推次於音七千圓

李甲述給紬布價畢右於音給七千圓

(此行又字는即李甲述을再記함이니此下도同함)

(說明)第一銀行은李甲述에買入한紬物을先히記入하고次行에布屬을記入하야第三行、第四行에紬物及布屬秩로次第分下하고○第五行은方仁準의게領受할於音을記入하야第六行으로李甲述의物價를畢給하니라

(例題)

張藿三十隻과換色(交換의義)하고七圓加錢을現金으로領受하고機張藿運來費三圓을出給하다

(實　　習)

眞絲秩入一百斤卝代金二百八十圓
安丁玉去眞絲一百斤卝代金二百八十圓
又入機張藿三十隻合六百束为代減丱實金二百七十三圓
機張藿秩去同物三十隻合六百束为代減七圓餘實二百七十三圓
又去同物運來費金三圓下
安丁玉入眞絲價中藿價相計餘錢七圓上

(說明)此例題는有形物과有形物의交換이나實習은不可不雙方이物을賣하야物을買入함이되나니라故로第一行은眞絲一百斤을安丁玉의게賣渡하고○第二行은機張藿三十隻을同人의게買入하고○第三行은機張藿秩로眞絲代金을

七圓을現金으로出給하다

(實習)

紬物秩入鐵原紬一百五十疋丄價九百圓
崔丙奎放鐵原紬一百五十疋丄價九百圓
又入右物價條正月三十日自己出次於音九百圓
於音秩去崔丙奎正月三十日出次金九百圓
紬物秩去鐵原紬一百五十疋居口金七圓下

(說明) 第一行은紬物秩로셔鐵原紬를入하야第二行崔丙奎의게賣渡하고第三行에同人의게前記物代金을於音으로領受하야第四行於音秩로下하고第五行은同物秩로同物의口錢을下하니라

(例題)

第九日은眞絲百斤을每斤에二圓八十錢式打算하야安丁玉의機

兎山紬秩로下하나니라

(例題)

第十一日은韓山生苧一百五十疋을買得하니合價額은五百八十九圓이라○同物의口錢八圓을給하고○生苧中一百疋은鄭戊敬의게漂泊을委任하고漂泊工錢은生苧一百疋內에서五疋로定하야內減케하다

生苧秩去韓山生苧一百五十疋價合金五百八十九圓下

生苧秩去一百五十疋居口給金八圓下

(實習)

又入同物五疋價金二十圓

又去生苧九十五疋練工給二十圓

(說明) 第一行은生苧代金은生苧秩로下한者이오○第二行은居口를生苧秩로下한者이오○第三、第四行은生苧五疋로生

下하고○第四行은機張藿秩로運費三圓을下한者이오○
第五行은安丁玉의眞絲代金殘額을上한者이라

(例題)

第十日은兎山紬三百疋을每疋에三圓八十錢式買得하야鄭戊敬
의게染色을委托하고染色工錢으로八十圓을先給하다

兎山紬秩去同物三百疋此代金一千一百四十圓下
鄭戊敬去兎山紬三百疋染工中先給金八十圓下

(實習)

(說明)第一行은兎山紬代金을兎山紬秩로下한者이오○第二行
은鄭戊敬의게染色工錢八十圓을下한者이니同物染色工
錢을此行에서畢給한境遇면兎山紬秩로金額을下할지나
此行에서畢給지못한故로鄭戊敬의게로下하얏다가後日
畢給時에는鄭戊敬還入八十圓으로更記하야餘條와幷히

態를叅觀하라)하고○第三行은雜貨를直放하고○第四行
은權禮得의三疊紙代金을給하니라

(例題)

第十三日은宋庚守의게北布九十疋을每疋二圓式에一朔外上으
로賣下하고○飮食店에冷麵價三圓을給下하다

(實習)

布屬秩入北布九十疋‖代金一百八十圓
宋庚守去北布九十疋‖代限一朔放金一百八十圓
公用秩冷麵價金三圓下

(說明)第一行은布屬秩에셔北布九十疋를入하야第二行으로宋
庚守의게賣下하고○第三行은公用으로三圓을下하니라

(例題)

斈九十五疋練工을畢給한者이니假如十日例題와如히練
工을畢給지아니한境遇면生斈五疋을生斈秩로下치못하
고漂泊委任人의게로下하나니라

(例題)

第十二日은安東布百疋을都合價額五百五十圓으로定하야朴己
大의五方雜貨와換色하고○次에五房雜貨三百圓價値를直放하
야現金으로權禮得의三疊紙前條를計給하다

(實習)

布屬秩入安東布一百疋價金五百五十圓
雜貨秩去朴己大五房雜貨價合五百五十圓
又入雜貨放價合即錢三百圓上
權禮得去三貼紙價給三百圓下

(說明)第一行과第二行은安東布와雜貨가交換(第六章交換의狀

貸給하고原金의三朔邊利十三圓五十錢을先除하다

(實習)

劉辛雄債給三月晦捧次金一百五十圓下
利子秩入右人條三朔邊利先上金十三圓五十錢上

(說明) 第一行은元金一百五十圓을貸下하고○第二行은前記金의利子十三圓五十錢을領受하니라

(例題)

第十六日은鄭戊敬의게委托하얏던色紬三百疋과同人의게委托하얏던白苧九十五疋을推尋하야白壬周의게色紬는都合一千四百圓으로白苧는都合四百五十圓으로賣下하고總價額內의셔一千圓은十日後의推尋할魚驗을領受하고四百圓은前借用條로除하고四百五十圓은直錢으로推尋하다

第十四日은慶布百疋을劉辛雄의게一百十五圓으로買下하고折半은外上、折半은直錢을推尋하야白信明의게前日借用한原金百圓의邊利로九圓을給하다

(實習)

布屬秩入慶布一百疋ㅅ代一百十五圓
劉辛雄去慶布一百疋ㅅ代金一百十五圓
又入右物價中先上金五十七圓五十錢上
利子秩去白信明債條百圓自正月至六月晦合六朔邊九圓下

(說明)第一行은布屬秩의셔慶布百疋을還入하야第二行으로劉辛雄의게前記物을賣渡하고○第三行은前記物價半數를領受하고○第四行은白信明의債條를給하니라

(例題)

第十五日은原金(本錢)一百五十圓을月步三分邊利로劉辛雄의게

第十七日은洪癸化의게公春一千八百七十五尺을每尺十九錢式에賣下하고價額三分之一은統營笠二十介와濟網五竹으로計入하고三分의二는外上으로하고○次에三種皮物(山皮二十張、赤皮五張、里皮五張)九十圓價値를直錢에買入하야卽時一百九圓에賣下하다

(實　習)

布屬秩入公春一千八百七十五尺攵代三百五十六圓二十五錢

洪癸化去公春一千八百七十五尺攵代三百五十六圓二十五錢

又入統營笠子二十介價合八十圓

又入濟網五竹價合三十八圓七十五錢

笠子秩去統營笠二十介代金八十圓

網巾秩去濟網五竹代金三十八圓七十五錢

皮物秩去三種皮物三十張價合九十圓下

又入同物三十張價合一百九圓上

(實　　習)

紬屬秩入兎山色紬三百疋價合一千四百圓
生苧秩入白苧九十五疋價合四百五十圓
白壬周放兎山色紬三百疋價合一千四百圓
又放白苧九十五疋價合四百五十圓
又入右兩種物價合一千八百五十圓上
又還給債條計給金四百圓下
於音秩去白壬周二月晦日出次於音一片金一千圓下

(說明) 第一行과第二行은紬物秩과生苧秩의셔還入(此例題와如히他人의게委托한物이아니라도此例로同함)하야第三行第四行에白壬周게로放下하고○第五行은前記物價를領受하고○第六行은白壬周의前債條를給下하고○第七行은白壬周의게前記物價零條를魚驗秩로下하니라

(例題)

(說明) 第一行은金乙先의계安亢羅價定期日出次於音을領受하고○第二行은沈智元의慶布價本月八日給次할七百七十圓을支拂하고○第四行은十日鄭戊敬染工給(十日條)한八十圓을還入(此日兎山白紬가色紬로變하야入함으로染工을色紬로移去식히는例)하야第四行紬物秩로移去하니라

（說明）第一行은布屬秩의셔公春을入하야第二行洪癸化의게賣渡하고○第三行及第四行에笠子와綱巾을計入하야第五行及六行에次第로代金을下하고○第七行에三種皮物을買入하야第八行에皮物을直放하니라

（例題）

第十八日은金乙先의게一百四十圓을領受하고沈智元의게七百七十圓의物價를支拂하고次에鄭戊敬의게兎山紬價八十圓을領受하다

（實習）

於音秩還入金乙先捧金一百四十圓上
沈智元還給金七百七十圓下
鄭戊敬還入八十圓
紬物秩去兎山紬染工八十圓

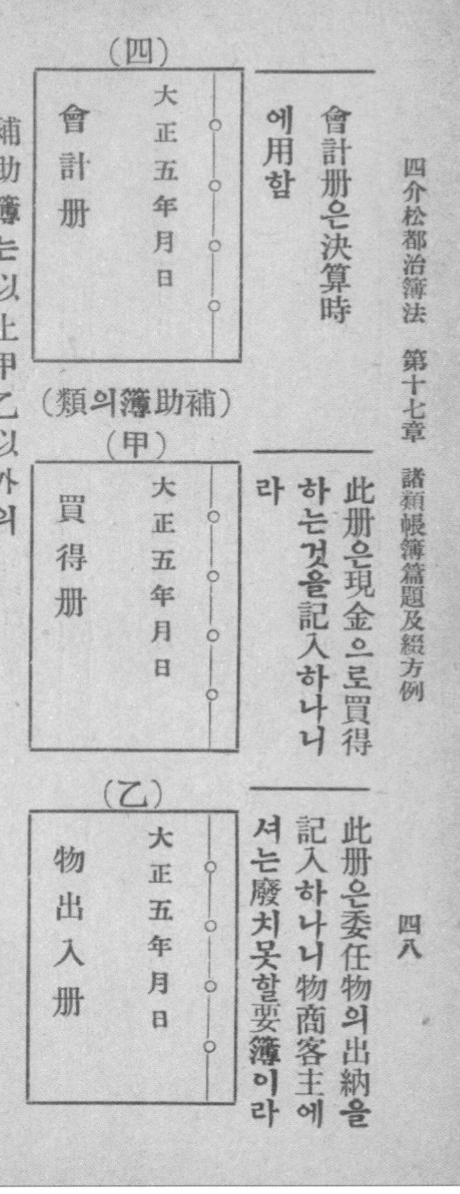

會計册은決算時에用함

(四)

大正五年月日

會計册

(補助簿의類)

此册은現金으로買得하는것을記入하나니라

(甲)

大正五年月日

買得册

此册은委任物의出納을記入하나니物商客主에셔는廢치못할要簿이라

(乙)

大正五年月日

物出入册

補助簿는以上甲乙以外의

一、(掌記册)을設하고他의一部分에對하야相計한것을記入하며

一、(公用秩)이라는一種册을特設하고日記帳에서公用秩만摘入하며

一、(利益秩)이라는一種册을特設하고日記帳에서公用秩만摘入하며

一、(調査簿)를特設하고自己의商業程度를隨하야一個月이나或三個月、六個月의期限을定하고物의調査를記入함에用할지니此外에도補助簿로用하는種類는各其營業의區別로因하야多數한補助簿를用할지라도本章主要簿四種에總히係屬된者이니라

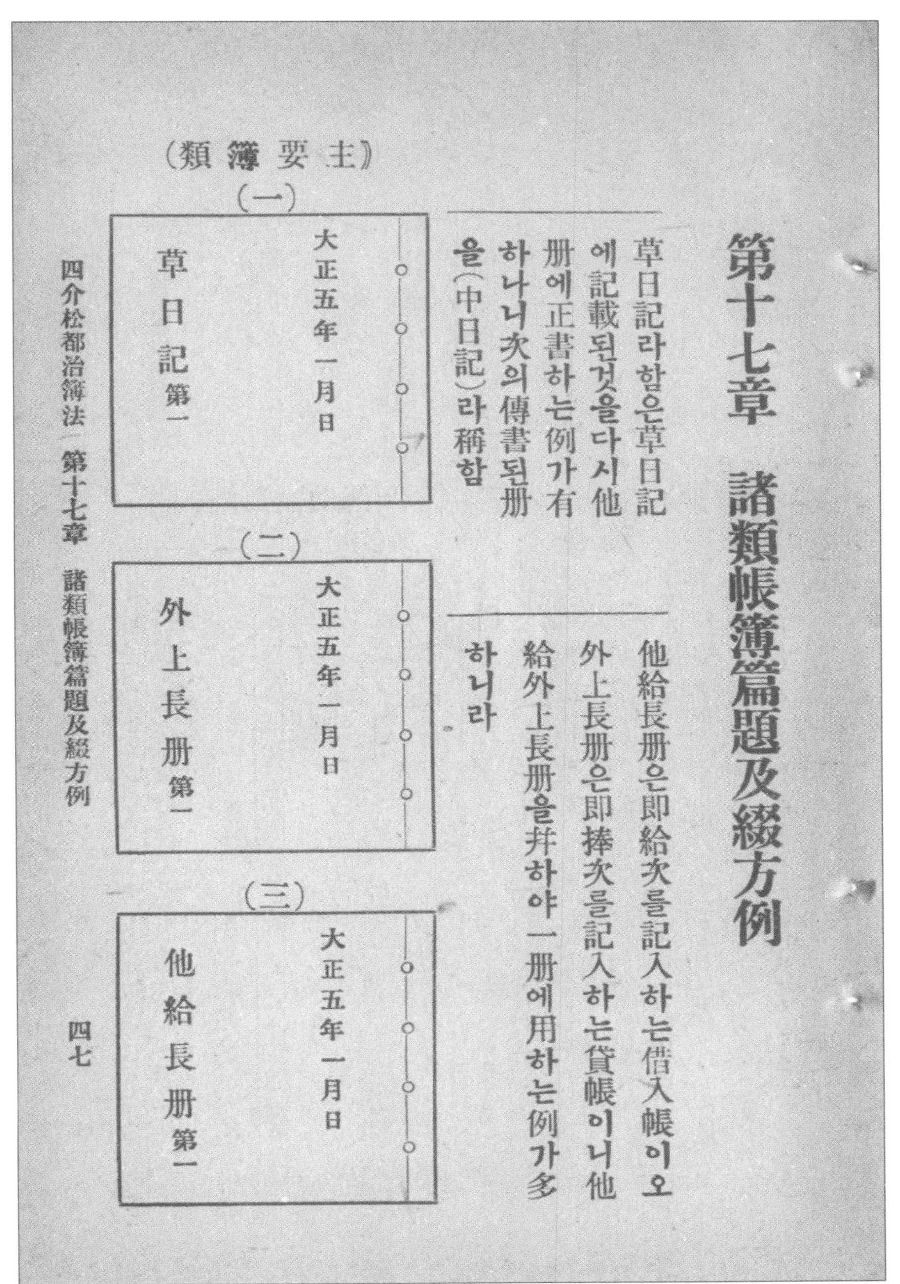

第十七章　諸類帳簿篇題及綴方例

草日記라함은草日記에記載된것을다시他冊에正書하는例가有하나니次의傳書된冊을(中日記)라稱함

他給長冊은即給次를記入하는借入帳이오外上長冊은即捧次를記入하는貸帳이니他給外上長冊을幷하야一冊에用하는例가多하니라

《主要簿類》

(一)

大正五年一月日

草日記 第一

(二)

大正五年一月日

外上長冊 第一

(三)

大正五年一月日

他給長冊 第一

第十八章 (日記)綴方例

(注意)本章書行의行頭에此(丶)打點과又(𣲄)列旗와行中에標算과入去字와及行末上、下字와數行의末端에(ㄩ)의鐙字法諸例는第十五章松都日記와帳册에特用字及符號置하는例를次第로叅照하라

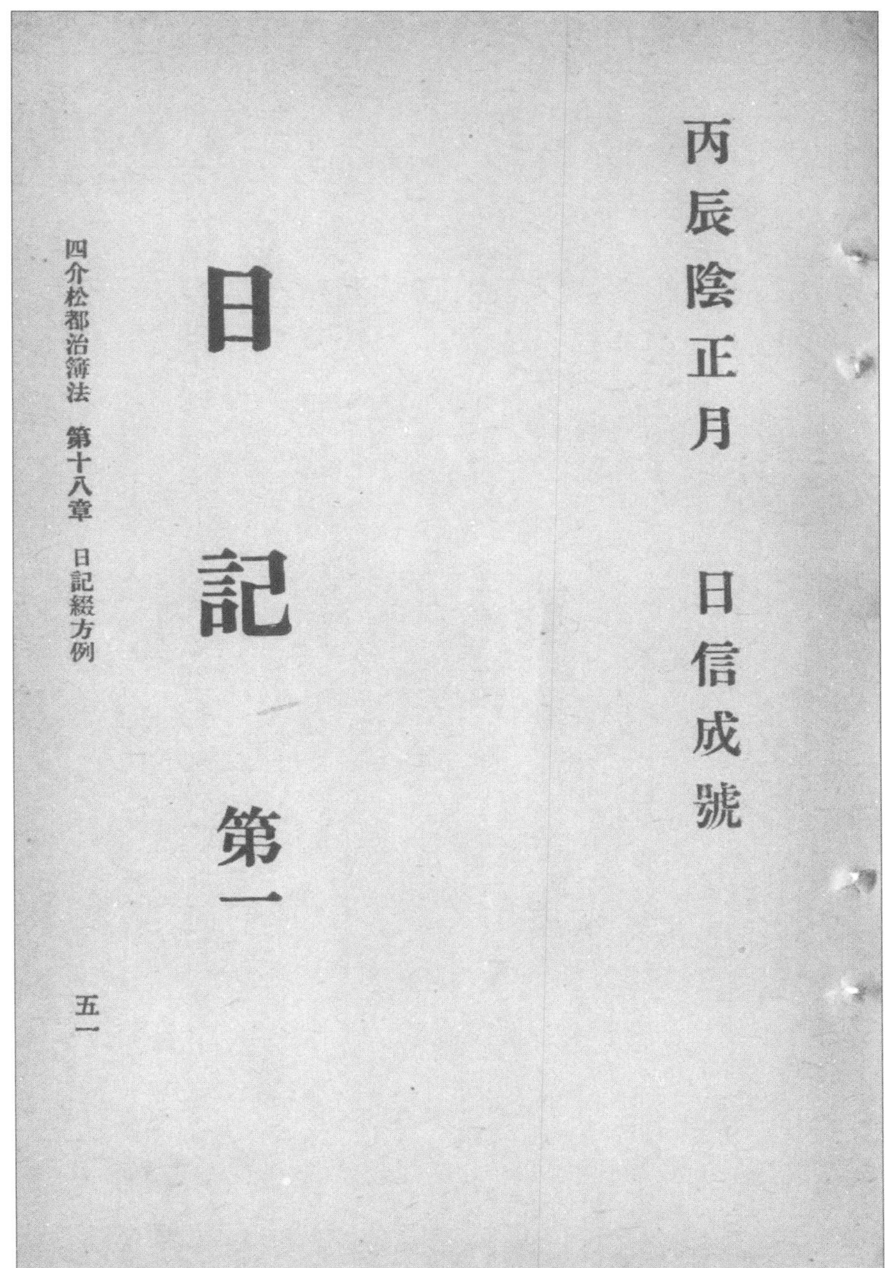

丙辰陰正月　日信成號

日記　第一

四介松都治簿法　第十八章　日記綴方例

五一

前日高八千二百六十八圓五十錢上

中、權禮得入見樣紙十五塊乂代金七百〇五圓

中、見樣紙秩去同物十五塊乂代金七百〇五圓

中、權禮得去見樣紙價中即錢給金四百圓下

中、於音秩入二月一日給次金三百〇五圓

中、權禮得去紙價零條二月一日給次於音給三百〇五圓

時在金七千八百六十八圓五十錢

三日

前日高七千八百六十八圓五十錢上

中、沈智元入慶布七百疋卜代限五日給次金七百七十圓

、布屬秩去慶布七百疋卜代本月八日七百七十圓

丙辰 大正五年 陰正月信成號開業一日

初一日

、信成號入資本金一萬五千圓上

、第一銀行去當座預金八千五百圓下

、公用秩去空册十部價金一圓五十錢下

、家舍秩去本商店用地段價金一百五十圓下

、又去本店修理費金三十圓下

、方仁準入任置金二千圓上

、巾義植去漢陽木百疋價巾預給金五十圓下

時在金八千二百六十八圓五十錢

二日

、白蔘秩去同物(三十片)十斤文代金九十圓下

時在金七千七百七十五圓五十錢

六日

前日高七千七百七十五圓五十錢上

中、李甲述入各項紬物價合金四千圓

中、又入各種布屬價合金三千圓

、紬物秩去各項紬物價合金四千圓

、布屬秩去各種布屬價合金三千圓

、方仁準貸入中義植推次於音七千圓

中、李甲述給紬及布價畢右於音給七千圓

時在金七千七百七十五圓五十錢

時在金七千八百六十八圓五十錢

四日

前日高七千八百六十八圓五十錢上

中、白信明入準木一千五百疋文代金一千三百五十圓

、白木秩去準木一千五百疋文代金一千三百五十圓

、第一銀行入小切手第一號金一千三百五十圓

中、白信明給白木價右銀行小切手給一千三百五十圓

、白木秩去準木三十隻運來卜價三圓下

時在金七千八百六十五圓五十錢

五日

前日高七千八百六十五圓五十錢上

、又入右物價條本月二十一日自己出次於音九百圓
、於音秩去崔丙奎本月二十一日出次金九百圓
、紬物秩去鐵原紬一百五十疋居口金七圓下

時在金七千七百六十八圓五十錢

九日

前日高七千七百六十八圓五十錢上
、紬物秩入眞絲一百斤[illegible]代金二百八十圓
中、安丁玉去眞絲一百斤[illegible]代金二百八十圓
、又入機張藿三十隻合六百束为代減[illegible]實金二百七十三圓
、機張藿秩去同物三十隻合六百束为代減七圓餘實二百七十三圓
、又去同物運來費金三圓下
中、安丁玉入眞絲價中藿價相計餘錢七圓上

七日

前日高七千七百七十五圓五十錢上

ㄓ、紬物秩入安亢羅二十疋ㅗ代金一百四十圓

、金乙先放安亢羅二十疋ㅗ代金一百四十圓

ㄓ、又入安亢羅價本月十一日推次自己於音一百四十圓

、於音秩去金乙先本月十一日出次金一百四十圓

時在金七千七百七十五圓五十錢

八日

前日高七千七百七十五圓五十錢上

、紬物秩入鐵原紬一百五十疋ㅗ代金九百圓

ㄓ、崔丙奎放鐵原紬一百五十疋ㅗ代金九百圓

又去同物九十五疋練工給二十圓
、時在金五千九百五十五圓五十錢

十二日

前日高五千九百五十五圓五十錢上
、布屬秩入安東布一百疋價合五百五十圓
、雜貨秩去朴己大五房雜貨合金五百五十圓
、又入雜貨放價金三百五圓上
ㄓ、於音秩還給權禮得條三帖紙價給三百五圓下
時在金五千九百五十五圓五十錢

十三日

前日高五千九百五十五圓五十錢上

十日　時在金七千七百七十二圓五十錢

前日高七千七百七十二圓五十錢上

、紬物秩去同物三百疋䏦代金一千一百四十圓下

中、鄭戊敬去兎山紬三百疋染工中先給金八十圓下

時在金六千五百五十二圓五十錢

十一日

前日高六千五百十二圓五十錢上

、生苧秩去韓山生苧一百五十疋價合金五百八十九圓下

、生苧秩去一百五十疋居口給金八圓下

、又入同物五疋價金二十圓

前日高六千〇十圓上

、劉辛雄債給三月三十日捧次金一百五十圓下

、利子秩入右人條三朔邊利先上金十三圓五十錢上

時在金五千八百七十三圓五十錢

十六日

前日高五千八百七十三圓五十錢上

、紬屬秩入兎山色紬三百疋價合金一千四百圓

、生苧秩入白苧九十五疋價合金四百五十圓

、白壬周去兎山紬三百疋價合金一千四百圓

中、又去白苧九十五疋價合金四百五十圓

中、又入右兩種物價合金一千八百五十圓上

中、信成號還給前債條白壬周給金四百圓下

、布屬秩入北布九十疋リ代金一百八十圓
、宋庚守去北布九十疋リ代放金一百八十圓
、公用秩去冷麵價金三圓下

時在金五千九百五十二圓五十錢

十四日

前日高五千九百五十二圓五十錢上
、布屬秩入慶布一百疋比代金一百十五圓
、劉辛雄去慶布一百疋比代金一百十五圓
、又入右物價中先上金五十七圓五十錢上

時在金六千〇十圓

十五日

中、又入同物三十張價合金一百九圓上

時在金六千三百四十二圓五十錢

十八日

前日高六千三百四十二圓五十錢上

中、於音秩還入金乙先捧金一百四十圓上

中、沈智元還給金七百七十圓下

中、鄭戊敬還入八十圓

中、紬物秩去兎山紬染工八十圓

去　〢万〤〡〤〡〥十錢

入　〢万〣〦〣〢〥十錢

(此兩段胡算은決算時에試호例)

時在金五千七百十二圓五十錢

本章最末端의算表를置호者는決算時試算호者이니或臨時調査호時에도此等試算을用홈이例則이니라

、於音秩去白壬周二月晦日出次於音一片金一千圓下

時在金六千三百二十三圓五十錢

十七日

前日高六千三百二十三圓五十錢上

、布屬秩入公春一千八百七十五尺疋代金三百五十六圓二十五錢

、洪癸化去公春一千八百七十五尺疋代金三百五十六圓二十五錢

、又入統營笠子二十立價合金八十圓

、又入濟綱五竹價合金三十八圓七十五錢

、笠子秩去統營笠子二十立代金八十圓

、網巾秩去濟綱五竹代金三十八圓七十五錢

中、皮物秩去山皮二十張、赤皮五張、狸皮五張合三十張價合金九十圓下

一、本章篇頭에算表와記事欄列書末端에圈點은決算時에試ᄒᆞᄂᆞᆫ本例이니記事欄列書末端圈點票ᄂᆞᆫ決算後他座를用치아니ᄒᆞ고繼續記入ᄒᆞᆯ境遇이면決算以前以後를分析ᄒᆞ기에必要ᄒᆞ니라

外上長冊도此例와同ᄒᆞᆷ

第十九章 他給長册의綴方例

(注意) 一、本章行頭에(△)의行劃과及內字秩字의諸例ᄂᆞᆫ第十五章松都日記와長册의特用字及符號置ᄒᆞᄂᆞᆫ例를叅照ᄒᆞᆯ지며

一、本章書行例ᄂᆞᆫ一座에對ᄒᆞ야座目되ᄂᆞᆫ人의姓名이나物品의秩은大字로特書하고次에記事ᄂᆞᆫ小字로列書ᄒᆞ되記事欄은恒常數行의餘白을置ᄒᆞᆯ지니만약當座의關係가消滅되기前에餘白이無ᄒᆞᆫ時ᄂᆞᆫ本座ᄂᆞᆫ一座의號를書頭에置ᄒᆞ고第一座의殘高를決算ᄒᆞ야第二座로座目을特置ᄒᆞᆫ後第一座의決算殘高를初行에記入ᄒᆞ고第二座가滿了된時ᄂᆞᆫ前例와同히第三、第四座로次第移去ᄒᆞᆯ지니預히當座의去來를叅酌ᄒᆞ야關係가複雜ᄒᆞᆫ境遇에ᄂᆞᆫ本座의餘白을多數히準備ᄒᆞᆷ이良好ᄒᆞ니라

大正五年正月　日大吉辰

他給長册 第一

他給長册의篇題

六七

△沈智元入 [illegible]

丙辰正月初三日慶布七百疋ㅣ代正月八日給次金七百七十圓○

正月十八日給金七百七十圓畢給

△白信明入 [illegible]

丙辰正月初四日準木一千五百疋文代金一千三百五十圓○

丙辰正月初四日準木價第一銀行切手給一千三百五十圓

△於音秩入 [illegible]

丙辰正月二日本於音二月一日給次三百○五圓○

丙辰正月十二日給三百五圓

以上權禮得에記入흠於音

丄乂丨
万

歲大正五年陰丙辰正月日大吉辰他給長册

信成號入 丙辰正月一日資本金一萬五千圓○

去 丙辰正月十六日前債條白壬周給金四百圓

次

方仁準入 丙辰正月初一日任置金二千圓、初六日申義植推次於晋七千圓○

△權禮得入 丙辰正月初二日見樣紙十五塊乼代金七百○五圓

去 丙辰正月初二日見樣紙價中即錢給四百圓、又二月一日給次於晋給三百○五圓

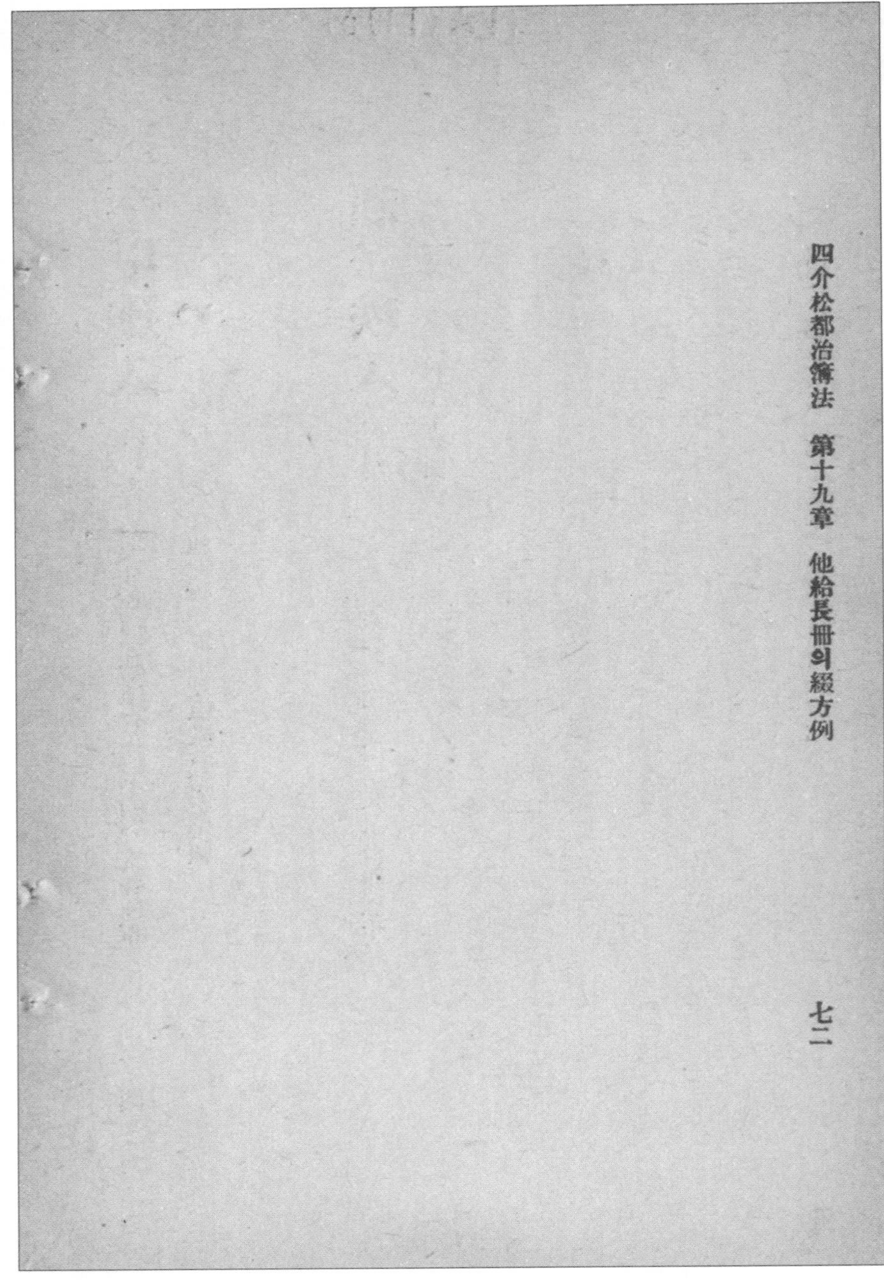
四介松都治簿法　第十九章　他給長冊의綴方例
七二

△李甲述入 丙辰正月初六日各種紬物價合金四千圓、又各種布屬價合金三千圓○

仝 丙辰正月初六日紬物布屬價申義植於音給七千圓

利子秩入 丙辰正月十五日劉辛雄債條三朔邊捧金十三圓五十錢○

又 皮物利子十九圓

第二十章 外上長册의綴方例

(注意)本章例는他給長册의注意를叅照ᄒᆞ라

歲在丙辰陰正月 日大吉辰

外上長册 第一

外上長冊의篇題

七五

〥十圓

中義植去　丙辰正月初一日漢陽木一百疋價中預給金五十圓〇

〥〇⊥百

紙物秩去　丙辰正月初二日同物十五塊𠆩代金七百〇五圓〇

〥⊥≟⊥〥リ千

布屬秩去　丙辰正月初三日慶布七百疋𠂉代金初八日本金七百七十圓、初六日各種布屬價合金三千圓〇

ㅎ　丙辰正月十二日安東布一百疋價合五百五十圓、十三日北布九十疋リ代金一百八十圓、十四日慶布一百疋代金一百十五圓、十七日公春一千八百七十五尺𠬝代金三百五十六圓二十五錢

歲在丙辰陰正月　日大吉辰外上長册第一

第一銀行去　丙辰正月初一日當座預金八千五百圓○

丙辰正月初四日小切手第一號金一千三百五十圓○

公用秩去　丙辰正月初一日空冊十部價金一圓五十錢、十二日冷麵價金三圓○

家舍秩去　丙辰正月初一日本商店用地段價金一百五十圓、又本店修理費金三十圓○

△金乙先放

丙辰正月初七日安亢羅二十疋上代金一百四十圓

丙辰正月初七日安亢羅價本月十一日推次自己於音一百四十圓

於音秩去

丙辰正月初七日金乙先正月十一日出次於音一百四十圓、初八日崔丙奎正月二十一日出次金九百圓、十六日白壬周二月晦日出次金一千圓○

丙辰正月十八日金乙先於音捧金一百四十圓○

△崔丙奎放

丙辰正月初八日鐵原紬一百五十疋上代金九百圓

丙辰正月初八日自己於音正月二十一日出次金九百圓

白木秩去

丙辰正月初四日準木一千五百疋文代金一千三百五十圓、又同物三十隻運來
卜價金三圓○

白蔘秩去

丙辰正月初五日同物三十片十斤文代金九十圓○

紬物秩去

丙辰正月初六日各項紬物價合金四千圓、初八日同物居口給金七圓、初十日
兎山紬三百疋上代金一千一百四十圓○

丙辰正月初七日安亢羅二十疋 代金一百四十圓、初八日鐵原紬一百五十疋上代
金九百圓、九日眞絲一百斤上代金二百八十圓、十六日兎山色紬三百疋價合金一千
四百圓○

〡〤
百

生苧秩去

丙辰正月十一日韓山生苧一百五十疋價合五百八十九圓、又同物居口金八圓
同物九十五疋鍊工金二十圓○
丙辰正月十一日同物五疋價金二十圓、二十六日白苧九十五疋價合金四百五十圓
○

〢〤〥
百

雜貨秩去

丙辰正月十二日朴己大買入雜貨價合五百五十圓○
丙辰正月十二日雜貨放賣價合三百○五圓○

〡〨
百

宋庚守去

丙辰正月十二日北布九十疋リ代金一百八十圓○

丄 ⊥ 刂百

△安丁玉去　ㅎ

丙辰正月初九日眞絲一百斤卜代金二百八十圓

丙辰正月初九日機張藿三十隻合六百束从代减呐餘實金二百七十三圓、又眞絲價中藿價計餘錢七圓　合二百八十圓計上

機張藿秩去

丙辰正月初九日同物三十隻合六百束从代减呐餘實二百七十三圓、同物運來費金三圓○

△鄭戊庚去　ㅎ

丙辰正月初九日兎山紬三百疋染工中先給金八十圓

丙辰正月十八日入八十圓

四介松都治簿法　第二十章　外上長冊의 綴方例　八一

笠子秩去

丙辰正月十七日統營笠二十立代金八十圓○

網巾秩去

丙辰正月十七日濟網五竹代金三十八圓七十五錢○

△皮物秩去

丙辰正月十七日山皮二十張、赤皮五張、狸皮五張合三十張代金九十圓○

丙辰正月十七日同物三十張放代金一百○九圓○

ㅎ丄〇〢百

劉辛雄去 ㅎ 丙辰正月十四日慶布一百疋代金一百十五圓、又債給丙辰三月卅日捧次一百五十圓〇

丙辰正月十四日先上金五十七圓五十錢〇

ㅎ丄〣〢百

△白壬周放 ㅎ 丙辰正月十六日兎山色紬三百疋價金一千四百圓、又白苧九十五疋價金四百五十圓

丙辰正月十六日物價上金一千八百五十圓畢入

洪癸化放 ㅎ 丙辰正月十七日公春一千八百三十五尺代金三百五十六圓二十五錢〇

丙辰正月十七日統營笠二十立價金八十圓、又濟網五竹價金三十八圓七十五錢〇

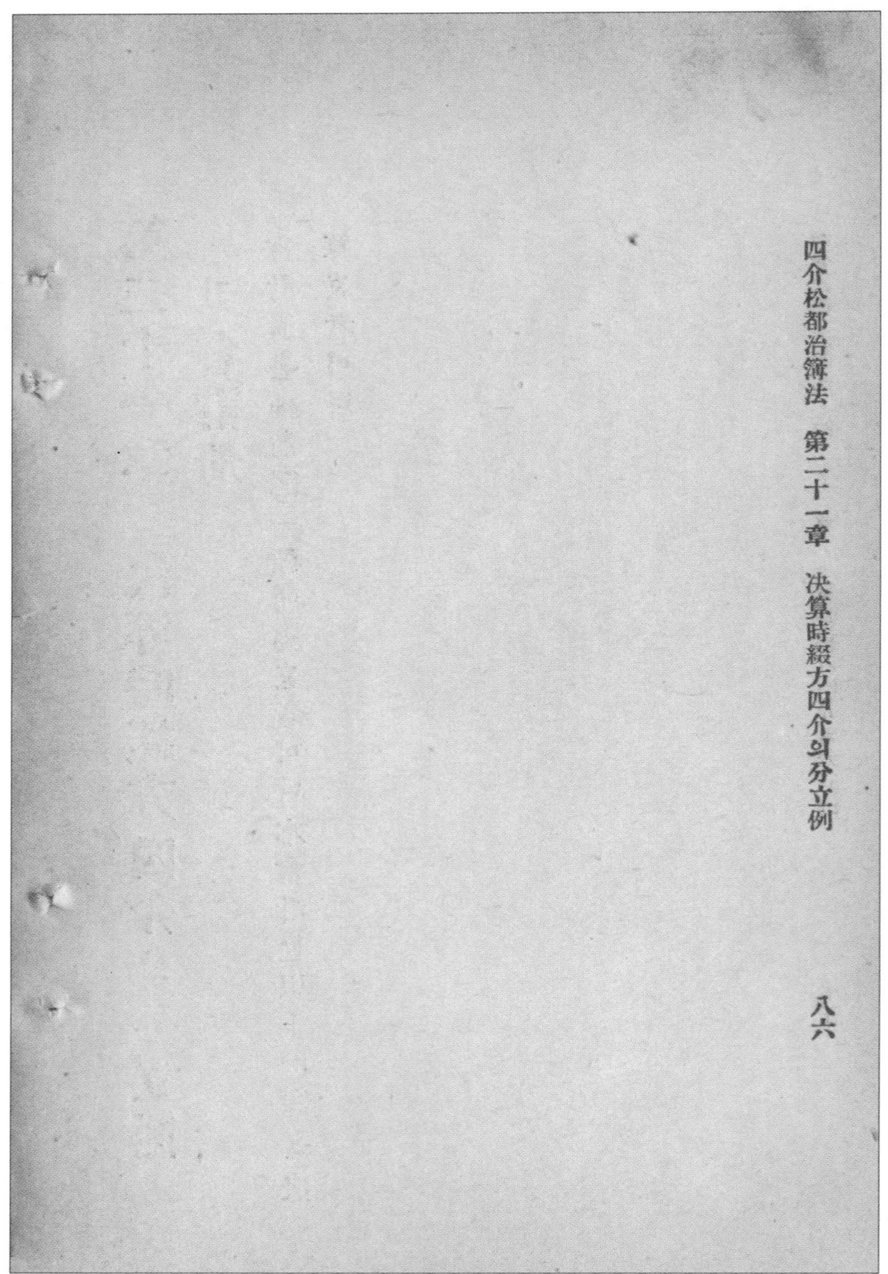

第二十一章　決筭時綴方四介의分立例

(가)會計冊

會計册은補助簿一種에屬훈者이니本會計눈以上例題를決算훈者이라

會計冊의篇題

八八

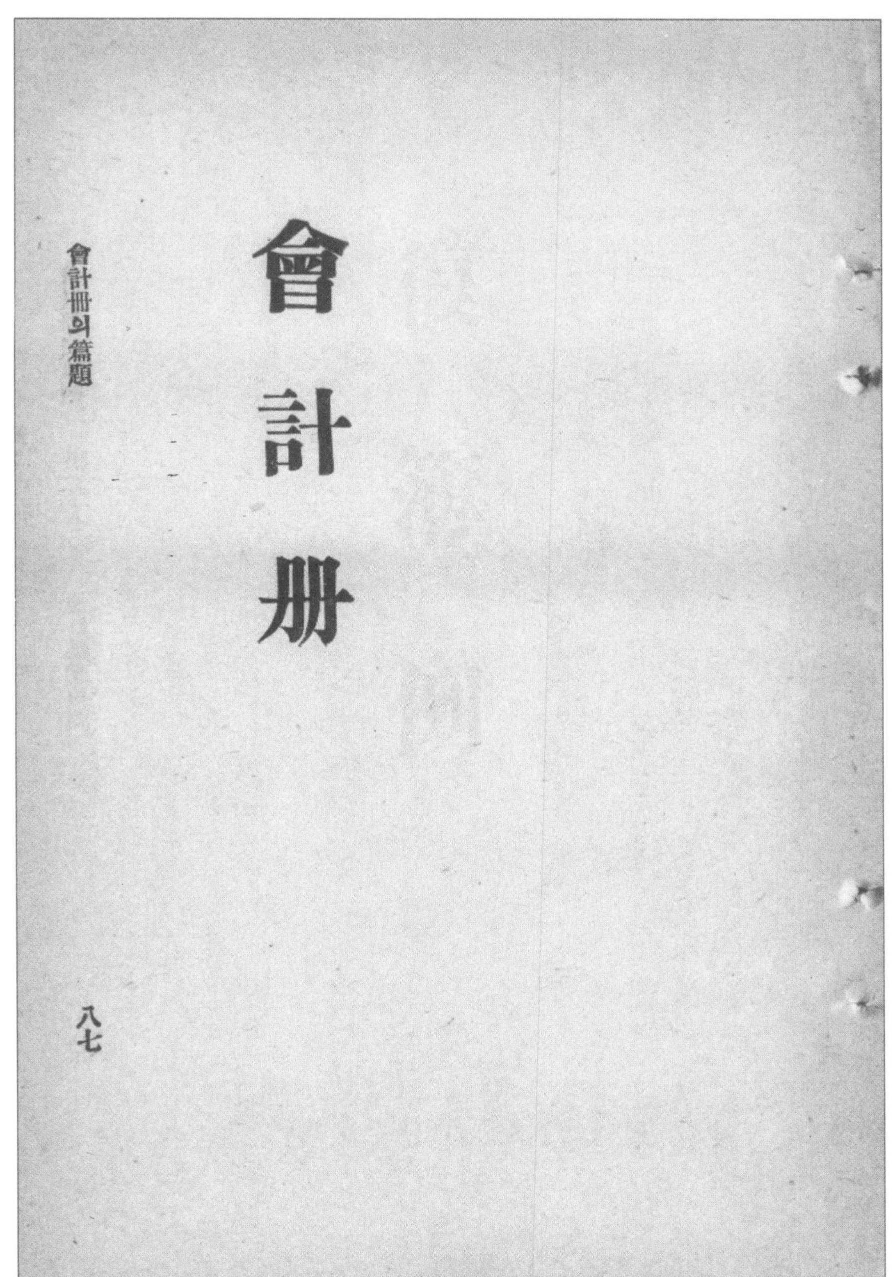
會計册의 篇題
會計册
八七

(二) 捧次秩

(注意)本秩行頭에打點及算表는合算時에利益計算을試ᄒᆞᆫ例이라

第一銀行當座預金殘額七千一百五十圓
公用秩捧次金四圓五十錢
家舍秩去文一百八十圓
中義植去文五十圓
、見樣紙十五塊去文七百〇五圓
、布屬秩去文二千五百六十八圓七十五錢
、白木秩去文一千三百五十三圓
、白蔘秩去文九十圓

〡〨〡〢〩
百

會計册

(一) 給次秩

信成號給次金一萬四千六百圓
方仁準給次金九千圓
債給利子秩給次十三圓五十錢
皮物利文十九圓

(二)之附

在物記

(在物의價格은時價가低落된物은低落된價格으로計算ᄒᆞ되其外는時價가高騰ᄒᆞᆯ지라도本價로計算ᄒᆞ나니라)

(注意)此行頭에打點은日記冊第二로傳書時에用ᄒᆞᆫ者이라

、慶布六百疋卜代六百六十圓

、北布五百疋リ代一千圓

、安東布一百五十疋リリ代四百五十圓

、公春三千五百尺[illegible]代六百三十圓

、見樣紙十五塊[illegible]代七百〇五圓

、白木一千五百疋[illegible]代一千三百五十三圓

、白蔘十斤[illegible]代九十圓

、色紬二百疋[illegible]代七百圓

、鐵原紬一百疋[illegible]代六百圓

、紬物秩去文二千五百七圓（本算은二千四百二十七圓）
於音秩去文一千九百圓
、機張藿去文二百七十六圓
、生苧秩去文一百四十七圓
、雜貨秩去文二百四十五圓
宋庚守去文一百八十圓
劉辛雄去文二百〇七圓五十錢
洪癸化去文二百三十七圓五十錢
、笠子秩去文八十圓
、網巾秩去文三十八圓七十五錢

時在現金 五千七百十二圓五十錢

利益文二百八十七圓〇〇五厘
皮物利文十九圓
利子文十三圓五十錢
三合文三百十九圓五十錢〇五厘**內**

(四)

消費秩
公用文四圓五十錢**除**

(나)

純利益文　三百十五圓〇五厘

、安亢羅一百疋合尺三千九百尺以代九百三十六圓
、德亢羅十五疋合尺六百三十五尺以代一百五十八圓七十五錢
五厘
、眞絲五十斤𠯈代一百四十圓
、機張藿六百束乂代二百七十六圓
、生苧五十疋攵代一百八十圓
、雜貨各種價合文三百圓
、笠子二十立乄代八十圓
、網巾五竹㞢代三十八圓七十五錢

在物價合文 八千二百九十七圓五十錢〇五厘、

(三)

利益秩

第二十二章　決算時合算의實例

此章은決算時의最히重要ᄒᆞᆫ機關이니入ᄒᆞᆫ利益은何何物秩로서生ᄒᆞᆫ것을計測ᄒᆞ야入과去를整理ᄒᆞ고消費된公用秩은還上시기여全部의入과去가一目瞭然으로符合되여야以上治簿의信用이成立되나니라

決算帳의篇題
九八

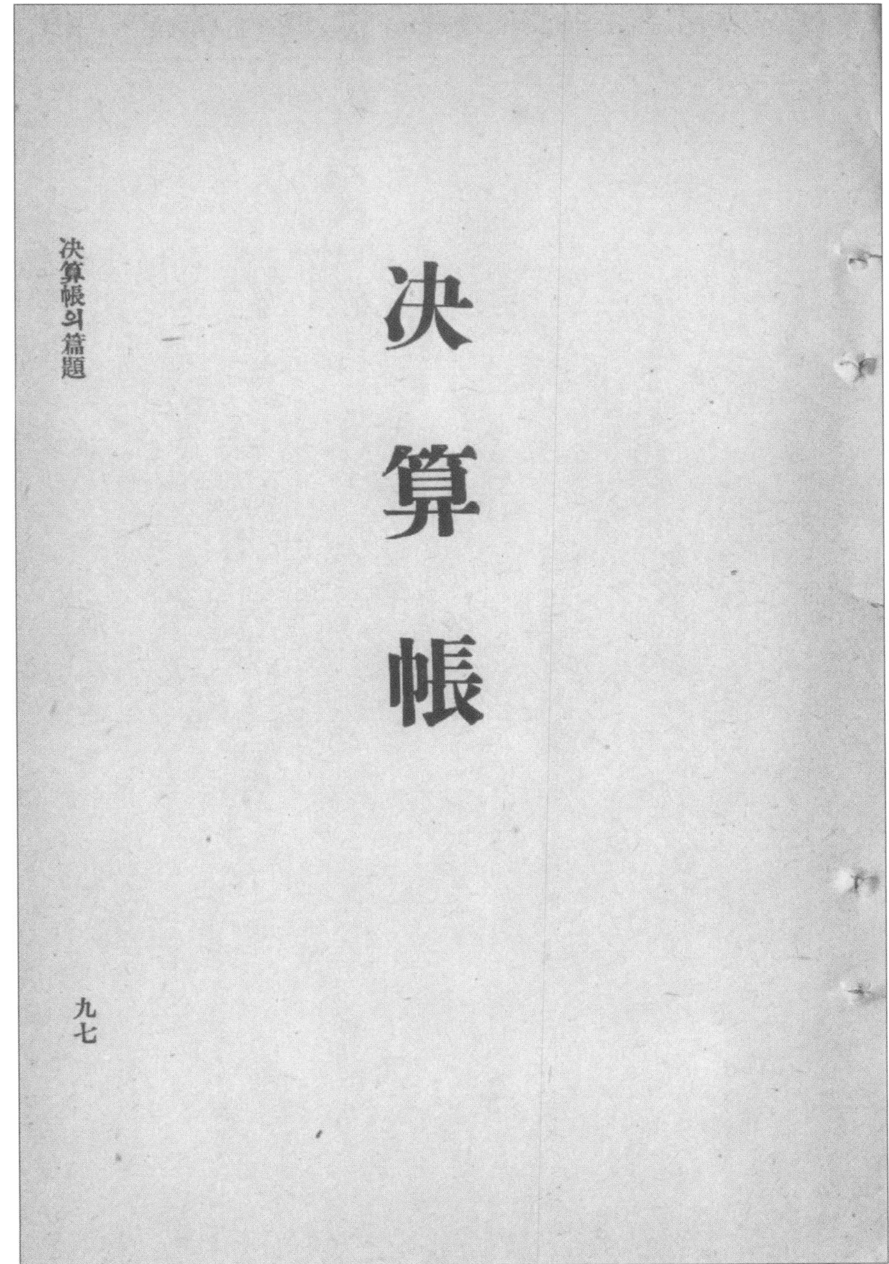

决算帳의篇題

决算帳

九七

(乙之二)

債給利子秩去文十三圓五十錢下

去合三百十九圓五十錢〇五厘

試算의實例

(甲之一)

信成號入十八個日會計利益文三百十五圓〇〇五厘上

(甲之二) (注意)消費된公用을還上으로入ᄒᆞ여야本算이整理되나니라

公用還上文四圓五十錢上

入合三百十九圓五十錢〇五厘

(乙之一)

布屬秩去過入文一百七十一圓二十五錢下

紬物秩去過入文二十七圓七十五錢五厘下

生苧秩去過入文三十三圓下

雜貨秩去過入文五十五圓下

皮物利子去過入文十九圓下

第二十三章 後錄復簿의例 (三則)

本章은決算後에更히記事의性質을隨ᄒᆞ야次第로日記에轉記ᄒᆞ고諸類長册에傳書復位케ᄒᆞᄂᆞᆫ例라

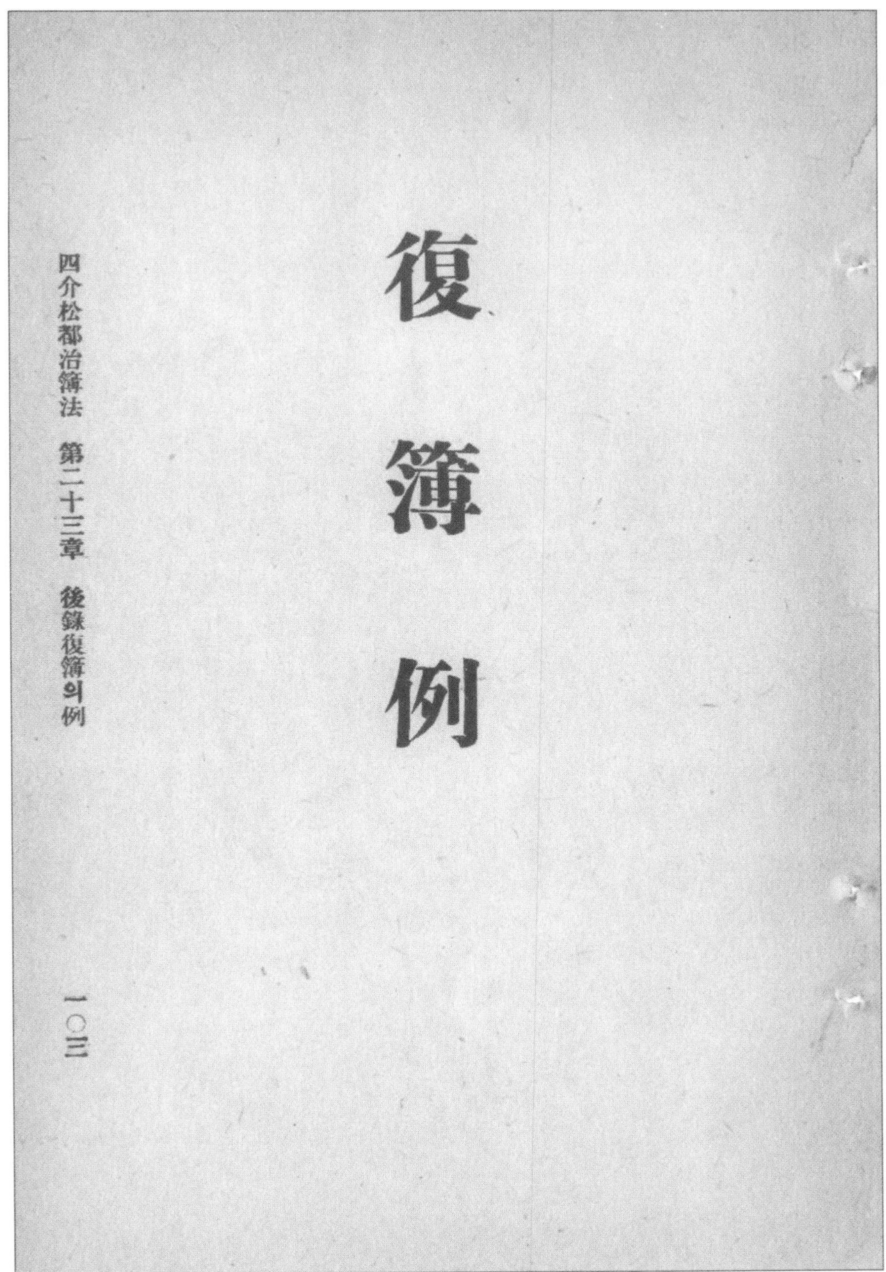

復簿例

見様紙入七百〇五圓
布屬秩還入二千五百六十八圓七十五錢
白木秩還入一千三百五十三圓
白蔘秩還入九十圓
紬物秩還入二千五百〇七圓
生苧秩還入一百四十七圓
雜貨秩還入二百四十五圓
笠子秩入八十圓
綱巾秩入三十八圓七十五錢
公用秩入四圓五十錢
信成號入會計利益金三百十五圓〇〇五厘
、皮物秩去前條十九圓
、利子秩還給十三圓五十錢

一)

日記第二

(注意)日記冊에編製ᄂᆞᆫ松都서白紙一束(即二十枚)을十字様으로折ᄒᆞ야横裁ᄒᆞ니凡四十枚라四十枚에서前後衣二枚ᄂᆞᆫ除ᄒᆞ고記事篇은三十八枚로證明ᄒᆞᄂᆞ니此에日記第二를用ᄒᆞᆷ은決算을經ᄒᆞᆫ結果로必히第二卷을用ᄒᆞᆷ이아니라決算을試치아니ᄒᆞᆫ時라고第一冊餘白이無ᄒᆞᆫ時ᄂᆞᆫ第二冊을用ᄒᆞᆯ지며決算을經ᄒᆞᆫ後이라도第一卷에餘白이有ᄒᆞᆫ時ᄂᆞᆫ一卷에繼續記入ᄒᆞᄂᆞ니라

大正五年正月十九日

第一卷時在現金五千七百十二圓五十錢

、魚藿秩去機張藿六百束乄代二百七十六圓

、生苧秩去生苧五十疋攵代一百八十圓

、雜貨秩去雜貨各種代合三百圓

、笠子秩去笠子二十立乂代八十圓

、網巾秩去網巾五竹出代三十八圓七十五錢

布屬秩去慶布六百疋[illegible]代六百六十圓
同秩去北布五百疋[illegible]代一千圓
同秩去安東布一百五十疋[illegible]代四百五十圓
同秩去公春三千二百尺[illegible]代六百三十圓
紙物秩去見樣紙十五塊[illegible]代七百〇五圓
白木秩去準木一千五百疋[illegible]代一千三百五十三圓
白蔘秩去白蔘十斤[illegible]代九十圓
紬物秩去色紬二百疋[illegible]代七百圓
同秩去鐵原紬一百疋[illegible]代六百圓
同秩去安亢羅一百疋合尺三千九百尺[illegible]代九百三十六圓
同秩去德亢羅十五疋合尺六百三十五尺[illegible]代一百五十八圓
七十五錢五厘
同秩去眞絲五十斤[illegible]代一百四十圓

白木秩入　一千三百五十三圓

白蔘秩入　九十圓

紬物秩入　二千五百七圓

(二)

他給長册

(注意)本例ᄂᆞᆫ決算後이라도第十九章說明과如히本秩列書末端에圖圈을置ᄒᆞᆫ次에記入ᄒᆞᆷ이一例이오又ᄂᆞᆫ第二他給長册을用ᄒᆞ던지本第一餘白에別行으로記入ᄒᆞᆷ도必要ᄒᆞ니라

紙物秩入 見樣紙代金七百〇五圓

布屬秩入 二千五百六十八圓七十五錢

網巾秩入 三十八圓七十五錢

公用秩入 四圓五十錢

信成號入 會計利益金三百十五圓〇〇五厘

生苧秩入 一百四十七圓

雜貨秩入 二百四十五圓

笠子秩入 八十圓

白木秩去　準木一千五百疋代一千三百五十三圓

白蔘秩去　白參十斤代九十圓

紬物秩去　色紬二百疋代七百圓、又鐵原紬一百疋代六百圓、又安亢羅一百疋代九百三十六圓、又德亢羅十五疋代一百五十八圓七十五錢五厘、又眞絲五十斤代一百四十圓

外上長册

(注意)本册注意는第二他給長册과一例이니라

利益秩去　十三圓五十錢、又皮物利條十九圓

布屬秩去　慶布六百疋代六百六十圓、又北布五百疋代一千圓、又安東布一百五十疋代四百五十圓、又公春三千五百尺代六百三十圓

紙物秩去　見樣紙十五塊代七百〇五圓

笠子秩去　笠子二十五立代八十圓

綱巾秩去　綱巾五竹代二十八圓七十五

生苧秩去 生苧五十疋代一百八十圓

雜貨秩去 三百圓

四介松都治簿法　附錄　掌記例
一一八

附錄

掌記例 二則

此는一部의去來를決算ᄒᆞᆫ者이니第十一章補助簿에屬ᄒᆞᆫ會計帳의係屬된者이라

四介松都治簿法　附錄　掌記

一二〇

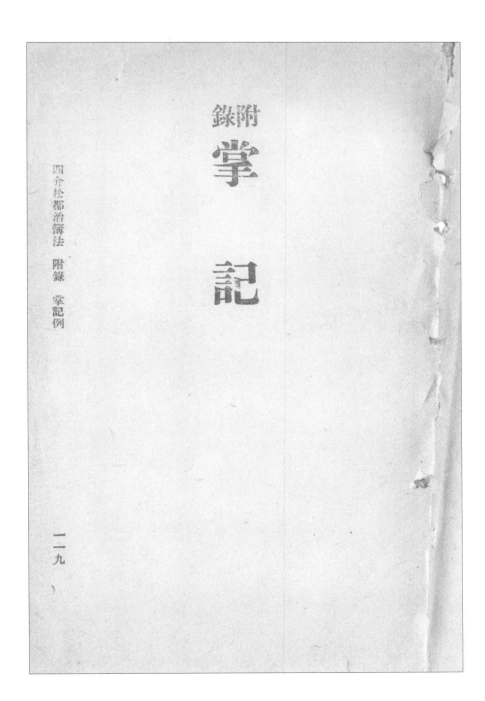

附錄

掌記

四介松都治簿法 附錄 掌記例

一一九

四介松都治簿法 附錄 給次掌記 一二二

實餘給次伍千捌百陸拾陸圓七拾七錢也(總計數字는具書가元例니라)

(計主印)

計主 信成號 印

(此로餘白을制限ㅎ나이라)

給次掌記(一)

第一給次掌記의去座에記ᄒᆞᆫ兩行은本册의無ᄒᆞᆫ者를增記ᄒᆞ야假定흠

大正五年陰正月初六日方仁準(計主印)會計(會計二字를或掌記라하ᄂᆞᆫ例도有흠)

入 丙辰正月初一日任置金二千圓

又同月初六日申義植推次於音七千圓

合九千圓內

去 丙辰正月初六日三千圓

又同日一百三十三圓二十三錢

合三千一百三十三圓二十三錢除

四介松都治簿法 附錄 給次掌記 一二一

大正五年十二月十五日 初刊發行
昭和三年十月十五日 三刊印刷
昭和三年十月二十日 三刊發行

不許複製

【四介松都治簿法】

定價金六十錢

著作者 京城府松峴洞五十六番地 玄丙周

發行者 京城府鍾路二丁目二十番地 金東縉

印刷者 京城府堅志洞三十二番地 金在涉

印刷所 京城府堅志洞三十二番地 漢城圖書株式會社

發行所 京城府鍾路二丁目二十番地 德興書林 振替京城三九〇一番 電話光化門一一八九番

捧次掌記（二）

大正五年正月十四日劉辛雄會計（計主印）

去　丙辰正月十四日慶布一百疋𠫓代金一百十五圓
又債給丙辰三月三十日捧次金一百五十圓

合二百六十五圓內

入　丙辰正月十四日現金五十七圓五十錢

五十七圓五十錢計除

實餘捧次貳百〇七圓五十錢也（計主印）

計主　信成號　印

四介松都治簿法　附錄　捧次掌記　一二三

京城德興書林發行書籍目錄

半萬年朝鮮歷史	一冊	一圓五十錢
原本小學集註	二冊	一圓三十錢
正本七書集註	七冊	八圓三十五錢
原本七書集註	十三冊	七圓五十錢
附音流行金玉尺牘	一冊	五十錢
懸吐玉樓夢	三冊	二圓五十錢
家庭百方吉凶秘訣	一冊	七十錢
名字吉凶自解法	一冊	三十五錢
時體自解日鮮簡牘	一冊	六十錢
無雙日語自通	一冊	五十錢
雄辯演說法	一冊	五十錢
註解附音尺牘大鑑	一冊	一圓二十錢
漢鮮現行刑法大全	一冊	三十五錢
懷中獨習漢語入門	一冊	五十錢
四介松都治簿法	一冊	六十錢
婦人言行錄	一冊	六十五錢
時體諺文簡牘	一冊	四十錢
期米相場指南	一冊	八十錢
學生作文法	一冊	五十五錢
註解新舊文字集	一冊	六十五錢
朝鮮名筆秋史書帖	一冊	五十錢
二十世紀英雄尺牘	一冊	五十五錢
獨逸語自通	一冊	五十錢
日鮮文沈淸傳	一冊	四十五錢
眞本土亭秘訣	一冊	二十錢
五倫行實歌	一冊	四十錢
甲午東學亂全琫準	一冊	五十錢
壬午軍亂甲申政變	一冊	六十錢
大院君과明成皇后	一冊	七十錢
速修朝鮮語自通	一冊	七十錢
新訂類合千字	一冊	三十錢
諺文占書	一冊	五十錢
無雙草簡牘	二冊	一圓十錢
最新朝鮮地圖	一幅	三十錢
獨學日語教範	一冊	五十錢
日語大海	一冊	一圓五十錢
日語大學	一冊	二圓五十錢
懸吐明心寶鑑	一冊	三十五錢
通鑑諺解	十五冊	七圓九十五錢
女子行實錄	一冊	五十錢
史略諺解(一二三)	三冊	一圓七十五錢
花林月夕頭信雁	一冊	三十五錢
日鮮文新玉篇	一冊	一圓三十錢
字典大海玉篇	一冊	一圓二十錢
漢鮮文新玉篇	一冊	一圓
日鮮註懷中新玉篇	一冊	一圓
全科正解 二學年	前後	各二十五錢
仝 三學年	前後	各三十錢
仝 四學年	前後	各三十五錢
仝 五學年	前後	各四十錢
仝 六學年	前後	各四十錢
新增方藥合編	一冊	一圓
新增天機大要	一冊	一圓
吉凶判斷諸周易	二冊	一圓八十錢
朝鮮上古史	一冊	二十五錢
道府郡改正區域表	一冊	八十錢
懸吐四禮便覽	一冊	一圓五十錢
懸吐剪燈新話	一冊	五十五錢
懸吐謝氏南征記	一冊	三十五錢
懸吐古文眞寶前集	一冊	七十錢
仝 後集	一冊	一圓二十錢
朝鮮俚語解釋	一冊	四十錢
家庭簡牘	一冊	三十五錢
巡査志願者必携	一冊	八十錢
시뎨연문편지투	一冊	三十錢
諺文喪禮	一冊	五十錢
支那語集成	一冊	一圓六十錢
서산대사와사명당	一冊	二十錢
朝鮮익살과才談	一冊	二十五錢
新羅文明王后傳	一冊	二十錢
高句麗平壤公主傳	一冊	二十錢
忠勇將軍金德齡傳	一冊	二十錢
朝鮮太祖大王傳	一冊	二十錢
無雙戀愛玉蓮몽	一冊	二十五錢
哀情小說江上村	一冊	三十五錢
哀情小說美人奇事	一冊	三十五錢
神出鬼沒美人計	一冊	二十五錢
戀愛小說靑樓奇緣	一冊	二十五錢
千變萬化九尾孤	一冊	二十五錢
一代勇女南江月	一冊	三十錢
戀愛小說嘆山紅	一冊	三十錢
新撰古今雜歌	一冊	三十錢
倫理小說三綱門	一冊	五十錢
愛의犧牲者	一冊	七十錢
南怡將軍實記	一冊	二十五錢
平壤愁心歌	一冊	二十錢
快活大砲聲	一冊	三十五錢
蘇文大戰記	一冊	二十錢
豪傑男子	一冊	二十五錢
丙寅洋擾	一冊	二十五錢
明沙十里	一冊	三十錢
趙生員傳	一冊	二十錢
별주부전	一冊	三十錢
姜太公傳	一冊	二十五錢
淑香傳	一冊	三十錢
謝氏南征記	一冊	二十五錢
流行雜歌	一冊	二十五錢
時行雜歌	一冊	二十五錢
楚漢傳	一冊	二十五錢
玉丹春傳	一冊	十五錢
沈淸傳(附圖)	一冊	二十五錢
장화홍련전	一冊	十五錢
수경낭자전	一冊	十五錢
龍文將軍傳	一冊	二十錢
蘇大成傳	一冊	十五錢
林慶業傳	一冊	二十錢
山陽大戰	一冊	二十錢
燕의脚	一冊	二十五錢
梁山伯傳	一冊	二十錢
謝角傳	一冊	二十錢
李大鳳傳	一冊	二十錢
朴氏傳	一冊	二十錢
秋風感別曲	一冊	二十五錢
裵裨將傳	一冊	三十五錢
九雲夢	二冊	六十錢
魚龍傳	一冊	二十五錢
黃[illegible]曲傳	一冊	二十錢
雙新郞傳	一冊	二十五錢
洪桂月傳	一冊	二十錢
洪吉童傳	一冊	十五錢
金振玉傳	一冊	二十錢
[illegible]濟龍傳	一冊	二十錢
楊朱鳳傳	一冊	二十錢
諸馬武傳	一冊	二十五錢
금낭이산	一冊	四十五錢
諺文春香傳(附圖)	一冊	二十五錢
鄭乙仙傳	一冊	十五錢
三國大戰	一冊	三十五錢
劉忠烈傳	一冊	三十錢
趙雄傳	一冊	三十錢
天桃花	一冊	二十五錢
申遺腹傳	一冊	二十五錢
田禹治傳	一冊	十五錢
靑年悔心曲	一冊	二十五錢
女子忠孝錄	一冊	二十五錢
女中豪傑	一冊	三十五錢
柳文成傳	一冊	二十五錢
張國振傳	一冊	二十五錢
江上蓮	一冊	二十五錢
赤壁大戰	一冊	二十五錢
華容道實記	一冊	五十錢
금방울전	一冊	二十錢
鳳凰琴	一冊	三十錢
三快亭	一冊	二十五錢
江陵秋月	一冊	二十五錢
玉蓮夢	五冊	一圓九十錢
玉樓夢	四冊	二圓
女將軍	一冊	二十五錢
六孝子	一冊	二十五錢
적성의전	一冊	十五錢
紅白花傳	一冊	三十錢
張伯傳	一冊	二十錢
두껍전	一冊	十五錢
장끼전	一冊	十五錢
流行唱歌	一冊	四十錢
天生[illegible]	一冊	二十五錢

實用自修 四介松都治簿法 全